HISTOIRE ET TACTIQUE

DE LA

CAVALERIE

Par L. E. Nolan,

CAPITAINE AU 15ᵉ HUSSARDS DE L'ARMÉE ROYALE ANGLAISE,

Traduit de l'Anglais, avec notes,

PAR

BONNEAU DU MARTRAY

*avec 8 planches
dont 5 coloriées
prix 7f 50c*

PARIS
A LA LIBRAIRIE MILITAIRE DE A. LENEVEU,
RUE DES GRANDS-AUGUSTINS, 18.
Près le pont Neuf.
1854

711

POSITION DU CAVALIER TELLE QU'ELLE DEVRAIT ÊTRE.

HISTOIRE ET TACTIQUE

DE LA

CAVALERIE

Par L.-E. Nolan,

CAPITAINE AU 15ᵉ HUSSARDS DE L'ARMÉE ROYALE ANGLAISE,

Traduit de l'Anglais, avec notes,

PAR

BONNEAU DU MARTRAY

Chef d'escadron au corps impérial d'état-major,
Aide de camp du général Korte,
Chevalier de la Légion-d'Honneur, décoré du Nichan de Tunis,
Chevalier des ordres de la Couronne-de-Chêne, de Saint-Maurice et
Saint-Lazare, de Saint-Georges de la Réunion.

PARIS

A LA LIBRAIRIE MILITAIRE DE A. LENEVEU,

RUE DES GRANDS-AUGUSTINS, 18,

Près le pont Neuf.

1854

PRÉFACE DE L'AUTEUR.

Aucune branche de l'art de la guerre n'a peut-être moins attiré l'attention des écrivains militaires, que celle relative à l'organisation et à l'emploi de la cavalerie; elle est cependant l'une des plus importantes.

La cause de cette lacune doit être, que la tactique de la cavalerie ne peut se plier à des règles fixes, comme les opérations de la science de l'ingénieur ou les mouvements plus lents et plus méthodiques de l'infanterie.

Pour l'officier de cavalerie, presque tout dépend de la sûreté du coup d'œil, de l'à-propos avec lequel on saisit le moment d'agir, et, une fois l'action résolue, de la rapidité qu'on met à l'accomplir.

On n'a qu'un instant pour réfléchir; malheur à soi si on hésite; et le succès d'un mouvement commencé, repose sur la résolution de celui qui commande.

Il y a donc beaucoup plus à attendre de l'inspiration du génie que du résultat des règles et des calculs.

Néanmoins, une bonne partie du métier de l'officier de cavalerie, peut être traduite en préceptes écrits qu'il est très-important de connaître et d'étudier. Beaucoup de choses approfondies par avance lui seront d'un grand secours, et, dans les cas difficiles, lui suggéreront des expédients que la pratique seule ou la réflexion du moment ne sauraient lui faire trouver, sans des lectures instructives sur la matière.

Rien n'est pourtant plus difficile que d'atteindre un pareil but, vu l'état présent de la littérature militaire. Il n'existe pas, ou il existe peu, en effet, de livres traitant spécialement de la cavalerie; surtout en langue anglaise, de telle sorte qu'il faut extraire de l'histoire des guerres et batailles et des traités généraux sur l'art de la guerre, les principes dont on a besoin. Or, les personnes qui ont écrit sur de tels sujets, n'étaient point pénétrées exclusivement, soit des difficultés, soit des avantages de l'arme dont nous nous occuperons en particulier : le lecteur donc, est obligé d'élaborer lui-même ses conclusions, et souvent, au moyen des données les plus imparfaites et les plus erronées.

Ce petit livre n'a pas la prétention de combler le vide qui vient d'être signalé; il servira seulement à faire attendre un plus digne traité qui, il faut l'espérer, viendra bientôt prendre sa place. L'auteur ayant servi dans la cavalerie continentale et dans la cavalerie des Indes, joignant à cela une connaissance assez étendue des troupes à cheval de différentes nations, se flatte qu'on voudra bien accueillir favorablement cet essai : heureux s'il contribue aux progrès de l'arme importante de la cavalerie, afin qu'elle lutte avantageusement avec ses rivales, dans la première guerre qui surgira.

La transition subite de la paix à la guerre, est un moment critique pour toutes les armées, mais plus particulièrement pour celles dont les officiers ignorent la théorie de leur métier.

Prenons, pour exemple, notre cavalerie dans les dernières grandes guerres d'Europe; elle était supérieure à celle de la plupart des autres nations par le courage téméraire des hommes, la qualité des chevaux et la bonté de l'équipement; malheureusement, elle leur cédait sous le rapport de la tactique. La correspondance de notre plus célèbre général est là pour prouver que trop souvent nos officiers négligeaient fréquemment de faire appuyer leurs charges par des réserves, ou de prendre d'autres précautions dont l'absence occasionnait à nos troupes des revers, en dépit de l'extrême bravoure qu'elles déployaient en toute occasion.

Celui qui ignore la théorie de la guerre doit acheter l'expérience par de grandes pertes au début. C'est donc le devoir de tout officier de s'efforcer d'acquérir la connaissance de sa profession, avant d'être appelé à faire sa partie dans ce jeu terrible où tout faux mouvement est suivi de conséquences plus ou moins désastreuses pour son pays et pour les soldats sous ses ordres.

Dans ce livre, j'ai tâché de rassembler les leçons de l'expérience des autres, et de tirer de divers auteurs les exemples propres à aider les jeunes officiers à apprendre leur métier. En même temps, il est bien entendu que l'esquisse abrégée de l'histoire de la cavalerie, qui sert d'introduction, ne peut suppléer un ouvrage plus étendu, qui serait une des plus brillantes parties de l'histoire de l'art de la guerre ; mais cette esquisse suffit pour établir les faits et les rendre intelligibles, ainsi que pour montrer ce qu'on accomplirait avec une tactique mieux entendue, et une meilleure organisation qui permettrait à la cavalerie de tenir le vrai rang qu'elle doit occuper dans les armées européennes.

Les observations sur l'habillement, l'équipement, l'instruction, etc., sont conformes au simple bon sens. Ces diverses parties du service organisées à des époques où il était difficile de faire autrement, sont devenues mauvaises avec le temps et n'ont plus raison de subsister sur le même pied ; mais on hésite à y apporter des modifications toujours difficiles, quelquefois dangereuses. Cependant, rien n'est plus grave que de rester aveuglément attaché à des théories condamnées, ou à des usages surannés, qu'on abandonnerait forcément aux premières secousses d'une guerre sérieuse.

Il n'est pas aisé d'établir pour la cavalerie une

tactique qui soit définitive ou complétement sa-
tisfaisante; mais l'emploi de cette arme est généralement si peu compris, qu'il est important
de tenter au moins d'améliorer et d'éclairer le
sujet.

L'auteur n'ose se flatter d'avoir beaucoup con-
tribué au progrès, mais il espère avoir fait un pas
dans la bonne voie et indiqué un sentier qui pourra
être suivi avec intérêt, par beaucoup de ses camarades. D'autres, qui ont plus de loisirs ou plus de
mérite, sauront traiter mieux sans doute une matière si délicate.

Cet ouvrage a été écrit dans les moments que
laissaient libres le service et les occupations du
monde; et l'auteur, peu familier avec l'art d'éditer,
n'a pas mis peut-être toute la régularité désirable
dans l'arrangement du texte.

Je dois des remerciements particuliers à M. James Fergusson, pour ses bons avis, quant à la mise
en ordre des chapitres; je serai toujours recon-
naissant de ses observations bienveillantes et de
son amicale coopération.

Je me plais aussi à citer, comme m'ayant été
d'un grand secours, M. Mac Farlane, dont le zèle
pour le service est bien connu, et qui m'a prêté un
concours empressé. Il a corrigé plusieurs erreurs
dans le manuscrit et a revu les épreuves, lors de
l'impression.

En écrivant mon opinion sur la cavalerie, j'ai

obéi à un devoir de conscience, exposant librement et sans réserve ce que je regarde comme la
vérité.

J'espère en cela ne blesser personne, et si mes
observations peuvent être utiles à l'arme à laquelle
j'ai l'honneur d'appartenir, j'aurai complétement
atteint le but que je me suis proposé.

Club de l'armée et de la marine.

1er juillet 1853.

PRÉFACE DU TRADUCTEUR.

C'est à la bienveillance de M. le général-major Wetherall, sous-chef d'état-major de l'armée anglaise, que je dois l'ouvrage dont j'entreprends la traduction. Il me l'envoyait comme renfermant des idées neuves et méritant d'être étudiées. Cette opinion d'un si bon juge me suffisait pour vouloir faire connaître chez nous un livre instructif. J'espère qu'on me tiendra compte de l'intention, et qu'on excusera l'imperfection de mes efforts, soit pour rendre les idées de l'auteur, soit pour les expliquer. Plusieurs épisodes de nos dernières guerres sont présentés de manière à choquer peut-être des Français, et ne sont pas appréciés dans notre pays comme à l'étranger : il serait même facile de prouver que plusieurs ne sont pas autant à notre désavantage que le texte l'avance ; mais à quoi bon entrer en controverse sur des faits, lorsqu'on ne veut en tirer que des leçons ; en pareil cas, une hypothèse vaut une réalité, puisque l'une peut être mise à la place de l'autre et que la conséquence reste la même. D'ailleurs, il n'est pas inutile de savoir que nous ne passons pas pour être des modèles en tous genres. La triste opinion qu'on peut avoir de nous, en piquant notre amour-propre, servira mieux que la flatterie à nous faire faire quelques pas dans la voie du progrès, et nous chercherons sans doute à montrer que nous ne sommes pas réellement aussi inférieurs aux autres peuples qu'on peut le supposer à l'étranger.

HISTOIRE ET TACTIQUE

DE

LA CAVALERIE

CHAPITRE PREMIER.

ESQUISSE HISTORIQUE. — GRANDS COMBATS DE CAVALERIE ANCIENS ET MODERNES.

Le cheval, originaire des pays orientaux, y atteignit de bonne heure ce développement, ces proportions, cette force, cette beauté de formes, que dans d'autres contrées on ne put lui donner qu'après des siècles de moyens artificiels appliqués avec les soins les plus minutieux et les plus persévérants. Il paraît que dans toute l'Europe le cheval n'était qu'un misérable poney, ou, tout au plus, un bidet chétif et commun, alors qu'en Arabie, en Asie-Mineure, en Perse, en Mésopotamie, c'était un superbe animal propre à la guerre et très-employé dans les combats.

Dans tout l'Orient, en effet, les peuples étaient cavaliers de naissance, et leurs armées n'étaient guère composées que de cavalerie.

Les chevaux des contrées du Levant furent importés en Europe par les Grecs et leurs voisins, à travers les détroits resserrés du Bosphore et de l'Hellespont, ou par la mer Égée, qui touchaient à leurs colonies asiatiques. La race s'en propagea en Thrace, en Thessalie, en Macédoine et autres pays. Les Athéniens et la plupart des Grecs se passionnèrent pour les beaux chevaux et pour les courses; et plus de cent ans avant Alexandre-le-Grand, les sculpteurs grecs étaient familiarisés avec les belles formes équestres qu'ils ont reproduites dans les marbres d'Elgin.

Mais il ne paraît pas qu'à cette époque les Grecs fissent grand usage de la cavalerie sur les champs de bataille.

Les Romains subjuguèrent leurs voisins avec l'infanterie. Tite-Live, dans l'histoire de leurs guerres avec les Samnites et autres peuples, fait mention de cavalerie et de chariots traînés au galop par des chevaux; mais on pense que les chevaux n'étaient ni en grand nombre, ni de haute taille, et que les chariots de guerre étaient d'abord grossiers et d'aussi peu d'effet que ceux des Bretons, nos ancêtres; une telle cavalerie n'a jamais réellement gagné une bataille ou décidé une victoire.

La cavalerie fut donc peu usitée chez les Grecs et les Romains, tant que la guerre ne les mit pas en contact avec l'Asie et l'Afrique, et ce fut sous Alexandre-le-Grand et dans les guerres Puniques qu'ils apprirent de leurs ennemis le cas que l'on devait faire de cette arme.

L'ordre adopté dans les premiers temps, semble avoir été le même chez les Grecs et les Romains : ils formaient leur cavalerie en losange ou en coin, avec l'idée que la file de tête, poussée par la masse placée derrière elle, enfoncerait tous les obstacles. Cette manière de charger en coin, a depuis été adoptée par les Turcs et d'autres nations habiles à monter à cheval (1).

___

(1) L'auteur fait peut-être beaucoup d'honneur aux Turcs en supposant que l'ordre en coin ait été chez eux l'effet d'une tactique raisonnée. C'était

Quand Alexandre-le-Grand pénétra en Asie pour la conquête du vaste empire des Perses, son armée n'était presque composée que d'infanterie partagée en phalanges.

La phalange macédonienne sera à jamais célèbre dans les fastes militaires, mais la cavalerie macédonienne n'avait pas d'ordre particulier qui pût partager cette célébrité. Une fois en Asie-Mineure, pays de bons chevaux, peuplée de colonies grecques éparses depuis l'Hellespont jusqu'au Granique, et depuis cette rivière jusqu'aux confins de la Syrie, il devint facile au conquérant d'augmenter sa cavalerie. Il ne faut pas douter qu'entre l'invasion et la première bataille, cette arme ne reçut de grandes améliorations, sous le double rapport numérique et organique.

A la bataille du Granique, Alexandre fit traverser la rivière à gué par un corps de quatre mille cinq cents à cinq mille chevaux. Les Perses, sur l'autre rive, s'opposèrent bravement à son passage, engagèrent une mêlée, mais furent à la fin mis en déroute, principalement, dit-on, par les efforts de la cavalerie macédonienne. Cependant, les manœuvres, à cette bataille, ne furent pas en rapport avec la tactique rationnelle : la cavalerie subordonna sa marche à celle de l'infanterie qui attaqua l'ennemi en même temps qu'elle et parallèlement.

Les Macédoniens furent plus habiles trois ans plus tard à Gaugamelle, lorsqu'ils eurent acquis de l'expérience. La cavalerie, cette fois, forte de sept mille hommes, fut divisée en deux corps placés aux ailes. Celui de droite, conduit par Alexandre en personne, manœuvra contre la gauche des Perses, composée de cavalerie. Les deux partis essayaient de se déborder, et les Perses semblaient avoir réussi en raison de leur nombre, quand Alexandre déploya soudain

Guerres d'Alexandre-le-Grand.

plutôt la conséquence naturelle de ce qui se passe dans une masse indisciplinée où les plus braves et les mieux montés prennent la tête de l'attaque et présentent une pointe plus ou moins régulièrement formée.

(Note du traducteur.)

ses profondes colonnes et menaça le flanc de l'ennemi.

Les Perses, dans leur précipitation à étendre leur ligne, pour s'opposer au mouvement des Grecs, s'ouvrirent, et leur centre offrit une brèche à Alexandre qui s'y précipita, les coupa en deux, les défit et les mit en déroute. Lorsqu'il était occupé à les poursuivre, Parménion qui commandait l'aile gauche, lui fit demander du secours. Alexandre aussitôt rallia sa cavalerie pour prendre à revers l'aile droite des Perses; mais, s'apercevant que Parménion, aidé par la cavalerie thessalienne, avait enfin culbuté l'ennemi, il changea de direction et suivit Darius. Après avoir traversé le Lycus, il accorda du repos à ses troupes jusqu'à minuit, puis se remit en marche et arriva, le jour suivant (le lendemain de la bataille), à Arbelles, après une poursuite de 600 stades (environ 75 milles anglais ou trente lieues métriques), aussi rapide que doit être une opération de ce genre exécutée par la cavalerie.

Les Perses étaient, à cette affaire, bien supérieurs en nombre à leurs ennemis et portaient des armures; cependant, ils ne purent soutenir le choc impétueux des Macédoniens s'avançant en bon ordre, à toute vitesse. Alexandre avait ses cavaliers bien dans sa main, car au milieu d'une poursuite victorieuse, il put les rallier soudain et les mener au secours de son aile gauche. Leur marche forcée à la suite de l'ennemi, après un rude combat, prouve qu'ils étaient capables des plus vigoureux efforts. Néanmoins, la cavalerie grecque, après la mort d'Alexandre, retomba dans son ancienne insignifiance.

La cavalerie des Romains fut encore au-dessous de celle des Grecs; mais, sous Annibal, la cavalerie carthaginoise fit des merveilles en Italie, sur le territoire romain.

La première fois que les Carthaginois rencontrèrent les Romains, ce fut sur le Tessin, dans une escarmouche de cavalerie. Les éclaireurs romains (qui étaient à pied) furent vite repoussés et coururent se réfugier dans les inter-

valles de leurs propres troupes, effrayant ainsi les chevaux. Quelques cavaliers romains tombèrent, d'autres mirent pied à terre pour combattre à pied (ce qu'ils faisaient
souvent). Pendant que la cavalerie régulière était engagée,
Annibal envoya les Numides, qui formaient la cavalerie
légère, pour tourner les flancs de l'ennemi et le prendre
par derrière. Cette manœuvre lui procura la victoire. Les
Romains furent défaits et leur général P. Cornélius Scipion
fut blessé.

A la bataille de la Trébie, les Romains avaient trente-six
mille hommes de pied et quatre mille chevaux; les Carthaginois n'avaient que vingt mille fantassins et dix mille cavaliers.

Quelle proportion différente de chaque arme dans les
deux armées!

L'infanterie des Romains combattit, en cette circonstance,
aussi glorieusement qu'elle avait toujours fait : leur cavalerie s'enfuit devant celle de l'ennemi.

Les légions romaines, attaquées de tous côtés, réussirent
néanmoins à se frayer un chemin à travers les Carthaginois; mais dix mille seulement de ces fantassins invincibles
atteignirent Plaisance, le reste fut laissé sur le champ de
bataille.

La cavalerie carthaginoise remporta la bataille de **Bataille de**
Cannes, 216 ans avant Jésus-Christ. Les Romains avaient, **Cannes.**
en cette circonstance, quatre-vingt mille hommes de pied
et six mille cavaliers; Annibal avait quarante mille fantassins et dix mille chevaux.

L'aile droite romaine était sous les ordres d'Aufidus : les
deux armées avaient leur cavalerie sur les flancs.

Asdrubal attaqua d'abord la cavalerie romaine avec la
sienne et la culbuta dans la rivière. Le combat s'engagea
alors sur toute la ligne. L'infanterie romaine, comme toujours, fut partout victorieuse. Les cavaliers Numides, sur
la droite d'Annibal, rencontraient une vive résistance de

la part de la cavalerie ennemie, et ne pouvaient lui faire lâcher pied.

Asdrubal, après son succès à la gauche, parut tout à coup à la droite, mit en déroute la cavalerie qui lui était opposée et, après avoir envoyé les Numides à sa poursuite, se jeta lui-même sur les légions romaines, et, en dépit de leurs efforts héroïques, les enfonça et en fit un horrible carnage. Paul-Emile et plus de quarante mille Romains furent tués, et la plupart des survivants demeurèrent prisonniers. Polybe évalue la perte des Romains à soixante-dix mille hommes, et attribue le gain de la bataille à ce que les Carthaginois étaient plus forts en cavalerie : de là il conclut qu'il vaut mieux être inférieur de moitié à l'ennemi en infanterie et lui être supérieur en cavalerie, que d'avoir de part et d'autre une égalité parfaite en troupes de chaque arme.

La vaste plaine, maintenant appelée la Table d'Apulie, dans laquelle se livra cette mémorable bataille, convenait admirablement aux manœuvres de cavalerie. Il faut se rappeler que Paul-Emile s'efforça de persuader à son téméraire et ignorant collègue, qu'il ne fallait pas risquer la bataille en cet endroit. Après sa défaite, Varron s'enfuit aux environs de Venusium, avec seulement soixante-dix cavaliers. On assure qu'à Cannes, où Annibal fit un si bon emploi de sa cavalerie, il ne perdit qu'environ deux cents chevaux.

Ce fut principalement au moyen de sa cavalerie, et par son habileté à la manier, que ce grand capitaine, privé de tout secours de Carthage, put se maintenir pendant seize ans en Italie.

Les armées romaines étaient si faibles en cavalerie, que quand elles obtenaient des avantages sur les Carthaginois, elles ne pouvaient en retirer tout le fruit possible; comme aussi elles avaient la plus grande peine à subsister et à fourrager, à cause de la cavalerie ennemie qui battait toute la campagne autour d'elles. La bravoure extrême de leur infanterie ne put pas toujours les garantir de revers, et, à chaque affaire où elles eurent le dessous, leur existence même fut mise en danger.

Montecuculi dit : Le but principal d'une armée est de livrer bataille : l'action a généralement lieu en plaine, et alors le rôle le plus important est celui de la cavalerie. Si la cavalerie est battue, la bataille est ordinairement perdue ; si au contraire, la cavalerie est victorieuse, non-seulement la bataille est gagnée, mais encore le succès est complet. Importance de la cavalerie.

Pour la même raison, le maréchal de Saxe conseille de se retrancher et d'attendre quand on est faible en cavalerie.

Fabius et L. Plancus n'osant pas se mesurer en plaine contre la cavalerie d'Annibal, occupaient les hauteurs et des positions fortifiées.

Dans des circonstances analogues, durant la guerre de trente ans, Gustave Adolphe ne voulut pas s'aventurer dans les plaines de la Pologne et resta en Prusse jusqu'à ce qu'il eut reçu des renforts en cavalerie.

Le manque de cavalerie arrêta Alexandre et César au milieu de leurs conquêtes.

Les Romains, dans la suite, augmentèrent leur cavalerie aux dépens de leur infanterie, mais ce fut à l'époque de leur décadence, quand la discipline, l'esprit militaire, le patriotisme et toute vertu s'affaissaient parmi eux. Alors que la célèbre légion n'avait plus son antique valeur, que pouvait-on attendre de soldats à cheval?

Selon le temps et les circonstances, la cavalerie fut plus ou moins en honneur. Pendant certaines périodes (quelques-unes de longue durée), on l'éleva beaucoup au-dessus de l'infanterie, tandis que, dans d'autres, on lui accorda peu de considération relativement à celle-ci. De fait, cet extrême des deux opinions opposées était regrettable. De grandes batailles ont été gagnées par une seule arme. Il n'entre pas dans notre sujet de discuter les mérites de l'infanterie et de la cavalerie ; il est admis que toute armée doit avoir de la cavalerie; nous nous bornerons donc à chercher à rendre la nôtre aussi bonne en son genre que notre infanterie l'est dans le sien.

L'histoire prouve la nécessité d'avoir une puissante cavalerie, et montre que si cette arme n'a pas toujours eu le succès et l'efficacité qu'on en attendait, rien n'a pu lui résister quand elle a été bien conduite et bien organisée.

A Capoue, en l'année 552, les Francs défirent l'infanterie romaine; mais, manquant de cavalerie, leurs flancs furent débordés et attaqués par l'eunuque Narsès, à la tête de la foudroyante cavalerie byzantine; et, suivant l'historien Agathias, de trente mille hommes dont se composait leur armée, cinq soldats seulement échappèrent au massacre qui suivit leur déroute.

A la mémorable bataille de Poitiers, livrée, en 732, par les Français, sous Charles-Martel, contre les Sarrasins d'Abd-er-Rhaman, la cavalerie des Francs, sous la conduite d'Eudes, duc d'Aquitaine, défit les Maures, pénétra dans leur camp et en fit un grand carnage. Paul-le-Diacre (*Paulus Diaconus*) dit que les Sarrasins laissèrent trois cent soixante-quinze mille morts sur la place ; d'autres historiens, tels que Mézeray, portent la force des Maures à cent mille hommes et assurent que presque tous, y compris leur roi, furent tués ou foulés aux pieds des vainqueurs. Mais, en dépit de ces assertions, les Sarrasins quittèrent leur camp en plein jour, et, après la bataille, repassèrent les Pyrénées sans être inquiétés dans leur retraite.

La cavalerie ne fut pas envoyée à leur poursuite, d'où nous devons conclure qu'elle était trop lourde pour avoir la chance d'atteindre l'ennemi beaucoup plus mobile.

Bataille de Mersbourg.

En 933, à la bataille de Mersbourg, la cavalerie européenne, sous Henri Ier, avait gagné sous le rapport de l'organisation et de la tactique. Par la discipline et la formation en ordre compacte, elle gagna une victoire décisive sur la cavalerie irrégulière hongroise, qui, à cette époque, était très-redoutée.

Ici, le succès fut dû à la manière dont Henri avait réorganisé et formé ses cavaliers ; et il est digne de remarque que c'est la première fois qu'il est question de cavalerie légère. Armés d'arbalètes, ils se mesurèrent avantageusement avec les Hongrois et les inquiétèrent continuellement par des escarmouches.

Les Magyares, forts de trois cent mille hommes, laissèrent leur camp retranché près de Schkölzig et s'avancèrent dans les plaines, au nord-est de Lützen, à la rencontre du roi Henri. La bataille fut longtemps indécise, jusqu'à ce que Henri, s'élançant à la tête de la cavalerie qu'il avait tenue cachée près de Schkölzig, les prit en flanc et les mit en déroute.

L'ennemi fut poursuivi sans relâche, et on ne lui donna du répit que quand il eut traversé la frontière de Bohême.

L'histoire n'offre que deux exemples d'une cavalerie ainsi heureusement réorganisée et commandée, savoir : sous Henri Ier, dans le dixième siècle, et sous Frédéric-le-Grand, dans le dix-huitième siècle. Ces deux princes, à leur avènement, trouvèrent la cavalerie en mauvais état, et, dans leurs premières campagnes, plus nuisible qu'utile ; mais, après des réformes, elle leur procura leurs plus brillantes victoires.

Le roi Othon Ier sut tirer bon parti de la cavalerie réorganisée par son père Henri. A la bataille d'Augsbourg, en août 955, il la partagea en deux corps destinés à se soutenir l'un l'autre. Il portait d'abord ses cavaliers pesamment armés, en masse sur un point, pour y frapper un coup décisif ; puis, dès qu'il avait remporté un avantage, il lançait sa cavalerie légère à la poursuite des fuyards ; ralliant alors ses hommes d'armes, il frappait sans relâche, jusqu'à ce que la victoire eût couronné ses efforts. La bataille fut gagnée et perdue plusieurs fois pendant le jour, car les Hongrois, quoique leurs rangs fussent rompus et leurs files dispersées, trouvaient encore moyen, ainsi que toute bonne cavalerie légère doit faire, de revenir par groupes à la charge, comme si instinctivement la même pensée eût animé chaque individu en particulier.

Semblables à des ombres, ils échappaient aux lourds Allemands, ne s'en éloignaient pas et se trouvaient sur leurs talons dès que ceux-ci tournaient bride. L'habileté supérieure du roi Othon lui donna seule la victoire.

Bataille de Liegnitz. Nous voici maintenant au treizième siècle, quand les hordes tartares envahirent la Pologne; et nous voyons à la bataille de Liegnitz, 9 avril 1241, que les cavaliers polonais, tous pesamment équipés et quelques-uns portant des armures, furent défaits par les Tartares, plus légèrement montés.

Les armées se rencontrèrent dans les plaines de Walhstatt. Les Polonais, sous les ordres du prince Henri-le-Bon et de Mizelaw, prince de la haute Silésie, furent partagés en cinq corps, dont quelques-uns en réserve : leurs ennemis adoptèrent des dispositions analogues. L'aile droite des Polonais attaqua et défit celle des Tartares qui leur était opposée ; mais ces derniers, se ralliant bientôt, repoussèrent les assaillants sur leurs réserves, qui, s'avançant à leur tour, culbutèrent l'ennemi et le poursuivirent. Tout à coup cependant, au dire des historiens polonais, un charme, l'effet d'un enchantement, commença à agir, et leurs compatriotes prirent la fuite. Ce charme n'était autre chose que la promptitude avec laquelle les Tartares se rallièrent et revinrent subitement à la charge sur des ennemis fatigués qui ne s'attendaient pas à ce brusque retour. Cette manœuvre dut surprendre, ainsi qu'un véritable enchantement, les lourds cavaliers de l'Occident.

Le prince Henri lui-même s'avança alors avec des troupes fraîches ; Peta, le chef des Tartares, vint à sa rencontre, mais, comme auparavant, céda le terrain au premier
choc, se retournant de temps en temps ; puis, quand ses
ennemis furent épuisés en efforts répétés, il se précipita
avec un corps de réserve (le dernier qu'il eût sous la main)
sur les chrétiens, et les balaya hors du champ de bataille.

Ici, comme dans le premier cas, les Polonais poursuivirent leur succès en se lançant sur les traces de leurs ennemis, qui se retirèrent à dessein ; ils essuyèrent une seconde fois l'effet du charme, et l'on dit qu'enveloppés dans
des nuages de poussière, ils furent aveuglés et n'eurent
plus la force de se défendre.

Nous comprenons ce charme, et les Tartares le comprirent aussi : dès qu'ils virent le moment propice, ils se retournèrent comme un seul homme contre les chrétiens
abandonnés à leur poursuite, et les massacrèrent sans
pitié.

Le contact des peuples de l'Orient a, dès les premiers
temps, influencé le progrès de la cavalerie en Europe ; et
cette tactique, déployée par les hordes tartares, au treizième siècle, est la base de notre tactique actuelle.

Le perfectionnement de la race chevaline est, comparativement, de date récente en Angleterre. Au moins, jusqu'au règne de Charles Ier, nous allions chercher sur le
continent, particulièrement en Espagne et à Naples, nos
meilleurs chevaux de guerre et de manége. Notre roi
Édouard emmena avec lui de la cavalerie en Écosse, et
l'on sait ce qu'elle devint à la bataille de Bannockburn.
Les batailles en France, sous nos rois Édouard et Henri,
furent surtout des affaires d'infanterie, et nous en dûmes
le succès à nos archers. Les Français eurent parfois une
nombreuse cavalerie, mais elle était déplorablement dis-
ciplinée, et quand ils possédaient quelques bons esca-

drons, ils ignoraient la manière d'en tirer parti. Les bons chevaux étaient rares, et l'on n'avait ni la patience, ni l'argent nécessaire pour former des cavaliers propres à la guerre. Les chevaliers et quelques hommes d'armes, toujours en selle, montaient, mais par habitude; le plus grand nombre (comme il est arrivé pour des armées modernes, lorsqu'on faisait des levées à la hâte) n'ayant pas l'habitude du cheval, tombaient facilement. Il faut, pour apprendre à un homme à bien monter à cheval, trois fois le temps nécessaire à l'instruction complète d'un fantassin; et quand un cavalier connaît suffisamment l'équitation, il lui manque encore beaucoup de choses pour savoir à fond son métier. Cette différence seule montre comment il s'est fait que souvent la cavalerie a été, dans son genre, inférieure à l'infanterie dans le sien.

Cavalerie de l'Europe moderne. Dans l'Europe moderne, la cavalerie prit de l'importance quand les peuples de l'Allemagne débordèrent sur le continent et sentirent la nécessité d'avoir de grandes forces en chevaux avec leurs armées d'invasion; nécessité qui ne les avait point frappés lorsqu'ils restaient chez eux.

Par degrés, les cavaliers européens venant à s'armer de toutes pièces, se formèrent sur un seul rang, cherchant chacun un adversaire pour le combattre corps à corps.

Les gendarmes français, revêtus d'une pesante armure, s'acquirent un grand renom dans cette manière de combattre.

A ces lourds cavaliers succédèrent les Reitres, Allemands mercenaires, qui, montés sur des chevaux plus rapides, équipés plus à la légère, et armés d'épées et de pistolets, battirent constamment les gendarmes dans les guerres civiles de France et des Flandres.

L'invention de la poudre à canon avait fait une révolution, et les chevaliers avaient quitté peu à peu leurs armures pour prendre des armes à feu.

Sous Henri II, roi de France, la cavalerie se formait encore en rectangles et sur dix rangs. Henri IV réduisit le front et ensuite la profondeur à six rangs.

Dans le seizième siècle, on mêla des détachements d'infanterie avec la cavalerie, et on astreignit les deux armes à se régler l'une sur l'autre et à aborder l'ennemi ensemble.

A la bataille de Pavie, en 1525, le marquis de Pescara plaça (pour la première fois) des corps de mousquetaires dans les intervalles de la cavalerie impériale, et ainsi (dit-on), vainquit les Français.

L'usage de mêler l'infanterie avec la cavalerie s'étendit de plus en plus, et autant le fantassin gagnait en importance, autant le cavalier s'amoindrissait par cette coutume qui restreignait son action.

Avec l'introduction de la poudre à canon, la distance à laquelle les combats s'engageaient, augmenta considérablement. La cavalerie ne pouvait faire rien de bon avec les armes à feu, et il fallait la tenir hors de la portée de celles de l'ennemi. Elle ne servait pas à grand'chose, parce que ses mouvements étaient si lents, qu'elle laissait perdre l'opportunité d'agir, avant d'avoir parcouru le terrain qui la séparait de l'ennemi.

Gustave-Adolphe, au commencement de la guerre de trente ans (1630), réduisit la lourde ordonnance des escadrons et les forma sur quatre rangs; les trois premiers chargeaient et le quatrième servait de réserve. Il débarrassa les cavaliers de leurs armures, leur ôta la lance et les rendit plus légers, plus actifs et plus utiles. Il plaça sa cavalerie sur deux lignes et généralement aux deux ailes.

Gustave-Adolphe.

En France, sous Louis XIII, en 1635, les escadrons furent réduits en front et en profondeur, et, en 1766, ils furent formés sur deux rangs. Néanmoins, ils étaient encore lourds et difficiles à manœuvrer, bien que leur organisation en régiments eût été un progrès, et que leur équipement fût devenu plus léger.

L'usage de faire soutenir la cavalerie par des corps de mousquetaires placés dans les intervalles, lui ôtait de son impulsion et la privait des avantages que l'on peut tirer de la rapidité des chevaux.

Il était réservé à Charles XII de modifier la manière de combattre à cheval et de la faire progresser. Son caractère hardi et chevaleresque était en rapport avec l'esprit de la cavalerie. Il mena ses cavaliers, le glaive en main, contre les troupes de toutes armes, même contre les positions fortifiées, à travers toutes sortes de terrains. Il ne connaissait ni difficultés ni obstacles. Infatigable dans la poursuite, il s'acharna après les Saxons dans leur retraite, sous le maréchal Schulenburg, à travers la Silésie, marcha neuf jours sans desseller, les atteignit à Sanitz, près Paunitz, et avec deux régiments de cavalerie seulement, les chargea, bien qu'ils fussent dix mille, passa sur le ventre de leur infanterie qui se coucha pour éviter le choc impétueux dont elle était menacée, défit et mit en déroute la cavalerie saxonne, puis revint attaquer l'infanterie et l'artillerie ennemies. La nuit seule mit fin au combat et les Saxons profitèrent des ténèbres pour se mettre en sûreté de l'autre côté des frontières. Toute l'artillerie tomba entre les mains des Suédois, qui semblent avoir fait un terrible usage de leur longues et droites épées, car tous les Saxons tués dans leur fuite avaient le corps traversé d'outre en outre.

La période de nos grandes guerres civiles vit s'introduire plusieurs changements, sans compter ceux qui étaient purement d'une nature politique. Ce fut alors que notre cavalerie commença réellement à se distinguer, et obtint le rôle de marcher pour décider la victoire.

La cavalerie anglaise, sous Cromwell et son fameux adversaire le prince Robert, demande une notice particulière, car il y a de bonnes leçons à recueillir des nombreux engagements auxquels elle prit part à cette époque.

Cromwell, âgé de quarante-quatre ans, alors qu'il tira pour la première fois l'épée, se montra un vigoureux champion dès le début. Il leva, organisa, disciplina lui-même sa cavalerie, et donna à ses hommes un exemple qu'ils ne furent pas lents à suivre. Son énergie morale et physique, ses conceptions vigoureuses, une décision prompte et la terrible impétuosité avec laquelle il lançait son cheval au fort de la mêlée, en firent un général de cavalerie sans second dans l'histoire. Actif, infatigable, excellent cavalier, habile à manier le glaive, il avait un ascendant sans bornes sur ses compagnons et les faisait passer par-dessus tous les obstacles que le courage humain peut affronter.

La fougue et la témérité du prince Robert étaient impuissantes contre la valeur froide et la présence d'esprit de Cromwell. Celui-ci changea souvent la défaite en triomphe; celui-là perdit maintefois l'avantage qu'il venait d'obtenir en laissant sa cavalerie s'abandonner au désordre naturel à la suite d'un premier succès, et, pendant qu'il s'emportait, son ennemi, plus prudent et plus capable, enchaînait la victoire.

A Grantham, les royalistes avaient vingt et une *troupes* de cavalerie et trois ou quatre de dragons (1).

Cromwell s'avança contre eux avec environ douze *troupes*. Les deux partis se formèrent en bataille à portée de mousquet l'un de l'autre, et les dragons tiraillèrent pen-

(1) La *troupe* consistait en soixante hommes, commandés par un capitaine, un lieutenant, un cornette et un quartier-maître (maréchal-des-logis). *(Note de l'auteur)*.

On pourrait traduire le mot anglais *troop* par le mot français *compagnie*; mais Guibert, dans son traité de tactique, emploie le mot *troupe* pour désigner une unité de cinquante chevaux; — c'est-à-dire à peu près celle dont l'auteur veut parler ici. — Ce dernier mot est donc aussi en français un terme technique. *(Note du traducteur.)*

dant une demi-heure au plus; Cromwell chargea alors, l'épée à la main; les royalistes le reçurent de pied ferme et furent culbutés; on les poursuivit pendant plusieurs milles, chaque homme tuant deux ou trois fuyards.

A Gainsborough, après une escarmouche avec l'avant-garde de l'ennemi, Cromwell gagna la crête d'une colline et se trouva tout à coup en présence d'un corps considérable de cavalerie royale, très-près de lui, ayant un régiment entier en réserve.

Quoique pris à l'improviste, Cromwell s'avança résolûment contre ce corps qui pressait le pas pour l'accabler.

Un brillant combat à l'épée et au pistolet s'en suivit, jusqu'à ce que les *Têtes rondes* s'élançant sur leurs adversaires, les mirent en déroute, poursuivant et tuant l'espace de cinq ou six milles.

Cromwell cependant, qui commandait l'aile droite, rappela le major Whalley avec trois *troupes* qui déjà couraient après les fuyards; il les forma en bataille, et voyant la réserve de l'ennemi, sous le général Cavendish, charger les soldats de Lincoln et les culbuter, il courut sur ses derrières, balaya hommes et chevaux à la pointe de l'épée et tua Cavendish.

Bataille de Marston-Moor. A la fameuse bataille de Marston-Moor, livrée le 2 juillet 1644, Cromwell se signala hautement et fit goûter au prince Robert l'acier de ses *Côtes de fer* d'une façon peu agréable.

Les forces du parlement avaient fait jonction avec les Ecossais et investi York. Le prince Robert et le marquis de Newcastle se réunirent pour faire lever le siége de cette ancienne cité dont la possession était très-importante au point de vue militaire.

Les deux armées s'élevaient à environ cinquante mille hommes; elles étaient séparées par un fossé et ne furent en position qu'à cinq heures du soir. Les troupes royales faisaient face à l'ouest, et celles de l'ennemi regardaient l'est. Une lutte sanglante et acharnée commença. D'abord aucun des deux partis ne voulait céder l'avantage que le fossé et le terre-plein donnaient à celui qui restait sur la défensive, lorsqu'enfin lord Manchester sortit pour attaquer avec l'aile gauche de l'armée du parlement, soutenu par Cromwell qui commandait la cavalerie de cette aile.

L'attaque réussit malgré une résistance désespérée de la part des cavaliers du prince Robert contre ceux de Cromwell. Celui-ci avait tenu en réserve une partie de son monde qui tomba tout à coup sur les royalistes engagés dans la mêlée et les défit complétement.

L'aile droite de l'armée du roi fut en ce moment chaudement poursuivie par la cavalerie et l'infanterie, et poussée bien au delà de son aile gauche.

La contre-partie exacte de ce qui vient d'être raconté s'était passée à l'autre extrémité des deux armées.

La gauche des royalistes s'était avancée, avait attaqué puis battu la droite de l'armée du parlement, de telle sorte que la cavalerie de cette dernière ayant été culbutée, fuyait et répandait le désordre et l'épouvante parmi les réserves écossaises placées derrière elle.

Lord Manchester n'apprit ce qui s'était passé à sa droite, qu'après que les troupes de sir Thomas Fairfax eurent fui l'espace de quelques milles sur la route de Tadcaster.

Cromwell rappelant tout à coup la cavalerie, fit demi-tour et suivit les royalistes victorieux du côté de cette ville. Ceux-ci se formèrent pour le recevoir, furent défaits et s'enfuirent à leur tour. Ainsi, Cromwell par son énergie et son courage, gagna la bataille quand plusieurs des principaux généraux, la croyant perdue, s'étaient déjà éloignés. La journée de Marston-Moor ressemble en plusieurs points à celle de Zorndorf; toutes deux furent engagées de la même manière et gagnées par la même manœuvre, celle qu'employa Annibal à Cannes et Seydlitz à Zorndorf·

Ces trois grands généraux de cavalerie furent d'abord victorieux à l'aile gauche; ensuite ils se portèrent à l'aile droite pour y rétablir le combat; et tous trois réussirent identiquement en enfonçant l'infanterie ennemie, qui, dans les trois cas, se comporta vaillamment.

L'honneur de ces trois journées revient à la cavalerie qui y décida la victoire.

Il est remarquable qu'à des époques si éloignées les unes des autres, dans des circonstances si différentes, les mêmes résultats aient été obtenus et presque exactement de la même manière. Cela ne prouve-t-il pas péremptoirement qu'il faut consulter le passé afin d'être prêt pour l'avenir !

Bataille de Naseby. Le 14 juin 1645, eut lieu la bataille de Naseby. La droite de l'armée royale était commandée par le brave prince Robert, la gauche se trouvait sous les ordres de sir Marmaduke-Langdale, le centre obéissait à lord Astley et le roi en personne conduisait la réserve.

Dans l'armée du parlement, Cromwell commandait la droite, Ireton la gauche, Fairfax et Skippon se trouvaient au corps de bataille. Robert chargea vigoureusement la gauche des *Têtes rondes*, les rompit, les chassa à travers les rues de Naseby et les poursuivit au delà de cette ville. Cromwell en même temps chargeait et dispersait la cavalerie royale, sous sir Marmanduke-Langdale, tandis que l'infanterie royale attaquait et repoussait l'infanterie ennemie. Le sort de la journée dépendait de celui qui ferait le premier revenir sa cavalerie. Cromwell, à la fin, apparut à la tête de ses *Côtes de fer*, se jeta impétueusement sur le flanc de l'infanterie royale et la mit dans un effroyable désordre. C'en était fait; la victoire était décidée. Robert revint trop tard pour tenter d'utiles efforts, et le roi s'enfuit, laissant toute son artillerie et cinq mille prisonniers dans les mains du vainqueur.

Cette fois encore, Cromwell changeait le destin du combat, en jetant à propos ses *Côtes de fer* dans la lice, quand

Robert, par sa bravoure téméraire et irréfléchie, faisait perdre sans retour à son roi, l'occasion de ressaisir sa couronne et son royaume. S'il fût revenu, après son premier succès, attaquer l'infanterie des *Têtes rondes*, la chance eût probablement tourné en faveur du roi, car il fallut les plus grands efforts de Fairfax et de Skippon pour empêcher leurs soldats de se débander..

Quelques officiers qui servaient dans cette guerre avaient combattu sous Gustave-Adolphe, et chargé avec la cavalerie suédoise dans les plaines de l'Allemagne, et en particulier à Lutzen, où succomba ce héros.

Pendant longtemps, la meilleure cavalerie d'Europe fut celle des Turcs.

Cavalerie des Turcs.

En grande partie, hommes et chevaux venaient d'Asie, et le reste était d'origine asiatique. Les chevaux, quoique petits, excédant rarement quatorze palmes (c'est-à-dire un mètre quarante-trois centimètres), étaient agiles, pleins d'ardeur, cependant dociles, et si bien dressés et embouchés, qu'on en était toujours parfaitement maître. Leur selle profonde était lourde, mais tout le reste de l'équipement était léger. Le cavalier s'appuyait sur des étriers larges et tenus courts, auxquels lui et ses ancêtres avaient toujours été accoutumés ; son assiette était ferme, naturelle, et il était très-difficile à démonter ; son cimeterre était léger et tranchant ; de plus, il portait ordinairement à sa ceinture cette arme légèrement recourbée qu'on appelle yatagan, et qui coupe comme un rasoir. Quelques spahis portaient de longues lances ou piques ; mais ils les jetaient toujours de côté dans la mêlée, comme inutiles alors. Leur tactique était simple et se réduisait à peu de cas. S'ils ne pouvaient d'abord pénétrer l'angle aigu de leurs coins au milieu de l'ennemi, ils renouvelaient successivement leurs attaques ; s'ils parvenaient à entamer la ligne ennemie, ils répandaient la mort autour d'eux ; leurs armes tranchantes occasionnaient le plus souvent des blessures mortelles ou séparaient les membres du corps. Si l'ennemi cédait, ils s'étendaient en éventail, et pendant que les uns faisaient effort sur le front, les autres tournaient les flancs et les derrières. Quelquefois, pour gagner du temps, les spahis turcs prenaient en croupe une partie de leur infanterie. Ainsi, au commencement de la bataille de Ryminik, livrée contre le maréchal Suwarow et les Autrichiens, un corps de six mille jannissaires monta derrière un pareil nombre de cavaliers turcs et fut transporté au galop sur une éminence qui commandait le terrain, et que les Autrichiens voulaient également occuper.

Nous avons vu, de nos jours, cette cavalerie, qui était réellement brillante, réduite, par l'esprit d'imitation et par des réformes mal entendues, à une condition digne de mépris. Le sultan Mahamoud voulut avoir une cavalerie organisée à la manière des Francs, ou chrétiens, et fit venir un grand nombre de sous-officiers français, italiens, allemands, pour apprendre à ses hommes à monter à cheval avec des étriers longs, et à se former, s'habiller à l'européenne. Malgré la désapprobation et le découragement de ses musulmans, il les enferma dans des jacquettes étriquées et des pantalons étroits. Son système a été continué, avec une déplorable persévérance, pendant les douze dernières années, sous son fils et successeur, le sultan Abdul-Medjid, et on peut affirmer que la cavalerie turque est aujourd'hui la plus mauvaise du monde. Des hommes, habitués à s'asseoir les jambes croisées et à tenir les genoux près du ventre, ne peuvent apprendre à monter à cheval avec des étriers longs, à la française. Ils tombent souvent et s'estropient ; ils sont armés avec la lance et n'ont, le plus souvent, pas d'autre arme, si ce n'est un sabre mal fait, émoussé et mauvais. Leurs chevaux ne sont que de pauvres rosses. Les bonnes races se sont perdues, et la centralisation tyrannique du sultan, déguisée sous le nom de réforme et de civilisation, qui a plus ou moins exercé ses ravages depuis cinquante ans, n'a pas laissé sur toute la surface de l'empire un homme de rang ou de fortune héréditaires, ou seulement un riche particulier capable de reconstituer les races perdues et de remplacer les bons chevaux de cavalerie légère, qui existaient encore au commencement de ce siècle. Les Karasman-Oglou, les Paswan-Ogou, et tous ces grands feudataires asiatiques, qui, avec les chefs spahis de la Roumélie, tenaient les principaux haras, ne sont plus! Montés comme ils sont, armés comme ils sont, à cheval comme ils sont, au lieu de pouvoir se mesurer avantageusement, comme autrefois, avec la cavalerie européenne, douze soldats d'Abdul-Medjid, dressés *alla franca*, ne feraient pas peur à un hussard anglais, qui s'en débarrasserait en une minute avec une simple canne. Ajoutez à ces effets d'imitation européenne, mal vue du peuple (et qui n'a guère mieux été appliquée à l'infanterie), le déclin, ou plutôt l'extinction du fanatisme religieux et du sentiment national, et on comprendra combien peu est préparée l'armée ottomane à résister à une attaque, de quelque part et dans quelque temps qu'elle vienne (1).

(1) A l'époque où les spahis turcs étaient si redoutables aux troupes allemandes, celles-ci étaient encore mal organisées et assez mal disciplinées; il n'est donc pas étonnant qu'elles aient eu d'abord le dessous contre des ennemis impétueux, hardis cavaliers, maniant bien le sabre, faisant d'horribles blessures et qui avaient pris d'abord un grand ascendant moral sur leurs ennemis, par leurs cris, leur agilité à cheval, leur bravoure et les premiers succès qu'ils durent à une manière de combattre inconnue des nations germaniques. Dès que des généraux habiles et de sang-froid eurent trouvé le moyen de s'opposer aux attaques irrégulières des musulmans et que les Européens les eurent vaincus quelquefois, leur prestige disparut, et leur tactique, mauvaise en soi, amena les défaites successives qu'éprouva la Turquie. La guerre qui dure depuis près d'un an a sans doute modifié les idées du capitaine Nolan au sujet des réformes introduites par Mahmoud et continuées par son fils. — L'équitation militaire allemande ou française ne vaut peut-être pas l'équitation turque ou arabe, les vêtements serrés sont certainement mauvais; mais la discipline et la tacti

La cavalerie des Russes et des Autrichiens s'améliora beaucoup dans leurs guerres contre les Turcs, et les Autrichiens, dans les premières campagnes de la guerre de sept ans, firent bon usage contre les Prussiens des leçons pratiques qu'ils avaient reçues des musulmans.

Ces cavaliers turcs, sans discipline, s'élançaient comme un tourbillon en essaims, ou colonnes irrégulières, et balayaient tout ce qui se trouvait sur leur passage, semant la mort derrière eux, tant leurs cimeterres s'agitaient efficacement.

Ni le feu de l'artillerie, ni celui de l'infanterie, ni la discipline, ne pouvaient arrêter ces fanatiques guerriers, et les chrétiens ne parvenaient à s'en garantir qu'au moyen des chevaux de frise dont chaque colonne était pourvue, et dont chaque bataillon avait deux voitures pleines avec lui.

Lorsque l'ennemi était proche, les hommes prenaient les chevaux de frise sur leurs épaules, et on formait la colonne par subdivisions; quand on était menacé d'une attaque, on se remettait en ligne, on plaçait à terre les chevaux de frise, et on les assujettissait ensemble.

que européenne l'emportent de beaucoup sur l'ancienne tactique des spahis turcs, en admettant qu'on puisse lui donner le nom de tactique; et il faut féliciter les sultans d'avoir rompu avec une routine désordonnée dont ils se sont si mal trouvés depuis plus d'un demi-siècle. L'armement actuel de la cavalerie turque n'est sans doute pas parfait, pareil en cela à celui des autres cavaleries d'Europe; mais le yatagan n'a jamais servi qu'à couper la tête d'un ennemi mort, et que pourraient aujourd'hui les anciens cimeterres courbes, bons seulement pour sabrer dans un combat individuel, contre une bonne charge en ligne de cavaliers sachant bien pointer, soit avec le sabre, soit avec la lance. — Il ne faut pas oublier qu'à l'époque où les spahis faisaient trembler l'Europe chrétienne, les soldats allemands et russes montaient beaucoup plus mal à cheval qu'aujourd'hui et ne savaient presque pas se servir de leurs armes, l'instruction militaire étant alors fort négligée. *(Note du traducteur.)*

Ce fut à ces obstacles que les Russes durent leurs premiers succès contre les Turcs, à partir de 1711.

Quand le général Munich marcha contre les Turcs, en 1713, il ne trouva pas que les chevaux de frise fussent une défense suffisante, et il arma encore une partie de son infanterie avec des piques. Ses troupes marchaient en grands carrés oblongs; elles se couvraient, à un signal donné, par les chevaux de frise, et l'artillerie les flanquait. Protégées par cette infranchissable barrière, elles attendaient en sûreté leurs ennemis à turbans, et les accueillaient par un feu destructeur.

Aucune cavalerie européenne, avec sa tactique, ses escadrons épais, ses cuirasses, ses lances, n'eût jamais inspiré une telle terreur, et forcé l'infanterie à chercher son salut derrière de tels obstacles. Les musulmans seuls pouvaient se faire craindre assez pour arracher à l'infanterie l'aveu de sa faiblesse et l'obliger à se mettre ainsi à l'abri de leurs coups; car, à moins qu'elle ne fût entourée de ces formidables défenses, il était rare que les Turcs ne l'enfonçassent pas, et alors ils frappaient du glaive, sans cesse ni merci, jusqu'à ce qu'ils eussent assouvi leur furie.

Ils agissaient de même avec la cavalerie européenne, chaque fois qu'ils pouvaient l'entamer; mais celle-ci, pour se préserver, se formait en masses profondes avec des canons et de l'infanterie sur les flancs.

Maintenant, si le courage individuel, l'adresse au combat singulier, la manière de monter à cheval, les cimeterres tranchants des Turcs les rendirent redoutables au point que l'histoire raconte, combien serait irrésistible une cavalerie qui joindrait à ces qualités la discipline et la méthode qui leur manquaient, et dont l'absence finit par causer ensuite tous leurs revers.

Les Mameluks d'Égypte conservèrent leur haute réputation d'intrépides cavaliers, jusqu'au commencement du

Mameluks.

3

dix-neuvième siècle, où ils furent anéantis; mais on ne peut guère dire qu'ils étaient Turcs. Si ces braves Mameluks, originaires de différentes races et de différents pays, mais sortis principalement de la Thessalie, de la Macédoine et des pays les plus reculés de la Turquie d'Europe, qu'on nomme maintenant Bosnie, Servie, Albanie, etc., avaient été soutenus par une infanterie seulement passable, la sanglante affaire des Pyramides n'eût pas été pour eux une défaite, pour les Français une victoire. Attaqués corps à corps, les Français n'auraient eu aucune chance de vaincre ces guerriers habiles à manier leurs chevaux et leurs armes.

Quand les Autrichiens et les Russes furent forcés par les Turcs à améliorer leur cavalerie, les Prussiens travaillèrent aussi dans le même but.

Partout où il y avait guerre ou probabilité de guerre, on voyait et on sentait que la cavalerie avait un rôle important à jouer, et qu'il y avait de grands changements à lui faire subir. Personne ne pensait qu'alors que l'infanterie et l'artillerie étaient en progrès, la cavalerie dût rester stationnaire.

Frédéric-Guillaume, le stathouder, et Léopold de Dessau réorganisèrent l'armée prussienne et y jetèrent les bases de cette discipline qui, sous Frédéric-le-Grand, devint si célèbre et fut imitée par presque toutes les nations d'Europe.

Frédéric-Guillaume voulait des soldats de haute stature; ses recruteurs enlevaient les hommes de grande taille partout où ils en trouvaient.

Sa cavalerie était bien instruite à faire feu en ligne, soit à pied, soit à cheval, mais on n'avait rien fait pour la rendre redoutable dans le combat; elle chargeait au pas ou au trot.

Frédéric-le-Grand.

Quand Frédéric-le-Grand arriva au trône, il trouva sa cavalerie dressée ainsi. Les hommes et les chevaux étaient d'une taille colossale; ils n'osaient marcher sur un mauvais pavé, ni aller à une autre allure que le pas sur un terrain accidenté.

A la première bataille contre les Autrichiens, la cavalerie de l'empereur, qui avait acquis de l'expérience dans les guerres des Turcs, chargea les Prussiens l'épée à la main, à la façon des musulmans, au galop, et les mit en déroute. Le grand Frédéric, qui n'aimait pas la tournure que prenaient les affaires (à cette bataille de Mollwitz), sur l'avis de son feld-maréchal, suivit les fuyards et ne rejoignit son armée que le lendemain matin, en apprenant que son infanterie avait tenu bon et remporté la victoire, malgré la fuite de sa cavalerie.

Quand la campagne fut terminée par la conquête de la Silésie, Frédéric s'occupa de la réorganisation de la cavalerie. Il commença par abolir les feux en ligne, et porta toute son attention à former des hommes habiles à monter à cheval. Seydlitz adopta pour ses hussards l'ordre sur deux rangs, et bientôt son exemple fut généralement suivi. On dressa les cavaliers à faire ce que le maréchal de Saxe regarde comme nécessaire, savoir : charger, à toute vitesse, l'espace de deux mille mètres, sans perdre l'alignement. Beaucoup de vieux généraux prussiens s'opposèrent vivement à ces innovations; mais le roi força leur mauvais vouloir, car il était convaincu des avantages de l'impétuosité de l'attaque. Enfin, ses troupes à cheval, qui, au début de la guerre de sept ans, étaient toujours battues, étonnèrent le monde par leurs hauts faits, sous la conduite de Ziethen et de Seydlitz, lorsqu'il les eut remises sur un bon pied, et ni la cavalerie, ni la meilleure infanterie ne pouvaient leur résister : témoins les batailles de Strigau, de Kesseldorf, de Rossbach, de Leuthen et de Zorndorf. Cette dernière fut la plus glorieuse de toutes pour la cavalerie prussienne qui, avec trente-six escadrons aux ordres de Seydlitz, changea la fortune du combat, sauva l'infanterie et l'artillerie de sa propre armée, arrêta et mit en déroute la cavalerie russe qui s'avançait victorieuse, puis revint sur l'infanterie russe, qui, préparée à bien recevoir les Prussiens, combattit avec une bravoure si désespérée, qu'enfoncée de toutes parts, elle se reformait par groupes qu'il fallait charger plusieurs fois de suite. En aucune bataille moderne, il ne tomba sous le sabre autant d'hommes qu'à Zorndorf, quoique les Prussiens eussent été à cheval douze heures avant de charger.

Jamais cavalerie n'accomplit de plus grandes choses que la cavalerie prussienne de cette époque. Son arme était le sabre; sa confiance gisait dans le courage et l'habileté individuelle des cavaliers. Sa tactique consistait dans la rapidité et la résolution; et l'on attribua à cette méthode hardie l'insignifiance ordinaire de ses pertes en tués et en blessés.

Seydlitz. Seydlitz habituait ses hussards à aller au grand galop, et à se servir de leurs armes blanches comme de leurs armes à feu, à cette allure, en rase campagne; il usait de différents moyens pour les rendre adroits à tous les exercices.

On raconte de lui cette anecdote :

Un jour, le roi, inspectant son régiment, se plaignit du grand nombre de morts occasionnées depuis peu par les accidents à l'exercice; Seydlitz lui répondit très-sèchement : « Si vous faites tant de bruit pour quelques cous rom- « pus, Votre Majesté n'aura jamais les intrépides soldats « qu'il lui faut pour la guerre. »

C'était un des amusements de ce hardi cavalier de passer au galop entre les ailes d'un moulin à vent qui tournait; et il se livrait encore à ce passe-temps lorsqu'il fut devenu général.

Les Grecs anciens suivaient le système de Seydlitz, persuadés que ni les hommes ni les chevaux ne pouvaient affronter les obstacles qu'autant qu'ils s'étaient essayés souvent à les surmonter. « Si vous voulez avoir un bon cheval de guerre, dit **Xénophon**, vous devez l'éprouver pour toutes les circonstances qu'il est appelé à rencontrer, c'est-à-dire sauter des fossés, grimper sur des remparts, monter et descendre des pentes rapides, et se lancer à toute bride sur un terrain inégal, à la descente et dans les plus mauvais chemins. Beaucoup de chevaux ne répondent pas à ce qu'on devrait attendre d'eux, non par leur faute, mais parce qu'ils n'ont pas l'habitude nécessaire; s'ils ont un bon tempérament et qu'ils ne soient pas vicieux, on pourra, par un dressage méthodique, les accoutumer à tout. »

Frédéric-le-Grand, en campagne, partageait sa cavalerie en corps de vingt, trente, quarante escadrons, et lui faisait attendre, sans bouger, l'instant propice de remplir son rôle. Il tenait le sceptre et l'épée. Il dirigeait les mouvements de ses troupes avec une habileté et une énergie rares, ne laissant jamais passer l'occasion de faire sentir le poids de son glaive; et les Prussiens, ainsi encouragés par leur roi, pleins de confiance dans leurs chefs, jouaient des éperons et galopaient à la victoire.

Frédéric se plaisait à dire que trois hommes sur les derrières de l'ennemi valaient mieux que cinquante sur son front; et ses généraux cherchaient toujours à attaquer en même temps, de front, de flanc et par derrière. Ils réussissaient presque toujours quant aux deux premières manières, savoir : de front et de flanc. Comment faisaient-ils? c'est ce qui est resté jusqu'à présent un mystère. Cependant il paraît qu'ordinairement, pour l'attaque de front, ils saisissaient le moment où l'usage soit combiné, soit isolé de l'infanterie et de l'artillerie, avait ébranlé l'ennemi : alors ils se précipitaient sur lui. Dans le second cas, ils gagnaient rapidement le flanc de l'ennemi et le chargeaient à fond. Sur vingt-deux grandes batailles livrées par Frédéric et ses généraux, quinze furent gagnées par la cavalerie ainsi employée.

Pendant le combat, Frédéric ne donnait pas d'ordres à

sa cavalerie; il se contentait de lui indiquer les directions qu'elle devait suivre, le point où elle devait agir. L'instant précis de l'attaque était laissé à l'appréciation des généraux chargés de l'effectuer. Ceux-ci, après avoir assuré leurs flancs, établi une réserve, s'élançaient sur l'ennemi et le pressaient jusqu'à ce qu'il eût vidé le champ de bataille.

Bataille de Rosbach. Berenhorst (dans ses observations sur l'art de la guerre) raconte ainsi qu'il suit la bataille de Rossbach :

« Les généraux étaient à dîner avec le roi quand au cri : voilà les Français! ils sautèrent sur leurs chevaux et, comme par inspiration, firent prendre les armes, former les colonnes et gagner du terrain à gauche; ils auraient été battus s'ils eussent attendu, sur l'emplacement de leur camp, l'attaque bien concertée de l'ennemi; mais, sans intention de l'induire en erreur, ils laissèrent leurs tentes debout, n'ayant pas le temps de les plier, et cette circonstance toute accidentelle trompa les Français mieux que le plan le plus adroitement conçu.

« La droite des Prussiens resta de pied ferme; l'aile opposée marchant en colonne par sa gauche et dérobée à la vue des Français par un mouvement de terrain, gagna leur flanc alors qu'ils se croyaient sur le point d'envelopper l'ennemi; ils hésitèrent. Revel (de la famille de Broglie), qui dirigeait l'attaque, tomba mortellement blessé à la première décharge, et quitta les colonnes, laissant leur flanc menacé, sans qu'on sût après lui ce qui restait à faire.

« L'armée prussienne, numériquement faible, était pleine de cette ardeur qui présage la victoire. Elle méprisait les Français. En marchant contre leurs flancs et leurs derrières, elle regardait toute l'affaire comme une bonne plaisanterie, et se réjouissait à l'idée de prendre l'ennemi en faute, ainsi que cela arriva.

«Le *Génie* de la cavalerie prussienne s'élançant des hauteurs de Reichertswerben, la conduisit à la victoire (1).

« Quand la cavalerie, en ordre de bataille, semblable à un torrent suspendu se tient prête et, au premier signal, se répand comme un flot renversant tout sur son passage, alors elle est parvenue à l'idéal de la perfection.

« Seydlitz atteignit un tel idéal en ce jour mémorable. Soubise et Hildburgshausen furent balayés comme la poussière. »

En repassant les hauts faits de la cavalerie prussienne de cette époque, on doit considérer ce qu'était l'infanterie.

Celle-ci cherchait les plaines ouvertes, avançait en lignes longues, évitait toute espèce d'obstacles, parce qu'ils dérangeaient l'ordre de bataille; son feu était vif, mais peu efficace, et les carrés résistaient rarement à la cavalerie.

A cette époque, un homme pouvait souvent embrasser d'un seul coup d'œil la situation des affaires à chaque instant d'une bataille, et ainsi employer la cavalerie tout à fait à propos. Mais depuis le perfectionnement des armes à feu, l'extension donnée aux armées et l'étendue prodigieuse des champs de bataille, il n'est plus possible de parcourir ceux-ci entièrement du regard, et par suite, il est plus difficile à un général de cavalerie d'obtenir des résultats égaux à ceux des Seydlitz et des Ziethen.

Aujourd'hui la cavalerie doit se lier davantage aux autres armes, car c'est seulement en les combinant habilement toutes ensemble, qu'il est permis d'accomplir de grandes choses.

Depuis la guerre de sept ans, la cavalerie avait baissé de réputation et perdu la prééminence qu'on lui accordait quand elle décidait du sort des batailles. En plusieurs oc- *Dépréciation de la cavalerie.*

_____

(1) C'est sans doute *Seydlitz*, le chef de la cavalerie prussienne, qui est désigné ici par le mot *Génie*.　　　　　(*Note du traducteur.*)

casions, dans le siècle présent, la cavalerie se distingua d'une façon brillante, savoir : à Avesne-le-Sec, Villiers-en-Couche, Cateau-Cambrésis, Emsdorf, Usagre, Salamanque, Garci-Hernandez et Waterloo, du côté des Anglais et des Allemands; et dans maint combat du côté des Français ; mais elle n'atteignit pas la hauteur de la cavalerie de Frédéric-le-Grand, qui, tenue en réserve, par masses, jusqu'au moment favorable, était alors déchaînée comme une tempête et balayait tout dans sa course irrésistible. Les mots : *charge à fond* étaient dans les cœurs aussi bien que sur les lèvres.

Cavalerie française. Au commencement des grandes guerres de la révolution française (1792), la cavalerie de nos voisins n'était ni bonne ni nombreuse. En fait, comme nation, les Français ne sont pas et n'ont jamais été de vrais cavaliers. Généralement ils montent mal à cheval, et l'équitation est la première des conditions pour faire un bon soldat de cavalerie. Nous ne pensons pas que ce défaut puisse être attribué à ce qu'en France, presque partout, le sol est labouré par des bœufs et non par des chevaux. Nous attachons plus d'importance à une seconde raison indiquée par le général Foy : l'impatience des Français, ou ce que ce général appelle *vivacité inquiète,* qui les empêche de s'identifier avec leurs chevaux et d'apprendre à monter comme il faut. Ils ont en outre un préjugé héréditaire en faveur des étriers longs et d'une position en équilibre qui ne permettra jamais de galoper dans un terrain difficile sans accident (1).

Dans leurs premières campagnes, les Français ne pouvaient guère se mesurer heureusement contre la grosse cavalerie allemande, les hussards hongrois et même les dragons wallons. Ils montraient rarement beaucoup de cavalerie en rase campagne, et quand ils le faisaient, c'était

(1) L'auteur revient ici sur les reproches qu'il a déjà adressés aux Français, relativement à leur manière de monter à cheval ; quelques officiers anglais trouvent cependant notre équitation militaire meilleure que la leur.   (*Note du traducteur.*)

ordinairement à leur désavantage. De plus, leurs chevaux étaient chétifs, petits et de mauvaise race. Ils eurent de meilleures remontes après avoir conquis d'autres pays, au moyen de leur infanterie, de leur artillerie, de leur propagande politique et d'une stratégie audacieuse. Mais le cheval n'est rien sans le cavalier, et le soldat de cavalerie ne saurait être improvisé aussi vite qu'un fantassin.

Avant le règne de Bonaparte, il y avait dans chaque armée un corps de grosse cavalerie, formant réserve; le reste de la cavalerie était réparti dans les divisions d'infanterie, ou marchait avec l'artillerie. Napoléon tenta de donner à la cavalerie un rôle aussi important dans les batailles, que celui qu'elle avait eu sous Frédéric-le-Grand; mais il l'organisa différemment, et les résultats ne furent pas les mêmes. Les cavaliers de Napoléon n'étaient pas bien en selle; ils étaient lourdement équipés, et n'étaient pas susceptibles d'une grande vitesse. Il les réunit en grandes masses, auxquelles il donna le nom singulier de *corps d'armée de cavalerie* (1).

A chaque régiment de ces corps, il attachait de l'artillerie, et employait pour l'attaque des colonnes profondes. Ainsi, la cavalerie était subordonnée à l'artillerie; ses mouvements se trouvaient ainsi gênés et retardés, et elle était toujours annoncée par ses propres canons; aussi l'ennemi était-il rarement attaqué par surprise (excepté à Marengo), et avait-il le temps de se mettre en défense; ce qui coûta aux Français des pertes immenses. Cependant Napoléon avait de nombreux cuirassiers, lents d'allures, mais méprisant la mort, et il leur dut plusieurs succès.

(1) Le nom de *corps de cavalerie* était peut-être singulier pour l'époque et pour les Anglais qui n'avaient qu'une faible armée; mais il n'est pas décidé que Napoléon ait eu tout à fait tort en réunissant de grandes masses de cavalerie sous un même commandement, à l'exemple de Frédéric, que l'auteur citait tout à l'heure (en paraissant l'approuver), comme ayant eu l'idée de partager sa cavalerie en corps de 20, 30, 40 escadrons.

(*Note du Traducteur.*)

D'un autre côté, il est douteux qu'il eût un seul général de cavalerie que Frédéric-le-Grand eût appelé bon, même en accordant à Murat les qualités dont il était doué (1).

Une réserve est indispensable. Les généraux de cavalerie de Napoléon ne brillèrent pas toujours par l'esprit d'à-propos pour engager leurs troupes, et, plus d'une fois, il les firent intervenir trop tôt; comme aussi, lorsqu'une réserve de cavalerie eût pu décider une affaire, personne ne paraissait pour enlever la victoire.

Ils négligeaient de protéger leurs flancs et d'avoir une réserve prête en cas de revers. En 1813, le 16 octobre, près de Leipzig, les divisions Latour-Maubourg et Kellermann, environ cinq mille chevaux, conduites par Murat en personne, attaquèrent le centre de l'armée alliée qui s'avançait, par Wachau, sur Gossa, repoussèrent la division de cavalerie légère de la garde russe et enlevèrent trente pièces de canon; mais quatre cents Cosaques de la garde, bravement commandés, tombèrent sur leur flanc, reprirent les canons perdus, et, mettant le désordre parmi les Français, firent tourner le combat au profit des alliés. Ces Cosaques avaient gagné le flanc de l'ennemi par un sentier où l'on ne pouvait défiler que par un.

A la bataille de La Rothière, la même faute, avec des conséquences plus graves, fut encore commise par les Français.

Les divisions Colbert, Guyot et Piré ayant chargé et culbuté la division de hussards russes, aux ordres du général Lanskoy, se préparaient à tomber sur l'infanterie, quand le général Washiltschikoff amena, au galop, la division de dragons de Pantschulitscheff, attaqua les Français en front

(1) L'auteur se trompe sans doute : ce qu'il raconte des attaques en colonne et de l'artillerie régimentaire, n'avait guère lieu que pour l'infanterie. La cavalerie, sous le règne de Napoléon Ier, en Allemagne, en Pologne, en Espagne, chargeait plutôt en ligne qu'en colonne et souvent par corps isolés des autres armes. Il est impossible aux Français d'admettre que Kellermann, Lasalle, Montbrun, Murat, etc., ne valaient pas Seydlitz, Ziethen, etc.

(*Note du traducteur.*)

et en flanc, les mit en déroute, les poursuivit jusqu'à Brienne, et enleva vingt-un canons à la garde de Napoléon : il y avait cependant encore une nombreuse cavalerie à portée de couvrir leurs flancs, mais elle ne parut qu'après que l'affaire eût été décidée en faveur des alliés.

Des exemples de même nature pourraient être tirés de l'histoire de la cavalerie anglaise.

Des charges brillantes et audacieusement exécutées, furent changées en terribles défaites, avec des pertes énormes, par la coupable négligence des officiers, qui n'avaient pas de réserves sous la main pour se flanquer, ou pour arrêter l'ennemi qui s'avançait avec des troupes fraîches.

Dans la Péninsule, en 1812, deux régiments de cavalerie anglaise, aux ordres du général Slade, attaquèrent et défirent deux régiments de dragons français, près de Hera, les poursuivirent chaudement pendant environ huit milles, quand le général Lallemand tomba sur eux avec sa réserve et les mit dans une déroute complète.

La brigade de l'union, sous le général Ponsomby, à Waterloo, souffrit beaucoup pour le même motif : après avoir renversé tout sur son passage, abordé la position de l'ennemi et sabré les canonniers sur leurs pièces, elle fut tout à coup attaquée par des réserves françaises et repoussée avec de grandes pertes.

Le 3e dragons chargea les Sikhs à Moodkee et s'avança jusque sur les derrières de l'ennemi ; non-seulement il ne fut pas soutenu, mais notre propre artillerie tira sur lui et lui causa quelques pertes. Le soir, ce brave régiment revint au camp ayant perdu près des deux tiers de son monde sans avoir presque rien fait, si ce n'est inspiré une salutaire frayeur des dragons anglais.

CHAPITRE II.

CAVALERIES AUTRICHIENNE, RUSSE, ETC.

Examinons rapidement les cavaleries autrichienne, russe et prussienne, et montrons l'emploi qu'on en fit depuis 1793 jusqu'à la fin des guerres de la révolution.

Infériorité de la cavalerie française. Dans les premières campagnes, la cavalerie des alliés surpassait en tous points la cavalerie française. Ils ne paraissent pas avoir toujours profité de cette supériorité; mais il est incontestable qu'elle existait. Leurs cavaliers étaient dès longtemps habitués au cheval, braves, nombreux, bien montés, bien équipés; à chaque affaire, depuis 1793 jusqu'à la fin du siècle, ils l'emportèrent toujours individuellement sur leurs adversaires. Si les avantages qu'ils obtinrent sur les Français, dans nombre de circonstances, ne furent pas suivis de résultats décisifs, il faut en attribuer la cause aux mauvaises conceptions des généraux.

A la fin, la cavalerie française battit la cavalerie autrichienne à la bataille de Hochstdt, en 1800; elle gagna par degrés un ascendant complet sur toutes les autres cavaleries du continent et, en dépit de plusieurs défauts inhérents à sa constitution, elle ne contribua pas peu aux conquêtes de Napoléon, jusqu'à ce que sa victorieuse carrière vint se briser contre les glaces de la Russie, en 1812. Les cavaleries autrichienne et anglaise, en 1793 et 1794, accomplirent plusieurs exploits remarquables dans les Pays-Bas. Du côté des Français, ni les hommes, ni les chevaux, ne pouvaient lutter contre les nôtres qui avaient toujours l'avantage du choc ; mais malheureusement nos cavaliers ne savaient que charger, et pas toujours de la manière la plus avantageuse.

En 1795, sur le Rhin, la campagne se passa particulièrement à manœuvrer. A Handschusheim, les Français furent battus avec perte de deux mille hommes et de dix canons, grâce surtout à la brillante conduite du régiment des dragons de l'Empereur et des hussards de Hohenzollern et de Szekler. Les vieux soldats de toutes les nations (sans en excepter les Français) ont souvent cité ces hussards comme étant la perfection de la cavalerie légère. L'événement le plus remarquable de la campagne, fut l'attaque des lignes autour de Mayence ; la cavalerie autrichienne s'y distingua spécialement. On avait formé trois colonnes d'attaque, à chacune desquelles on avait attaché un petit nombre d'escadrons, vingt-deux autres escadrons étaient en réserve : au moment où l'infanterie attaquait les lignes, ces vingt-deux escadrons y pénétrèrent, se ruèrent sur l'ennemi et remportèrent une victoire complète, avec une perte relativement minime de leur part.

Les Français perdirent toute leur artillerie se montant à cent trente-huit canons, et plus de trois mille hommes. Ici on put bien dire avec Suwarow : « *Vive le sabre et la bayonnette !* »

Dans la campagne suivante, en 1796, la cavalerie impériale se montra dignement et se conduisit fort bien à la bataille de Wurzbourg, mais on ne sut point en tirer parti après la victoire.

Bataille de Wurzbourg.

. Toute la cavalerie française, à cette bataille, avait été réunie sous le commandement du général Bonneau ; elle fut rencontrée près d'Emsfeld par la cavalerie autrichienne qui repoussa ses éclaireurs. Bonneau, voyant celle-ci augmenter en nombre de moment en moment, pensa que ce qu'il avait de mieux à faire était de charger sans perdre de temps. Les Français abordèrent résolûment l'ennemi, culbutèrent son aile gauche et la rejetèrent sur ses réserves ; à ce moment, quatorze escadrons de hussards masqués par un village, fondirent sur leurs derrières, pendant que les cuirassiers allemands les attaquaient de front. Le reste de la cavalerie française accourut au secours de la portion ainsi engagée, mais les Autrichiens avaient encore en réserve douze escadrons qui décidèrent du sort de la journée. Les Français furent mis en déroute et poursuivis derrière leur infanterie qui perdit elle-même deux bataillons de la division Grenier, sabrés par les Autrichiens (1).

Après l'assaut de Mayence, les Autrichiens se reposèrent sur leurs lauriers et conclurent un armistice ; au lieu de poursuivre Jourdan, à la suite de la bataille de Wurzbourg, et de détruire son armée, ils demeurèrent là, satisfaits des résultats de la journée, s'arrêtant court, où Frédéric-le-Grand n'eût vu qu'un glorieux point de départ.

Jamais plus belle occasion ne fut perdue ; sous les ordres d'un Seydlitz, la cavalerie eût balayé comme un flot cette armée en retraite et désorganisée, et fait de Wursbourg, pour les Français, un second Rossbach.

En 1797, la cavalerie n'accomplit rien de remarquable sur le Rhin ; mais en Italie, elle se distingua à Mantoue ; du côté des Autrichiens. Ils étaient campés près de la forteresse ; Napoléon, voulant les y enfermer, les attaqua ; la division Masséna, en les surprenant, le matin du 14 septembre, était déjà entrée dans leur camp, lorsque la cavalerie autrichienne, qui était sortie pour faire boire les chevaux,

(1) Il est évident qu'en cette circonstance le général Bonneau se conduisit en homme de cœur et d'expérience, et si l'auteur cite la cavalerie autrichienne comme ayant remporté la victoire, il aurait pu, voulant être impartial, faire ressortir explicitement qu'elle la dût à son nombre qui lui permit de faire paraître deux fortes réserves successivement, et non à sa supériorité morale sur la cavalerie française. *(Note du traducteur.)*

revint au galop (sans selles ni brides), tomba sur l'ennemi et le repoussa.

En 1805, les alliés qui avaient cent soixante-douze es- Bataille d'Aus-
terlitz. cadrons de cavalerie, à Austerlitz, ignoraient complétement la position de l'armée française et les dispositions de Napoléon, quand il eût été si facile de les faire reconnaître.

Pendant la bataille, ils firent avancer leur cavalerie en première ligne, tandis que le gros de leur infanterie, partagé en quatre colonnes, devait, par un mouvement décousu, sur une longueur de dix ou douze milles, tourner la droite de l'ennemi. Ce fut la cause de leur entière défaite, car après le départ de ces quatre colonnes, ils n'eurent plus à opposer à toute l'armée française que leur aile droite et leur réserve. S'ils avaient eu sur leur gauche le succès qu'ils espéraient, de quel usage leur eût été leur cavalerie ? Ils n'eussent jamais pu couper la retraite aux Français assez à temps pour les empêcher de gagner les défilés de Bellawitz et de Schlapanitz. Si, au contraire, l'infanterie eût été en première ligne et eût attaqué l'ennemi pendant que la cavalerie eût gagné son flanc, pas un des Français ne se fût échappé.

L'historien français qui raconte cette bataille est fort amusant : « Les Russes, dit-il, avaient conçu un plan de « bataille contre une armée qu'ils ne voyaient point ; et de « plus, ils admettaient l'hypothèse que les Français res- « teraient immobiles comme des termes. »

Quelques régiments des gardes à cheval française et russe se chargèrent et combattirent avec la plus grande bravoure; les Russes furent culbutés. On dit qu'à la droite, la cavalerie russe, commandée par le général Uwarow, qui, avec Bagration, soutenait les efforts de Lannes et de Murat, eut plusieurs engagements remarquables; mais nous ne connaissons pas assez ces engagements pour les décrire (1).

(1) Les lanciers d'Uwarow repoussèrent d'abord un régiment de cavalerie

La retraite des alliés fut couverte par vingt-deux escadrons de cavalerie autrichienne et quelques régiments de
cosaques ; ces derniers vidèrent bientôt le terrain, tandis
que les hussards de Hesse-Hombourg, de Szeckler et d'O-
reilly restèrent jusqu'à la fin. Ces braves régiments, malgré le feu meurtrier de l'artillerie française, se maintin-
rent entre Telnitz et Aujezed, jusqu'à ce que toute l'infanterie eût passé et repoussèrent bravement une brigade de
dragons français, qui voulait lui couper la retraite.

Souvent la cavalerie autrichienne protégea ainsi courageusement la retraite de ses armées vaincues, et leur permit de reparaître sur le champ de bataille.

Après la bataille d'Eckmühl, trois régiments de cavalerie
autrichienne résistèrent à deux divisions françaises qui
ne purent les entamer. A Egolfsheim, et le jour suivant à
Ratisbonne, quarante escadrons firent tête à la cavalerie
française, et donnèrent à leur armée le temps de repasser
le Danube. Pendant trois heures, ils tinrent l'ennemi en
échec par des charges répétées, dans lesquelles mille hommes furent tués ou blessés, et ensuite ils se retirèrent en
sûreté à travers la ville, dont l'entrée était occupée par
quelques compagnies d'infanterie. La cavalerie française
était commandée par Bessières ; Napoléon lui-même était
présent, et il fut blessé pendant le combat.

Dans la campagne de 1806, la cavalerie prussienne ne fit
rien qui fût digne de son ancienne réputation. A Iéna et
à Auerstadt, elle fut battue et poursuivie de si près par la
cavalerie française, que les Prussiens ne purent se rallier
nulle part et arrivèrent à Berlin sans avoir eu de répit.

Cette campagne et celle de 1807 en Pologne, font voir
que la cavalerie, quoique nombreuse et brave, peut rare-

légère française ; mais, venant à passer entre deux carrés français, ceux-ci
leur envoyèrent des décharges croisées qui les obligèrent à tourner bride
en désordre.   (Note du traducteur.)

ment faire quelque chose de grand, quand les armées auxquelles elle appartient restent sur la défensive.

Si le général n'a pour but que de se maintenir dans le pays, il choisit des positions d'où il est difficile de le déloger, mais dans lesquelles la cavalerie ne peut avoir qu'une action bornée, celle de repousser les attaques de l'ennemi.

Beningsen, quoique forcé par le plan de campagne à se tenir sur la défensive, fit un bon emploi de la cavalerie à Pultusk : il la plaça de manière à masquer la position de son armée et à engager le combat à son avantage. Cependant, son exemple serait dangereux à suivre, en présence d'une cavalerie nombreuse qui, réussissant à culbuter celle qu'on lui opposerait, la poursuivrait jusqu'au centre de la position et y causerait un irrémédiable désordre (1).

Les Russes occupaient l'espace compris entre les routes qui mènent de Pultusck à Sierock et Nowcmiastow. Ils avaient Pultusk et la Narew à leur gauche, et la route d'Ostrolenka derrière eux.

Beningsen désirait seulement des engagements partiels, afin de retarder la marche de l'ennemi et de gagner luimême le temps de se retirer ; mais le terrain était difficile pour l'artillerie, et les Français avançaient si vite qu'il fut obligé de leur opposer son corps tout entier pour se maintenir.

Il déploya ses soixante-six bataillons et ses quatre-vingtquinze escadrons (environ quarante-cinq mille hommes) sur deux lignes, entre Moczin et Pultusk ; il jeta dix bataillons et vingt escadrons en avant de l'aile gauche, sous

Pultusk.

(1) Ce serait, en thèse générale, une grande faute de composer le centre d'un ordre de bataille avec de la cavalerie qui est ordinairement mieux placée aux ailes et en réserve, mais ici le général russe était en retraite, et on ne peut voir dans ses dispositions qu'un ordre renversé, c'est-à-dire que ses réserves, composées de cavalerie en 3e ligne, étaient momentanément devenues 1res lignes, et faisaient le rôle d'arrière-garde.

(Note du traducteur.)

Bagawort, et douze bataillons et dix escadrons en avant de l'aile droite, sous Barclay de Tolly.

Le front de son ordre de bataille, sur une longueur de deux mille mètres, était occupé par sa cavalerie, en échiquier par régiment, avec de larges intervalles, et une ligne de cosaques, à cinq cents mètres encore plus en avant, arrêtait les éclaireurs de l'ennemi, et l'obligeait à déployer son avant-garde.

Lannes marchait en six colonnes contre la position des Russes. La force des Français, diversement estimée, était certainement supérieure à celle de leurs ennemis (1).

La cavalerie russe de l'aile gauche repoussa la cavalerie française opposée, chargea et enfonça quelques bataillons ; cependant, le succès qu'elle obtint ainsi ne put que retarder la marche des colonnes d'attaque sans pouvoir les arrêter.

Au centre, le général Dorochow se retira lentement devant l'ennemi pour l'attirer à portée des batteries russes qui, démasquées tout à coup, vomirent un feu meurtrier.

A la droite, Barcley de Tolly avait résisté aux attaques de la cavalerie française.

Les Français ayant fait avancer leur artillerie et le reste de leurs forces, Beningsen retira sa cavalerie derrière son infanterie.

Les corps placés en avant des ailes de l'armée russe furent repoussés et perdirent quelques canons qu'ils reprirent ensuite. Beningsen renforça ses flancs en infanterie et cavalerie, et se trouva sur trois lignes, la première déployée, la seconde en colonnes, la troisième composée de cavalerie.

L'aile gauche, appuyée par vingt escadrons, se porta alors en avant, chargea et fit reculer les Français. De cha-

(1) Toute l'armée française était supérieure à l'armée russe, mais le corps de Lannes, qui donna en cette circonstance, était numériquement inférieur aux forces dont disposait Beningsen. *(Note du traducteur.)*

que côté, on perdit plus de trois mille hommes tués ou blessés, et les Russes firent sept cents prisonniers.

La bataille d'Eylau fut remarquable par la grande charge de cavalerie conduite par Murat, qui s'avança contre les Russes avec soixante-douze escadrons. J'aurai occasion d'en parler plus loin. *Eylau.*

Après Eylau, il y eut un engagement de cavalerie très-important, où plus de quarante escadrons français furent défaits et rejetés en désordre dans la Trischinz par la cavalerie russe (1).

Les 5, 6 et 7 juin, les alliés eurent de bonnes occasions d'employer avantageusement leur nombreuse cavalerie, mais ils n'en profitèrent pas.

Le 10 juin 1807, à la bataille d'Heilsberg, les alliés avaient deux cent cinq escadrons dont vingt-sept prussiens, le reste russes. Ils prirent une position défensive forte, certainement, mais où leur supériorité en cavalerie ne pouvait avoir toute son efficacité. *Heilsberg.*

La cavalerie russe se tint en réserve la plus grande partie de la journée. Les Prussiens se conduisirent vaillamment et exécutèrent quelques charges brillantes, mais la bataille resta indécise. Les alliés demeurèrent, le 11, en position, et se retirèrent le soir vers Bartenstein.

A la bataille de Friedland, qui suivit, les alliés laissèrent longtemps leur cavalerie exposée au feu destructeur des batteries françaises. Après qu'elle eut ainsi bien souffert et fait de grandes pertes, elle fut chargée et mise en déroute par celle de l'ennemi. *Friedland.*

Dans ces campagnes, le système de se tenir toujours sur la défensive, de remplacer l'infanterie par la cavalerie, d'exposer celle-ci sans nécessité au feu de l'artillerie,

(1) L'auteur semble avoir puisé ses renseignements uniquement aux sources allemandes ou russes. L'engagement dont il parle ne fut pas, selon nos historiens, autant au désavantage des Français qu'il le dit.

(Note du traducteur.)

l'avait tellement démoralisée, qu'en 1812, elle pouvait à peine se mesurer avec la cavalerie française.

En 1813, à Lutzen, le terrain était si favorable à la cavalerie, que Napoléon ne douta pas que les alliés ne sussent enfin tirer parti des dix-huit mille chevaux qu'ils avaient avec eux, et auxquels il n'en pouvait opposer que cinq mille ; car ses vieux cavaliers blanchis à la guerre et accoutumés à la victoire avaient péri en Russie,. et, avec tout son génie et sa puissance, il n'avait pu les remplacer. Il était si pénétré du danger qu'il y avait pour lui à rencontrer la nombreuse cavalerie de l'ennemi, qu'en apprenant que Ney était attaqué, il marcha à son secours avec son infanterie formée en grands carrés de plusieurs régiments, ayant l'artillerie sur leur flancs et la cavalerie derrière.

Quand la bataille commença, Ney se trouvait seul sur le terrain ; il jeta son infanterie dans les villages et s'y maintint en dépit de tous les efforts tentés pour l'en déloger. Les alliés s'obstinèrent à vouloir le chasser, renforçant à cet effet, d'instant en instant, leur infanterie par des régiments de cette arme qui étaient remplacés sur la ligne par de la cavalerie ; celle-ci fut apparemment oubliée pendant ce combat d'infanterie. Napoléon étant arrivé avec toutes ses forces, fit jouer son artillerie sur les masses imposantes des cavaleries russe et allemande qui remplissaient le fond de la scène et leur causa de grandes pertes.

Le jour baissait ; on était harassé, et toute l'infanterie, excepté la garde russe, avait été engagée, tandis que les Français avaient encore des troupes fraîches sous la main.

Les alliés, qui pouvaient disposer d'une réserve de quarante escadrons, laissèrent échapper l'occasion d'en faire usage et ne purent rien entreprendre contre les Français, postés dans un terrain accidenté et protégés par soixante pièces de canon.

Selon Frédéric-le-Grand, il ne faut occuper les villages que pour la défensive ; une armée qui a pris l'offensive ne doit pas perdre de temps à les disputer à l'ennemi si elle peut atteindre son but en les tournant.

Si les alliés avaient agi dans ce sens et porté leur cavalerie en avant pour attaquer en plaine les Français qui accouraient au secours de Ney, le résultat eût été bien différent, car si elle avait réussi, le corps entier de celui-ci eût mis bas les armes.

Le colonel Dolfs montra bien, quelque temps après, que *Hanau.* l'infanterie française de cette époque était incapable de tenir en plaine contre la cavalerie allemande. A la tête de vingt escadrons prussiens, il attaqua, à Hanau, la division Maison, formée en huit carrés et protégée par dix-huit canons ; et, en moins de quinze minutes, il la détruisit entièrement, tuant, blessant ou faisant prisonniers les soldats qui la composaient, s'emparant aussi de ses canons. Ce qui s'en échappa fut un détachement de cavalerie qui commença à fuir au galop (1).

Cependant, quand les Français, vaincus à Leipsig, firent leur retraite, ils l'opérèrent assez bien, malgré les quatre-vingt mille hommes de cavalerie dont disposaient les alliés. Ceux-ci peuvent faire valoir pour excuse la rivière qui les séparait de l'ennemi et la rupture du pont qui la traversait.

En 1814, après le désastre de La Rothière, éprouvé par *La Rothière.* Napoléon sur le sol même de la France, il put encore sau-

(1) Une ligne d'infanterie qui n'a pas le temps de former les carrés en échelons et qui ne peut former que les carrés obliques, est bien vite détruite, si l'un des carrés extrêmes est enfoncé, car alors la cavalerie qui a eu ce succès peut rouler tout le reste de la ligne sans coup férir, arrivant sur des angles dépourvus de feux et protégée successivement par chaque carré détruit. La perte d'un de ces carrés extrêmes entraine nécessairement celle de tous les autres, quelque brave et bonne que soit l'infanterie qui les compose.　　　　　　　　　　*(Note du traducteur.)*

ver les débris de son armée, malgré la supériorité des alliés
en cavalerie.

Waterloo. En 1814, après Waterloo, quoique la cavalerie prussienne se fût élancée à la poursuite des Français, non-
seulement il s'en échappa un grand nombre, mais ils se
rallièrent sous Paris, et leur cavalerie détruisit une brigade
entière de cavalerie prussienne près de Versailles.

Souvent la cavalerie est condamnée, dans une bataille,
à une inaction totale par la manière dont les armées sont
disposées pour le combat. Les généraux veulent employer
les différentes armes comme de vraies machines, oubliant
quelquefois qu'elles ne peuvent pas toujours agir de concert. Une heureuse combinaison de l'artillerie, de l'infanterie et de la cavalerie, ou un grand coup frappé par la cavalerie seule, sont des circonstances très-rares dans les
guerres modernes. On raconte des charges brillantes exécutées par des corps isolés (telles, par exemple, que la
charge du 3e dragons à Moodkee, et celle de l'escadron du
major Unett à Chillianwallah); mais ces charges, quoique
très-vigoureuses, ne peuvent donner que des résultats
médiocres, comme on peut les attendre de détachements
de cavalerie attachés à chaque division; ce sont des tour-
nois de bravoure et d'adresse, mais voilà tout.

La tactique moderne tient un peu la cavalerie en lisière,
système timide, embarrassé de si et de mais, mots qui devraient être inconnus à des cavaliers.

Au lieu d'essayer de frapper un coup décisif, quand l'occasion s'en présente, ou de lancer toute la cavalerie d'une
armée sur les flancs ou les derrières de l'ennemi, on l'é-
miette çà et là, on l'épuise en marches et contre-marches,
on en engage le tiers peut-être, gardant les deux autres
tiers en réserve pour les dangers inconnus : elle agit sous
la protection de batteries établies pour la garantir des
funestes conséquences d'une charge manquée, etc. En un
mot, les exemples de combats heureux, gagnés par la ca-

valerie seule, ne se montrent que quand un chef chevaleresque, oubliant les règles de la tactique et s'inspirant
uniquement des circonstances, entraîne bravement ses soldats. Ainsi, Murat battit les Autrichiens près de Dresde,
les attaquant de front et de flanc, le sabre à la main, et
leur prenant seize canons et quinze mille hommes. Ce fut
assurément un des plus beaux faits d'armes modernes.

Une chose curieuse et digne de remarque, est que, dans
les dernières guerres, partout où la cavalerie fut employée
en grandes masses, presque toujours un extrême désordre
se mit dans ses rangs.

Confusion dans
les combats
importants.

Par exemple, à Craone, la cavalerie russe, après une
charge qui avait réussi, se trouva dans un tel pêle-mêle,
qu'on fut obligé de se retirer pour se reformer et éviter
une entière destruction. Heureusement pour elle que la
cavalerie, aux ordres de Nansouty, se trouvait loin de là,
sur le flanc droit, sans quoi elle eût eu peine à effectuer
saine et sauve son mouvement rétrograde.

La cause de ce désordre, pendant le combat, peut être,
en partie, attribuée à la profondeur des colonnes, le nombre
des lignes rangées les unes derrière les autres, la simili-
tude des uniformes du régiment, et la trop grande force
des escadrons, qui, une fois désunis et dispersés, ne se
rallient qu'avec beaucoup de temps et de difficulté.

Des lignes de cavalerie qui se suivent doivent participer
à la déroute de celles qui précèdent, car il n'y a pas assez
d'écoulement pour les fuyards, les intervalles étant trop
petits (1).

(1) Les intervalles entre les corps composant les 2e et 3e lignes devraient
certainement toujours être très-grands, et nous voudrions que ces corps
fussent le plus souvent, ou en colonnes avec distance entière, ou en colonnes doubles, avec les intervalles nécessaires pour se former en bataille
face en avant. — Mais pour la première ligne les intervalles doivent varier
avec les circonstances. Ainsi contre une cavalerie irrégulière, brave et entreprenante qui cherche une mêlée, il est bon de diminuer les intervalles et
même de les supprimer pour l'empêcher de s'y introduire. Au contraire,

La cavalerie de Frédéric-le-Grand doublait généralement les intervalles en avançant; la seconde ligne suivait,
déployée seulement en partie ou en échelons, avec des intervalles égaux au front d'un escadron.

L'infanterie d'alors se formait en ligne, et chaque
homme tirait contre la cavalerie quand elle chargeait.

Nous autres, Anglais, nous nous félicitons d'avoir adopté
ce système; et après que les Français, s'avançant en
colonnes ou en masses, eurent foulé aux pieds toutes les
armées d'Europe, ils furent vaincus dans la Péninsule
par notre infanterie qui se déployait pour les recevoir.
La cavalerie française, conduite par Lasalle, Montbrun,
Valmy, Latour-Maubourg (tous chefs renommés), ne put
tenir et se dispersa sous son feu redoutable. Le fantassin anglais demeura victorieux et cueillit d'immortels lauriers en combattant en ligne de pied ferme, accablant
l'ennemi de ses balles meurtrières (1).

Causes de la dé-
cadence de la
cavalerie.
Cependant ni masses, ni lignes d'infanterie ne purent
arrêter Seydlitz et ses intrépides cavaliers. A Kunersdorf
et Zorndorf, il avait contre lui, par chaque mètre de terrain, dix ou douze fantassins. Les échecs supportés
par la cavalerie, dans ces dernières années, ne peuvent
donc être attribués aux différentes formations de l'infanterie, et c'est à peine si l'on peut dire que le terrain et
les circonstances, pour l'emploi de la cavalerie, étaient

si la première ligne doit fournir une longue charge contre de la cavalerie ou
de l'infanterie également en ligne (comme à Eylau), il faut avoir de larges
intervalles pour faciliter la marche et pouvoir éviter les obstacles sans crever ni se désunir.   (*Note du traducteur.*)

(1) Les Anglais se déployaient dans de bonnes positions pour y attendre notre infanterie. — Cet ordre déployé leur permettait de faire usage de
tout leur feu, sur lequel ils comptaient avec raison pour désorganiser nos
colonnes; mais ils s'en servirent peu contre notre cavalerie.
                                            (*Note du traducteur.*)

moins favorables à Lutzen, Dresde, Leipsig et Craone, qu'à Rossbach et Zorndorf (1).

Il faut humblement confesser que si la cavalerie est déchue de sa haute réputation, elle ne peut s'en prendre qu'à elle-même et à sa tactique (2).

(1) L'infanterie tirait fort mal et fort lentement sous le règne de Frédé- ric-le-Grand, à cause de son ordre profond, tandis que l'infanterie an- glaise qui déjà avait la formation sur deux rangs dans la guerre de la Péninsule; tirait fort juste et fort vite, et, sans aucun doute, les dix fan- tassins que la cavalerie prussienne avait devant elle par mètre linéaire, lui envoyaient moins de balles dans une minute que ne le faisaient les quatre Anglais qui nous étaient opposés en Espagne, sur le même espace de terrain. *(Note du traducteur.)*

(2) La cavalerie n'est certainement pas à son apogée, mais elle n'est pas dans une condition aussi défavorable que l'auteur le supppose, et celle des Anglais aux Indes, comme la nôtre en Afrique, ont accompli des faits de guerre qui étonneraient peut-être Seydlitz et Ziethen eux-mêmes, s'ils re- venaient au monde. *(Note du traducteur.)*

CHAPITRE III.

DE LA CAVALERIE EN GÉNÉRAL.

Il faut convenir que dans les guerres modernes, on a rarement vu se produire le cas d'une excellente cavalerie commandée par un officier de cavalerie accompli. Le passage suivant du général Foy, un peu enflé, selon le génie de la langue dans laquelle il est écrit, exagère cependant à peine les qualités que doit réunir un bon général de cavalerie :

« Après les qualités nécessaires au commandant en chef,
« le talent de guerre le plus sublime est celui du général
« de cavalerie. Eussiez-vous un coup d'œil plus rapide et
« un éclat de détermination plus soudain que le coursier
« emporté au galop, ce n'est rien si vous n'y joignez la
« vigueur de la jeunesse, de bons yeux, une voix reten-
« tissante, l'adresse d'un athlète et l'agilité d'un centaure.
« Avant tout, il faudra que le ciel vous ait départi avec
« prodigalité cette faculté précieuse qu'aucune ne rem-
« place, et dont il est plus avare qu'on ne le croit com-
« munément : la bravoure (1). »

De toutes les armes, la cavalerie est la plus difficile à manier en campagne.

Elle ne peut attaquer l'ennemi que si le terrain est favorable.

Elle est toujours sous la dépendance de l'état des chevaux.

Elle est facile à disperser et crève aisément dans la main.

(1) Histoire de la guerre de la Péninsule.

Quoique brave et bonne en elle-même, elle ne peut rien sans de bons officiers (1).

Les qualités requises pour être bon officier de cavalerie sont : un coup d'œil prompt à juger le terrain et les mouvements de l'ennemi, une grande énergie, une décision prompte, une exécution rapide.

Il n'est donc pas étonnant que la cavalerie n'ait pas toujours déployé à la guerre la puissance et les ressources dont elle est susceptible ; car en mettant à part toutes les autres considérations, combien peu d'exemples offre l'histoire d'une cavalerie bien conduite et bien commandée ? Chaque fois qu'elle a été bien menée, elle a donné de grands résultats.

La cavalerie doit être à la fois l'œil, l'éclaireur et le pourvoyeur de l'armée. Avec une bonne cavalerie, une armée est relativement en pleine sécurité et dans les conditions désirables pour marcher à travers un pays ennemi et s'y nourrir. Elle recueille les fruits d'une victoire, couvre une retraite, répare un désastre. *Avantages d'une bonne cavalerie.*

Avec elle, les suites d'une défaite ne sont pas toujours fatales, et une armée peut reprendre l'offensive après avoir été battu.

(1) Il est incontestable qu'un des éléments principaux pour constituer une bonne cavalerie est la composition du corps d'officiers.—Mais en France, les conditions d'admission au grade de sous-lieutenant de cavalerie, sont loin d'être telles qu'on pourrait le désirer. Au lieu de n'avoir égard qu'à l'aptitude pour les exercices du cheval, à l'énergie physique, à l'intelligence, à la décision du caractère, on classe les candidats sortant de l'École militaire, d'après les connaissances acquises dans des sciences inutiles à jamais pour la carrière qu'ils embrassent. — Les plus lourds, les plus myopes, les moins énergiques sont les mieux classés, pourvu qu'ils soient les plus forts en mathématiques. Ce n'est point ainsi qu'on obtient des Seydlitz et des Ziethen, des Murat, des Lasalle, des Montbrun. En fait de sciences exactes, il ne faudrait apprendre que ce qui est nécessaire à son état, et les écoles militaires devraient être instituées plutôt pour éprouver et développer les aptitudes spéciales, au physique et au moral, que pour

Quand on garde la défensive, la cavalerie accomplit rarement de grandes choses, car l'état défensif est contraire à son essence.

Quand la cavalerie est mal organisée et mal conduite, plus elle est nombreuse, moins elle est utile (témoins les combats de Medellin, Ciudad Réal, Ocaña et Alba de Tornes, où la cavalerie espagnole abandonna le champ de bataille et laissa son infanterie à la merci des Français victorieux). Elle consomme les approvisionnements de l'armée, et devant l'ennemi, il ne faut pas compter sur elle; au lieu d'être de quelque secours elle s'enfuit, semant le désordre autour d'elle et dans ses propres rangs.

Nous avons vu que le courage individuel, l'adresse dans les combats singuliers, l'habileté à manier un cheval et de bonnes armes, rendaient toute cavalerie formidable; que des cavaliers légers et actifs l'avaient toujours emporté, à la longue, sur des cavaliers pesamment équipés; et que la vitesse et la sobriété sont les qualités essentielles du cheval (1).

En conséquence, si toutes ces propositions sont justes, la cavalerie européenne pêche en général dans son organisation.

En effet, les cavaliers ne sont pas assez instruits sous le rapport de l'équitation;

Les sabres, émoussés par des fourreaux de tôle, ne sont pas d'assez bonnes armes (2);

accroître l'instruction générale, laquelle peut parfaitement s'acquérir au dehors; celle qu'on exige au concours d'admission à Saint-Cyr est plus que suffisante pour un officier de cavalerie.   (*Note du traducteur.*)

(1) La vitesse est certainement une qualité désirable dans un cheval de guerre, mais il est inutile qu'elle atteigne le degré exigé du cheval de course. — Les proportions de celui-ci, exagérées en hauteur et en longueur, très-favorables pour gagner des prix, ne conviendraient pas à celui-là qui, pour résister aux fatigues et à une charge très-lourde, a besoin d'être court de reins et près de terre.   (*Note du traducteur.*)

(2) Ce n'est pas seulement parce qu'ils peuvent être émoussés par le four-

La vitesse et la sobriété ne sont pas compatibles avec la surcharge dont on écrase les chevaux ;

La promptitude et la précision des mouvements ne peuvent s'obtenir avec des escadrons larges et difficiles à remuer ;

Une décision rapide ne peut être attendue d'officiers qui ont à se préoccuper de savoir si on a la droite ou la gauche en tête, si le pivot est au flanc droit ou au flanc gauche (1).

Il y a trois sortes de cavalerie en Europe, savoir : la grosse cavalerie, les dragons et. la cavalerie légère.

Cette division se trouve naturellement établie par la taille, la force et les qualités des hommes et des chevaux ; car un cheval physiquement incapable de porter un cuirassier, serait perdu pour le service si les dragons ou la cavalerie légère n'étaient là pour le recevoir. Là où l'on éprouve des difficultés à trouver un nombre de chevaux suffisant pour les besoins de l'armée, on adopte un système tel que la plupart des animaux puissent être utilisés.

Les nations de l'Europe continentale, qui entrent en campagne avec de puissantes armées, veulent une nombreuse cavalerie : elles ne peuvent l'avoir bonne tout entière ; quelques-unes manquent de chevaux ; d'autres n'ont

Différentes sortes de cavalerie.

reau que nos modèles de sabre ne valent rien ; c'est parce que les lames sont défectueuses, tantôt passables seulement pour pointer, tantôt passables seulement pour sabrer, et que toujours mal emmanchées, elles présentent un tout difficile à manier. Il serait utile de mettre au concours un modèle réunissant les qualités et évitant les défauts des modèles actuels. Le général Marcy-Monge a fait exécuter plusieurs sabres parmi lesquels on pourrait choisir, car ils sont très-bons pour pointer et sabrer tout à la fois.

(*Note du traducteur.*)

(1) Dans l'armée anglaise, c'est toujours un officier qui sert de pivot, et avant de commencer une conversion, on doit s'assurer que l'officier qui remplit l'office de pivot est au flanc sur lequel elle doit s'exécuter. Cet inconvénient n'existe pas dans l'ordonnance française.

(*Note du traducteur.*)

pas un budget suffisant; il faut alors avoir recours à des expédients.

Mais l'Angleterre, riche en hommes, en argent et surtout en chevaux, devrait, particulièrement en cela, éviter d'imiter les armées étrangères, et au lieu de tenir sa cavalerie sur le même pied que celle des états du continent, elle pourrait l'organiser de manière à lui donner une supériorité incontestable et au-dessus de toute comparaison.

La grosse cavalerie, la cavalerie moyenne et la cavalerie légère, ont chacune un rôle spécial à la guerre et ne sont pas également aptes à tous les services qu'on peut requérir de la cavalerie en campagne.

Grosse cavalerie. Composée d'hommes de haute taille, couverts d'armures, montés sur des chevaux forts et pesants, cette cavalerie reste en réserve pour exécuter des charges décisives en un jour de bataille. Ses chevaux, en raison du poids qu'ils portent, sont si peu capables de soutenir longtemps des allures vives, qu'elle doit être appuyée par de la cavalerie légère qui puisse poursuivre les troupes qu'elle a battues. Elle exige de grands soins en campagne, elle doit être exempte du service des avant-postes, des fourrages, des reconnaissances; on doit lui éviter même les escortes des convois, car si les chevaux restent longtemps de suite en marche, ils dépérissent et ne peuvent plus porter leurs cavaliers. Son principal but est d'offrir un front imposant; mais son histoire prouve qu'elle est plus formidable en apparence qu'en réalité.

Dragons. Les dragons, à leur origine, furent une espèce de corps hybride, de l'infanterie à cheval destinée (comme les janissaires dans les guerres de Suwarow) à se porter rapidement sur les positions où elle devait combattre à pied; dans l'ordre de bataille ils se formaient et agissaient avec l'infanterie. D'abord on les appela arquebusiers à cheval; ensuite le fameux comte de Mansfeld les nomma dragons, par comparaison avec l'animal fabuleux représenté comme vomissant du feu et porté sur des ailes. Les Suédois, au commencement, les employèrent comme cavalerie légère, contre les Croates de l'empereur d'Autriche. Beaucoup plus tard, les Anglais et les Hanovriens montèrent leurs dragons sur des chevaux puissants, changèrent leurs tambours en trompettes et les assimilèrent davantage à la cavalerie. Postérieurement encore, on voulut les employer comme fantassins et cavaliers. C'était un projet favori de Napoléon Ier de les organiser ainsi pour ce double but, mais à la fin, après beaucoup de temps et d'argent dépensés en pure perte, trouvant qu'ils ne répondaient pas à son attente, il leur ôta leurs fusils et bayonnettes et leur donna des mousquetons; en même temps il les réorganisa, les monta sur des chevaux capables de charger avec succès, et les équipa assez légèrement pour pouvoir les employer à éclairer, fourrager, etc.

La difficulté du premier projet de Napoléon est facile à saisir, si on considère le temps nécessaire pour instruire un cavalier et celui qu'il faut pour former un fantassin. Si nous réussissions pendant la paix à amener un corps à s'acquitter également bien du service des deux armes, comment nous serait-il possible de le tenir au complet en temps de guerre? Comment suffire assez vite à la double instruction? Supposons encore un régiment de dragons combattant à pied, qu'arrivera-t-il? Ils seront moins nombreux que le corps d'infanterie proprement dite qu'ils auront en face; leurs sabres et leurs éperons les gêneront particulièrement en escarmouchant, et vienne une charge de quelques chasseurs ou hussards qui s'attaqueraient aux pelotons de chevaux, les dragons courraient grand risque de devenir tout à fait infanterie pour le reste de la campagne. Des cavaliers qui mettent pied à terre pour combattre, peuvent être utiles pour couvrir une retraite, ou défendre un défilé ou un passage contre de la cavalerie, et encore pour occuper un pont après s'y être portés au galop pour s'en emparer; mais c'est s'abuser que de vouloir faire attaquer des posititions par des dragons ou de les intercaler dans l'ordre de bataille de l'infanterie. (1)

Cavalerie légère.

Le rôle dévolu à la cavalerie légère, en campagne, est de la plus haute importance.

Elle est chargée de veiller à la sûreté de l'armée ; elle éclaire continuellement le front, les flancs et les derrières des colonnes, afin d'éviter toute surprise de la part de l'ennemi.

Dans les pays couverts, elle est appuyée par de l'infanterie légère ; en plaine, elle pousse des partis au loin et tient l'ennemi à distance ; en toutes circonstances, on l'emploie à enlever les convois, couper les communications, faire des reconnaissances, etc.

Un service aussi varié exige de nombreuses qualités de la part des hommes et de celle des officiers. Ajoutons à cela, qu'en dehors de tout ce qui la regarde spécialement, elle fait souvent la besogne de la grosse cavalerie, et nous allons tâcher de prouver qu'elle s'en tire à son honneur.

(1) Il est fâcheux qu'on veuille encore considérer les dragons comme un corps mixte, pouvant participer au double service de l'infanterie et de la cavalerie et soient plus particulièrement exercés à combattre à pied que les autres corps armés du fusil (chasseurs d'Afrique) ou du mousqueton. D'abord tout cavalier qui porte un mousqueton, pourrait tout aussi bien porter un fusil, arme beaucoup plus efficace ; ensuite toute cavalerie exposée à agir isolément, à marcher à l'avant-garde ou à l'arrière-garde, à escorter des convois, etc., a besoin, dans maintes circonstances, de mettre une partie de son monde à pied, pour occuper un obstacle, protéger par son feu l'entrée ou la sortie d'un défilé, etc. Les corps regardés comme déjà trop surchargés d'armes pour avoir encore le fusil en plus, devraient donc seuls être exemptés de l'exercice du combat à pied, et les autres en le pratiquant, seraient avertis qu'en pareil cas, ils ne suppléent pas l'infanterie, mais que seulement ils cherchent à se passer d'elle lorsqu'elle n'est pas là pour leur venir en aide. (*Note du traducteur.*)

CHAPITRE IV.

CAVALERIE LÉGÈRE ET GROSSE CAVALERIE.

« L'armure protége le cavalier et l'empêche de
« faire du mal aux autres (1). »

La puissance de la grosse cavalerie gît dans la force et
l'impulsion des chevaux, dans le courage et l'activité des
hommes. La taille des cavaliers, leurs cuirasses, leurs
armes défensives, leur lourd équipement, diminuent la
vitesse de leurs montures, les exténuent et les exposent
eux-mêmes à de graves dangers en les rendant incapables
de tout effort qui exige de l'agilité et quelque durée.

Si un cavalier, pesamment armé, galope et s'escrime en
même temps pendant quelques minutes, il s'épuise promptement par la fatigue que lui cause le poids de son armure,
et son cheval n'en peut bientôt plus ; le bras qui tient le
sabre tombe sans force sur le côté, pouvant à peine se relever ; un tel homme est à la merci de tout cavalier léger
qui tourne autour de lui.

La vitesse est préférable à la masse : si vous augmentez La vitesse est
préférable à
la masse.
la charge, vous diminuez la vitesse, et vous enlevez à
votre cavalerie cette impétuosité qui doit être son premier
élément de succès. Nous ne sommes pas les seuls qui
soyons tombés dans l'erreur à cet égard. Avec des chevaux
bien inférieurs aux nôtres (inférieurs en taille et en sang),
nos voisins ont eu des cavaliers très-lourds. Dans les der-

(1) Paroles attribuées à un empereur d'Allemagne.

nières guerres, les cuirassiers français en furent réduits à charger au trot, leurs chevaux ne pouvant soutenir une allure plus vive. Les pertes qu'ils essuyèrent en plusieurs circonstances furent énormes. Aujourd'hui, sous le feu perfectionné de l'artillerie et de l'infanterie, il serait impossible de penser à des attaques aussi lentes (1).

Les cuirassiers russes, lorsqu'ils eurent affaire aux Turcs, furent obligés de se former en colonnes profondes ou en carrés, et de requérir la protection de l'artillerie et de l'infanterie pour échapper aux terribles cimeterres des musulmans. Ceux-ci n'avaient ni discipline, ni lances; ils ne comptaient que sur leurs bonnes lames et leurs rapides coursiers.

Quelle est, d'ailleurs, dans la bataille, l'efficacité réelle de la cuirasse ou de toute autre armure? Que signifie que la poitrine soit couverte, quand le reste du corps, tête, bras et jambes, sont sans défense, puisque du moment où un bras est blessé, n'importe lequel, on est à la merci de son adversaire (2).

Le poids de l'armure ne fait qu'empêcher le cuirassier

(1) En 1812, 1813 et 1814, des corps de cuirassiers exténués par des marches longues et sans repos, par la privation des fourrages, ou ayant à agir dans des terrains glissants et détrempés par les pluies, ont pu faire des charges au trot; cela leur est encore arrivé quand ils avaient à repousser des Cosaques, qu'une marche en ligne, même au pas, suffisait pour éloigner ; mais, en maintes circonstances, les cuirassiers ont exécuté des charges très-vives et très-brillantes, et le 13e régiment de cette arme, entre autres, qui servait en Espagne pendant la guerre de la Péninsule, a dû laisser aux Anglais un bon souvenir de ce qu'il savait faire. (*Note du traducteur.*)

(2) L'auteur ne fait pas attention qu'il importe beaucoup que le corps soit protégé, car le soldat qui se sent ainsi à couvert combat d'autant plus bravement, et de plus, il a moins à parer, si déjà il est invulnérable en beaucoup de points. Admettant qu'il soit blessé aux bras et à la tête, sa vie est moins en danger que s'il recevait un coup de pointe en pleine poitrine. Sous le rapport de l'humanité et sous le rapport militaire, c'est beaucoup qu'un homme ne soit que blessé au lieu d'être tué, puisque dans le premier cas, on peut le conserver à la société et à l'armée. Un blessé

de se bien défendre contre un homme libre de tout embarras, et qui, avec une arme convenable, lui détacherait un membre ou tuerait son cheval d'un seul coup (1).

Les nations continentales, ainsi que je l'ai précédemment fait observer, ne pouvant se procurer des chevaux de bonne race, d'une taille et d'une force suffisantes, sont obligées de monter leur grosse cavalerie sur des animaux étoffés, pesants et sans vitesse. Comme pour compléter une mauvaise plaisanterie, quand leurs hommes sont ainsi montés, ils les enferment dans une armure, espérant ainsi qu'ils auront plus de chances de fournir une charge sans perdre la vie, qu'ils auront confiance dans leurs cuirasses étincelantes, et que le moral de l'ennemi sera ébranlé par l'aspect imposant de cavaliers bardés de fer. Mais un vrai soldat de cavalerie légère montre vite, quelle que soit l'apparence, que ces guerriers sont à peine plus redoutables que ceux qu'on voyait (ou qu'on avait coutume de voir), une fois par an, à la cérémonie de Milord-Maire.

Si l'Angleterre était réduite à monter ses dragons sur des chevaux de la brasserie Barclay-Perkins, elle aurait presque raison d'agir comme les Français, ou d'armer ses hommes de pied en cap; mais puisqu'elle n'en est pas encore là, c'est vraiment une pitié qu'elle veuille copier d'aussi mauvais originaux que les cuirassiers du continent.

Le major-général de hussards prussiens Warnery, en parlant de la cavalerie anglaise, dit :

« Les Anglais ont tout ce qu'il faut pour former d'ex-

tombe de cheval et alors son adversaire l'abandonne pour attaquer ou se défendre d'un autre côté.   (*Note du traducteur.*)

(1) La cuirasse ne gêne nullement les bras et n'empêche pas de manier légèrement le sabre; celui qui la porte peut être aussi habile cavalier qu'un hussard et s'escrimer parfaitement. — Il ne faudrait pas certainement affubler tout soldat d'une cuirasse, mais on fait bien d'avoir autant de cuirassiers que la force des hommes et des chevaux dont on dispose permet d'en créer dans de bonnes conditions.   (*Note du traducteur.*)

« cellents corps de cavalerie ; leurs dragons légers peuvent
« et doivent surpasser tout ce qui a existé en ce genre ; et
« comme leur cavalerie n'est pas nombreuse, ils ont toute
« facilité de la bien composer en hommes et en che-
« vaux, sans avoir besoin de recourir aux autres nations
« ou de chercher hors de leur île, avantage que peu de
« pays possèdent. »

Si l'Angleterre a aujourd'hui des chevaux supérieurs à
ceux de l'Europe, pour la taille et la force ; à ceux de l'Asie
moderne, pour l'énergie, la vitesse et la souplesse, elle
devrait adopter un système qui permît de déployer leur
supériorité et qui rendît la cavalerie anglaise la terreur
de toutes les troupes du continent. En prenant des leçons
près des cavaliers de l'Asie, elle pourrait armer et instruire
ses dragons, de telle sorte, qu'ils ne le cédassent, pour le
combat individuel, à aucun peuple de l'Orient.

Avantages d'un équipement léger.

La grosse cavalerie doit être composée des hommes et
des chevaux les plus grands et les plus vigoureux, mais
les hommes et leur équipement doivent être légers. Si vous
surchargez des chevaux puissants, vous les rabaissez au
niveau de ceux qui sont plus petits et plus faibles. Ainsi,
un cavalier de haute taille pesamment armé, aura beau
avoir un excellent cheval, il ne pourra vaincre un Cosaque
bien monté ; mais le même cheval avec un cavalier alerte
et léger sur son dos, viendra à bout d'une douzaine de cosaques l'un après l'autre.

Dans une charge, des chevaux n'ayant qu'un faible
poids à porter, renverseront ou surmonteront par leur
force impulsive, des obstacles qui les arrêteraient certainement si leur fardeau était plus lourd. Plus le cavalier est
pesant, moins les qualités du cheval peuvent se produire,
moins est redoutable l'homme qui le monte.

Qui (excepté peut-être le manque d'occasions) empêcherait nos soldats de la garde, enfermés dans leurs armures, d'éviter le sort infligé par les Cosaques aux braves

cuirassiers français, s'ils étaient attaqués par des cavaliers légers et déterminés ?

Si les dragons anglais étaient organisés convenablement, pourvus de bonnes armes de main, et bien persuadés de ce qu'ils peuvent faire avec leurs vigoureux et rapides chevaux, leur habileté en équitation et le tranchant acéré de leurs sabres, rien ne pourrait leur résister. De tels cavaliers suspendus comme un nuage sur une colonne ennemie, observeraient ses mouvements, l'approcheraient, démonteraient ou enlèveraient ses officiers, quand celle-ci ne pourrait ni les atteindre ni les chasser. A l'occasion, ils se frayeraient un chemin à travers un pays où nul autre cavalier n'oserait ni s'avancer ni les suivre.

Armez et constituez votre cavalerie d'après le système que je propose et qui sera détaillé dans un autre chapitre, et, selon mon humble opinion, vous obtiendrez les avantages suivants :

Quand vous agirez en corps, le cliquetis des fourreaux de sabre n'annoncera point votre approche à l'ennemi, et n'empêchera pas les commandements de parvenir à l'oreille de vos officiers (1);

De larges escadrons peu maniables ne vous occasionneront pas de grandes difficultés pour avancer vite dans le mauvais terrain, ou ne fatigueront pas vos chevaux par la pression dans le rang, qui cause des désordres et des ruptures dans la ligne de bataille ;

Aucun cavalier ne pourra résister à l'impétuosité de vos charges ou échapper au tranchant de vos lames ;

Vous narguerez les musulmans et ne serez plus obligés de chercher contre eux un abri derrière votre infanterie ou votre artillerie ;

Vous n'aurez plus à craindre ces légers cavaliers qui, venant escarmoucher autour de vos colonnes,

(1) L'auteur proposera plus loin des fourreaux de bois et non de fer.
(Note du traducteur.)

tuaient à coup de lance ou de fusil vos files extérieures ;

Le feu de l'infanterie ne sera point assez vif pour vous causer des pertes capables d'arrêter une charge ; car vous arriverez sur elle avec la rapidité de l'éclair ;.

Enfin, les chefs, débarrassés de la préoccupation de savoir à quel flanc est le pivot, si on a la droite ou la gauche en tête, agiront hardiment, résolûment, promptement, et de cette manière conduiront votre cavalerie à de brillants exploits et à des victoires presque certaines.

Il ne manque pas, sur le continent, d'écrivains militaires qui ont discuté la valeur relative de la grosse cavalerie et de la cavalerie légère, et qui ont indiqué les nombreux succès remportés par d'intrépides cavaliers légèrement équipés, bien montés et armés convenablement. Voici déjà longtemps que le général prussien Warnery a publié ses intéressantes observations à cet égard.

Les Albanais que Warnery cite en premier lieu, se rendirent redoutables dans le quinzième et le seizième siècle. Ils prenaient différents noms, et il paraît qu'ils n'avaient pas très-bon droit à s'appeler Albanais, car leurs bandes se recrutaient d'audacieux aventuriers, sortis de la Morée, de l'ancienne Thessalie ou de l'ancienne Thrace, de la Servie, de la Dalmatie et d'autres contrées, tout aussi bien que de l'Albanie. Les historiens italiens du temps les nomment généralement Stradiots. Apparemment ils arrivèrent tout armés et montés en Italie, d'où leur réputation de cavalerie légère infatigable se répandit dans toute l'Europe. Ils avaient, sans aucun doute, pris des leçons des cavaliers irréguliers turcs.

« Ces Albanais, dit le général Warnery, servaient en cam-
« pagne exactement comme nos hussards ; et s'ils parve-
« naient à jeter un peu de confusion parmi les puissants
« *gendarmes*, ils en faisaient un grand carnage, car pêle-
« mêle et corps à corps avec eux, ces lourds guerriers ne
« pouvaient faire usage de leurs lances et avaient même

« peine à se mouvoir. Un fait se présente, dans l'histoire
« militaire de cette époque, qui est presque incroyable,
« quoique réellement vrai et certain. L'infanterie suisse,
« armée simplement avec des piques et des hallebardes,
« attaqua et défit en plaine la gendarmerie, particulière-
« ment à Novare, où celle des Français fut à peu près
« anéantie.

« Philippe de Comines rapporte que de son temps,
« quand les Français et les Vénitiens bloquaient Vérone,
« défendue par les troupes de l'empereur Maximilien, un
« parti d'Albanais fit une sortie, escarmoucha avec les
« gendarmes français et ramena en triomphe autant de
« prisonniers qu'il comptait d'hommes, chacun conduisant
« le sien (1).

« Dans une marche de dix milles d'Allemagne, en la
« supposant commencée à nombre égal de part et d'autre,
« les hussards auraient certainement l'avantage sur les
« cuirassiers. En plaine, ils harasseraient et inquiéteraient
« la grosse cavalerie par des escarmouches continuelles,
« menaçant ses flancs et ses derrières ; et l'effet serait bien
« plus désastreux pour elle, si elle se laissait aller à
« charger, même en admettant que cette circonstance ne
« fût pas suivie de désordre.

Supériorité des
hussards sur
les cuirassiers.

« Mais, dans une telle longueur de chemin, il se trou-
« vera bien quelque défilé ou autre obstacle, qui obligera
« cette grosse cavalerie, déjà très-fatiguée, à rompre ;
« c'est le moment pour la cavalerie légère d'agir avec la
« plus grande vigueur, et de serrer de près l'ennemi, qui
« ne peut ni prévenir l'attaque, ni prendre sa revanche,
« et qui, à la fin, perdra confiance ; et, soit qu'il charge,
« soit qu'il se disperse, il est généralement certain d'être
« vaincu.

(1) A présent, cela ne paraîtrait pas si singulier, puisqu'un seul Cosaque
ou Russe a fait souvent prisonniers deux cuirassiers français en un jour.
(Note de l'auteur.)

« Pour éviter cet inconvénient, le roi de Prusse faisait
« faire à ses cuirassiers les mêmes exercices qu'aux hus-
« sards, ce qui était certainement très-utile, mais leurs
« chevaux n'avaient pas la souplesse désirable.

« Seydlitz, dont le régiment (pour ce qui est du solide)
« servirait de modèle à toute la cavalerie du monde, con-
« vient que, dans une longue marche, tout son régiment
« ne résisterait pas à six cents bons hussards.

« Une cavalerie pesante qui se décourage, ou se dis-
« perse en présence d'une cavalerie légère, est perdue :
« si elle se détermine à faire un effort désespéré pour se
« tirer d'affaire (au moins pour un temps), la cavalerie
« légère se retire rapidement à la débandade, dans toutes
« les directions.

« Le général Werner, avec sept cents hussards, détrui-
« sit complétement les dragons de l'archiduc Joseph qui
« devint plus tard empereur, en escarmouchant et volti-
« geant sur leur flancs et leurs derrières, comme il a été
« dit plus haut. Ces dragons étaient commandés par le
« général Caramelli.

Les hussards prussiens. « Les hussards prussiens sont également capables de
« toute espèce de service. Dans les batailles rangées, ils
« ont chargé comme des cuirassiers, n'hésitant jamais à
« attaquer en ordre compacte, n'importe quel ennemi qui
« se trouvait devant eux : ce qui ne s'était jamais vu au-
« paravant, car c'était l'opinion générale, même parmi
« les hussards, que ce n'était pas leur rôle d'agir en ligne ;
« à peine devaient-ils paraître durant le combat propre-
« ment dit. De tels principes ne pouvaient avoir pour ori-
« gine que l'ancien préjugé établi, que la bonté de la ca-
« valerie consiste exclusivement dans la masse de l'homme
« et du cheval. » (1)

Les braves cavaliers de Gustave-Adolphe et de Charles XII n'eurent jamais d'autres montures que des petits

(1) Général Warnery. (*Remarques sur la tactique de la cavalerie*).

chevaux suédois ou livoniens, et cependant quels prodiges
n'accomplirent-ils pas?.

Le colonel Marainville, commissaire français à l'armée
autrichienne, parlant des hussards prussiens, dit : « Le
« jour de la bataille du 5 décembre, j'ai vu de ces hussards
« pousser une grand'garde de cavalerie (cuirassiers), jus-
« que dans le village de Leuthen où nous avions de l'infan-
« terie, et un de ces hussards fendre la tête à un de ces
« cuirassiers, à trente pas de la première maison du
« village (1). »

Il y a longtemps déjà que la vitessse était regardée
comme une condition plus essentielle que la masse pour
la bonté de la cavalerie. Le maréchal de Saxe dit : « Une
« cavalerie qui ne peut charger au galop pendant deux
« mille mètres pour accabler l'ennemi, n'est bonne à rien
« sur un champ de bataille (2). »

Les grands perfectionnements apportés aux armes à feu
et l'accroissement de la portée du fusil, laissent peu de
chance de succès à la cavalerie, à moins que la rapidité
de ses allures ne diminue le nombre et l'effet des décharges
qu'elle peut recevoir. Qu'attendre des cuirassiers? Avant
qu'ils n'aient pénétré dans les rangs ennemis, en admettant que leur armure les ait préservés, la plupart de leurs
chevaux seraient tués ou blessés : où serait alors l'avantage de la cuirasse (3)?

On m'a assuré que le commandant Minié, avec une balle
à culot cylindro-conique, atteignait un but, sept fois sur

(1) Extrait d'un ouvrage de Von-Stuhr.

(2) Toute la tendance des temps modernes est vers la rapidité dans les
mouvements. Napoléon lui-même avait coutume de dire que les bras ga-
gnent moins de batailles que les jambes.   (*Note de l'auteur.*)

(3) Au point de vue militaire, ce serait déjà beaucoup, quand même tous
les chevaux seraient tués, d'avoir conservé la vie aux hommes (sentiment
d'humanité à part, l'auteur n'en paraissant pas tenir compte), puisqu'on
pourrait les remettre à cheval pour continuer la guerre. (*Note du trad.*)

dix, à 1680 mètres, et qu'à cette distance le projectile perçait une cuirasse (1).

Dans le cours d'expériences faites en Angleterre, une balle Minié traversa un parapet de terre de trois pieds d'épaisseur et tua un soldat placé derrière, en lui fracassant le crâne. Quelle cuirasse résisterait à une pareille balle ?

Dans une mêlée la cuirasse peut garantir des coups de sabre dirigés contre la poitrine, mais c'est aux bras et aux jambes qu'il est plus facile d'être blessé; et quand la main

(1) Il est vrai que le commandant Minié a tiré à 1,680 mètres, depuis le glacis à hauteur du donjon de Vincennes jusqu'à la grande butte; mais il n'est pas exact de dire qu'on puisse toucher souvent à cette distance. Cinq balles seulement sur vingt-sept ont porté; c'est une sur cinq environ et non sept sur dix, ce qui est bien différent, quoique encore le résultat soit fort beau. Des panneaux de bois de vingt-sept millimètres d'épaisseur étaient franchement traversés par les projectiles. Une cuirasse placée à sept cents mètres a aussi été atteinte, mais loin de l'avoir traversée, le projectile n'a produit qu'un enfoncement de sept millimètres de profondeur. Quoi qu'il en soit, avec la balle à culot, on peut admettre, sans contestation possible, une moyenne de trente balles pour cent, à huit cents mètres, quarante-cinq pour cent, à six cents mètres, soixante pour cent, à quatre cents mètres, sur un front de peloton de cavalerie. — De tels résultats suffisent pour faire sentir la nécessité de modifier la tactique de la cavalerie en ce qui est des allures, des circonstances, des distances pour charger l'infanterie, et par suite, faire chercher à alléger le fardeau du cheval, afin de le mettre mieux à même de fournir ces charges longues et rapides qu'il faudra lui demander. — L'ordonnance du 6 décembre 1829 veut qu'on s'approche de l'ennemi au pas; qu'à deux cent dix mètres de celui-ci, on prenne le trot, puis le galop à cent cinquante mètres, et enfin qu'on charge lorsqu'on n'a plus que soixante mètres à parcourir pour l'atteindre; or, supposons un carré d'une division de soixante files, sur deux rangs pour chaque face, apercevant un régiment de cavalerie en colonne serrée à huit cents mètres, qui s'avance non au pas, mais au galop, pour attaquer la première face; cette face pourra faire quatre décharges de cent vingt balles chacune, savoir à huit cents, à six cents, à quatre cents et à deux cents mètres; elle mettra au moins trente-cinq hommes à pied ou hors de combat, à la première décharge, quarante-cinq à la deuxième, soixante-quinze à la troisième, cent à la quatrième, en tout deux cent cinquante-cinq; ce qui évidemment ferait échouer l'attaque; il ne faudra donc plus suivre à la lettre l'ordonnance précitée, pour attaquer de l'infanterie armée de fusils à balles à culot. (*N. du trad.*)

de la bride ou celle du sable est blessée, le cavalier est à la merci de son adversaire.

Une bonne preuve de supériorité d'une cavalerie sans armure, comparée à une cavalerie qui a des armes défensives, ressort des engagements qui eurent lieu à Waterloo. Nos soldats allaient la poitrine sans défense, en nombre très-inférieur à l'ennemi, et quand ils chargèrent les cuirassiers français, ils les repoussèrent. Pour ce qui est des combats homme à homme, le Life-garde *Shaw* nous offre un exemple remarquable de l'avantage qu'il y a de n'avoir pas d'armes défensives, puisqu'on raconte qu'il tua plusieurs de ses adversaires bardés de fer, et que, attaqué par quatre d'entre eux à la fois, il en tua trois, et fut enfin mis hors de combat, d'un coup de pistolet, par le quatrième.

Le capitaine Siborne décrit ainsi une charge de cavalerie à Waterloo.

« Voici les vaillants cuirassiers français conduits par
« Kellermann, qui ont vaincu jusqu'ici toutes les troupes
« qu'on leur a opposées, et qui ont blanchi sous les lau-
« riers. Les trompettes sonnent la charge ; la terre, qui
« tremble sous les pieds des chevaux, rend un son pareil
« aux sourds grondements du tonnerre ; sans haleine, vous
« attendez avec anxiété le choc terrible de ces deux lignes
« qui semblent devoir mutuellement s'anéantir. Regardez
« les Anglais : pendant une seconde, on croirait qu'ils hési-
« tent sur ce qu'ils ont à faire. Voici qu'ils poussent leurs
« puissants coursiers dans les intervalles qu'offrent les en-
« colures des chevaux placés devant eux. Les glaives
« brandis dans les airs exécutent de rapides moulinets, se
« froissent entre eux ou font entendre un affreux cliquetis
« en tombant sur les casques et les cuirasses. Le combat
« est un moment indécis ; les cuirassiers, visiblement em-
« barrassés par leurs armures, cèdent devant la bravoure
« jointe à une force et une adresse plus grandes. Des

« hommes et des chevaux chancellent et roulent ; des
« brèches se font dans les rangs de l'ennemi qui commença
« à fuir et à tourbillonner ; bientôt toute sa ligne se trouve
« rompue, l'instant d'après il est balayé comme par mi-
« racle, et chaudemen tpoursuivi. Vainqueurs et vaincus
« disparaisent à nos yeux, derrière un pli de terrain (1). »

Le sergent-major Cotton rapporte le fait suivant :

Combat entre
un hussard et
un cuirassier.

« Un hussard et un cuirassier, après s'être tirés de la
« mêlée, se rencontrèrent sur le champ de bataille à la vue
« de notre ligne. Le hussard avait perdu sa coiffure, et le
« sang coulait d'une blessure qu'il avait à la tête ; cela
« ne l'empêcha pas d'attaquer son adversaire bardé de fer ;
« il montra bien vite que l'habileté à manier son cheval
« et son sabre vaut mieux qu'une arme défensive. On
« put remarquer la supériorité du hussard dès qu'il croisa
« le fer ; après quelques passes, un coup terrible fit chan-
« celer le Français sur sa selle, et tous ses efforts, pour
« échapper à son agile ennemi, furent inutiles ; un second
« coup l'étendit par terre. Le 3e régiment de hussards
« allemands, avide spectateur du combat, applaudit à

(1) L'emphase du style indiquerait plutôt une narration poétique qu'un
récit d'histoire. Plusieurs causes expliqueraient mieux l'échec des Français en cet instant que le fait des cuirasses. Leurs chevaux étaient fatigués par plusieurs jours de marches et de combats, ceux des Anglais
étaient plus frais ; nous avions à monter, tandis que du côté de nos adversaires, une pente légère favorisait l'impulsion de la charge : le terrain très
glissant dut désunir nos escadrons fatigués et causer des brèches où l'ennemi plus dispos et plus en ordre n'eut qu'à pénétrer ; dès lors la confusion se mit nécessairement parmi nous, et, comme conséquence, nous
tournâmes probablement le dos ; dans cette situation, les cavaliers bien
montés qui nous poursuivaient et pouvaient frapper par derrière nos
hommes et nos chevaux, nous causèrent facilement de grandes pertes. Cependant le succès des Anglais n'avait pas encore été très-décisif, puisque
la victoire penchait plus pour nous que pour eux, lorsque arriva Blücher,
et puisque, quand nous commençâmes à battre en retraite, plusieurs charges de notre cavalerie permirent aux débris de notre infanterie de s'engager sur les routes qui conduisaient en France. (*Note du traducteur.*)

« cette victoire remportée par un des siens (1). »

Le capitaine Ganzauge, des lanciers prussiens de la garde, dans ses fragments choisis sur l'art de la guerre, cite plusieurs exemples de combats entre Cosaques et cavalerie française, durant la campagne de 1813, tous fort intéressants, en ce qu'ils prouvent combien une mauvaise tactique et un mauvais équipement peuvent nuire, même lorsqu'on a affaire à des Cosaques.

Comme cet ouvrage n'est pas généralement connu chez nous, je vais en donner quelques extraits.

« Le 19 août 1813, après l'expiration de l'armistice, les « Français commencèrent à repousser les alliés sur Ber-« lin et Potsdam. Le colonel Bichalow reçut ordre de faire « une reconnaissance dans la direction de Lüchenwald « avec un régiment de Cosaques du Don. Il avait bivoua-« qué sur la route de Tréboin et s'avançait par Scharfen-« brücke et Waltesdorff. Les avant-postes ennemis se reti-« rèrent à notre approche et nous permirent d'étendre « notre vue sur toute la campagne au nord et à l'est de « Lüchenwald. En ce moment un corps nombreux de ca-« valerie sortit de la ville et se forma devant nous en « colonne serrée, avec des éclaireurs sur ses flancs seule-« ment.

« Les Cosaques n'avaient pas grand'chose à gagner « contre une force si imposante, mais comme ils ne ris-« quaient guère non plus en l'attaquant, ils continuèrent « à marcher. Les Français étaient au trot, et pour empê-« cher les Russes de pénétrer entre les escadrons, ils ser-« rèrent tout à fait et se portèrent droit contre le centre « de notre ligne, qui naturellement s'ouvrit pour les en-« velopper. Les Français, ne trouvant plus personne « devant eux, s'arrêtèrent; leurs implacables adversaires « répandus sur leurs flancs et tirant sur une masse, y cau-« sèrent bientôt une telle confusion, qu'il lui fut impos-

(1) Cotton, une Voix de Waterloo.

« sible d'entreprendre aucune évolution. Les Cosaques ne
« tentèrent point de la disperser par une attaque de vive
« force, mais se contentèrent de l'inquiéter par leur feu,
« faisant usage de leurs lances, ou exécutant des charges
« partielles à l'occasion. Cependant les files extrêmes du
« côté des Français firent face en dehors; il en résulta
« une espèce de carré qui commença à se défendre à coups
« de mousqueton, et l'on tirailla pendant une demi-heure.
« Enfin les têtes de colonnes de l'infanterie française
« commencèrent à déboucher de Lüchenwald, s'appro-
« chant du lieu du combat, puis l'artillerie ouvrit son feu
« et délivra la colonne de cavalerie du danger qu'elle cou-
« rait. Le colonel Bichalow se retira avec ses troupes par
« Scharfenbrücke sans être poursuivi par un seul homme.

Affaire de Mülh-
berg.

« Peu après le combat de Dennewitz, le régiment de
« Cosaques, dont il vient d'être question, se trouvait dans
« le voisinage de Königsbrücke et de Dresde. Le colonel
« Bichalow reçut ordre d'observer la cavalerie française
« qui s'était avancée vers Grossen-Hayn, et de l'attaquer
« s'il pouvait. En conséquence, le 18 septembre, nous
« marchâmes vers Estelverda où on nous apprit que l'en-
« nemi occupait les villages au sud de Mühlberg : nous ré-
« solûmes aussitôt de le surprendre. Avant d'atteindre les
« bruyères qui s'étendent entre Mühlberg et Spannberg,
« le général Slowaisky, nous rejoignit avec un autre ré-
« giment, et prit le commandement supérieur de toutes
« nos forces qui se montèrent alors à douze cents Co-
« saques.

« Je ne sais si cette rencontre fut l'effet du hasard, ou si
« elle avait été préméditée. Quand nous dépassâmes le
« bois de Mühlberg, nous vîmes la cavalerie française près
« de Borack : une partie était déjà réunie, le reste, en dif-
« férents détachements, accourait au trot, sortant des vil-
« lages qu'ils avaient occupés. Les prisonniers nous dirent
« ensuite qu'il y avait là deux mille hommes.

« Les Français achevèrent de se rassembler, pendant que
« les Cosaques se déployèrent ; ceux-là étaient formés sur
« une seule ligne en muraille, avec une faible réserve en
« arrière.ᵌ

« Les Cosaques attaquèrent et furent reçus à coups de
« mousqueton ; les Français ne tirèrent point le sabre ;
« leur feu fit faire demi-tour aux Russes. Pendant que
« ceux-ci se reformaient, l'ennemi rompit en colonne
« pour prendre les intervalles, puis se remit en bataille.
« Nous pensions qu'il allait charger ; mais il paraît qu'il
« n'avait eu pour but que d'étendre sa ligne, afin d'éviter
« d'être débordé, danger fort à craindre en présence des
« Cosaques.

« Les nouvelles dispositions étant terminées de part et
« d'autre en même temps, les Cosaques furent avertis de
« ne pas s'enfuir au feu de l'ennemi, et leurs officiers eu-
« rent ordre de sabrer le premier qui tournerait le dos.

« Plusieurs escadrons furent désignés pour prendre
« l'ennemi en queue et en flanc pendant le combat. Tous
« ces ordres furent ponctuellement exécutés. Les Cosa-
« ques chargèrent et entourèrent les Français. Je vis moi-
« même plusieurs dragons renversés ou percés à coups de
« lance, après avoir déchargé leurs mousquetons, sans
« avoir eu le temps de mettre le sabre à la main. Les Fran-
« çais se défendirent d'abord, autant que peut le faire une
« cavalerie qui reste de pied ferme, contre un ennemi
« actif qui escarmouche tout autour d'elle ; cependant,
« quelques-uns d'entre eux prirent la fuite, et leur exemple
« fut bientôt suivi de tous. La réserve, au lieu de s'avancer
« pour rétablir le combat, se joignit aux fuyards qui galo-
« paient du côté de Jacobsthal, et la plaine se trouva cou-
« verte de cavaliers dispersés.

« Il n'y avait pas un seul peloton qui marchât en ordre ;
« c'était une vraie course au clocher, et la plupart des
« hommes qu'on fit prisonniers étaient tombés de cheval

« avant d'être pris. A la fin, au débouché d'un bois, nous
« arrivâmes en présence d'une ligne de cuirassiers, dans
« une attitude imposante; nous nous arrêtâmes tout à coup
« sans commandement. Nous nous trouvions satisfaits
« de l'avantage que nous avions obtenu, et nous nous en
« retournâmes à Muhlberg (1). »

L'histoire offre encore des exemples plus frappants de
la supériorité des Cosaques comme cavalerie, et il ne faut
ni les négliger, ni les oublier. Je veux citer quelques mots
d'un officier français de cavalerie.

« Les Cosaques, dit le général de Brack, rendaient la
« guerre très-périlleuse, surtout pour les officiers chargés
« de faire des reconnaissances. Plusieurs de ces derniers,
« particulièrement de l'état-major général, choisis par le
« major-général, se contentaient de rapporter ce qu'ils
« apprenaient des paysans, plutôt que d'aller au loin s'ex-
« poser aux coups des Cosaques; dès lors l'Empereur ne
« put être au courant de ce qui se passait. »

Ainsi, voilà des officiers français qui n'osent pas s'exposer; voilà le génie de Napoléon paralysé à cause de
l'action de ces cavaliers demi-barbares! Ce fait seul n'a-t-
il pas une grande signification?

Le général Morand, un autre officier français, dit encore :

Supériorité des « Mais ces rudes cavaliers ignorent tout à fait nos *divisions*,
Cosaques. « nos *alignements*, et cette *régularité*, que nous estimons
« si exclusivement. Leur habitude est de tenir leur cheval
« serré entre les jambes ; leurs pieds reposent sur de

(1) Il est triste d'avouer que devant les Cosaques notre cavalerie était
obligée de se borner à des marches en bataille, et qu'aussitôt qu'un peu
de désordre se manifestait dans ses rangs, les hommes un instant isolés
étaient tués ou pris par leurs agiles adversaires, qui arrivaient sur eux
aussi rapides que des oiseaux. Avec des cavaliers très-habiles à manier
leurs armes et leurs chevaux, on eût pu essayer de charger en fourrageurs,
et quelques pelotons attaquant ainsi l'ennemi corps à corps et obtenant
l'avantage, l'eussent rendu plus circonspect devant nos lignes.

(*Note du traducteur.*)

« larges étriers qui leur servent d'appui, quand ils font
« usage de leurs armes. Partant de pied ferme, ils s'élan-
« cent au grand galop, et, à cette allure, s'arrêtent court :
« Leurs chevaux secondent leur adresse et semblent ne
« faire qu'un avec eux. Ces hommes sont toujours sur le
« qui-vive, ont une rapidité de mouvements extraordi-
« naire, peu de besoins, et sont animés d'une grande
« ardeur guerrière. Quel magnifique spectacle que la ca-
« valerie française étincelant d'or et d'acier, aux rayons
« d'un soleil de juin, déployant ses lignes sur les pentes
« du Niémen et brûlant de courage ! Quelles réflexions
« amères ne faut-il pas faire sur ces évolutions qui épui-
« saient les chevaux, sans produire d'effet contre ces Cosa-
« ques si méprisés jusque-là, mais qui firent plus pour le
« salut de la Russie, que toutes les armées régulières de cet
« empire. Chaque jour on les voyait, immense rideau,
« voiler l'horizon d'où sortaient de hardis cavaliers, qui
« venaient nous braver jusque dans nos rangs. Nous nous
« déployions et nous avancions pour les charger, puis au
« moment de les atteindre, tout disparaissait comme un
« songe, et l'on n'apercevait plus que des bouleaux et des
« pins. Une heure après, quand nos chevaux étaient occu-
« pés à manger, ils nous menaçaient tout à coup ; leur
« noire ligne se montrait de nouveau ; nous répétions la
« même manœuvre, toujours avec aussi peu de succès.

« Ce fut ainsi que la plus belle et la plus brave cavalerie
« qu'on eût vue (1) s'épuisa et se détruisit elle-même contre
« des hommes qu'elle croyait indignes de sa valeur, mais
« qui, néanmoins, suffirent pour sauver l'empire dont ils
« étaient les vrais soutiens, et dont ils furent les seuls libé-
« rateurs. Pour mettre le comble à notre douleur, il faut
« ajouter que notre cavalerie était plus nombreuse que les
« Cosaques ; qu'elle était appuyée par une artillerie, la plus

(1) Mais, hélas ! si lourde, si embarrassée et par suite de si peu de
ressources.   (*Note de l'auteur.*)

6

« rapide, la plus vaillante, que jamais la Mort eût fait
« mouvoir. Enfin, l'homme qui la commandait, le plus ad-
« miré des héros, prenait la précaution de faire soutenir
« ses mouvements, par une infanterie d'une solidité iné-
« branlable ; malgré tout cela, les Cosaques retournèrent
« chargés de dépouilles et de gloire aux rives du Don,
« quand nous laissions le sol de la Russie couvert des os-
« sements et des armes de nos guerriers si intrépides, si
« dévoués à la gloire de notre pays. »

Maintenant, quel contraste entre cet éloge des Cosaques (plein de concessions généreuses de la part d'un
Français) et la triste conduite de la cavalerie régulière
de l'armée russe !

Qu'auront à répondre les partisans des gros escadrons, d'un lourd équipement et des manœuvres com-
passées ?

Si les Cosaques, montés sur de petits chevaux, mal
armés, ont pu venir à bout de la cavalerie française, en
dépit de son artillerie, que n'aurait-on pas à attendre
d'eux, s'ils possédaient de puissants chevaux de sang, et
s'ils étaient pourvus d'armes convenables. Dans cette
guerre, leurs lances étaient notoirement mauvaises, à
tel point que plusieurs soldats français en reçurent une
vingtaine de coups sans en mourir, même sans être sérieusement blessés.

Le même contraste existe aux Indes entre nos cavaleries indigènes irrégulière et régulière. La première, agissant par habitude et par instinct, armée et montée à la
manière orientale, est d'une efficacité presque constante,
qu'on l'emploie en masse, en fourrageurs ou en éclaireurs ; la seconde, comprimée par nos règles et notre
ordonnance, est comme dénaturée, et n'est pour ainsi
dire bonne à rien. Pendant longtemps, la seule cavalerie
indigène que nous entretînmes aux Indes fut irrégulière.
Les corps qu'elle fournissait furent formés antérieure-

ment à notre infanterie Cypaie, et ils nous rendirent de grands services. Ils étaient toujours alertes et rapides. Les noms de plusieurs chefs distingués de cette brillante cavalerie légère sont encore honorés dans leur pays. Si leurs troupes avaient été *européenisées*, assurément nous n'eussions jamais entendu parler d'eux comme de héros.

On peut citer des exemples tout récents de la supériorité de la cavalerie légère comparée à la grosse cavalerie.

Dans la guerre de Hongrie, en 1848 et 1849, les Magyars n'avaient que des hussards à opposer à la grosse cavalerie et aux cuirassiers des Autrichiens, et quoique inférieurs en nombre, ils les attaquèrent toujours bravement et les battirent quelquefois en leur faisant essuyer de grandes pertes. En effet, dans une circonstance, un seul escadron du 10e Hussards (Frédéric-Guillaume) chargea plusieurs escadrons de cuirassiers, à la bataille de Tétény, et les défit, le 3 janvier 1849. Ces mêmes cuirassiers, peu de jours auparavant, sous les ordres du colonel Ottinger, avaient exécuté une charge brillante contre l'infanterie ennemie, enfoncé deux carrés et pris leur artillerie. Ainsi, le courage ne manquait pas du côté de la grosse cavalerie, et il faut attribuer leur déroute à leur lourd équipement et à leurs chevaux pesants et peu maniables.

Infériorité de la grosse cavalerie.

La septième division du corps de Görgey était postée à Parendorff pour couvrir la frontière. A quelques milles de là, à Wolfsthal, sur le territoire autrichien, se trouvait Jellachich, dont les avant-postes étaient fournis par les cuirassiers de Walmoden. Les avant-postes hongrois étaient fournis par les hussards de Nicolas. Quelques escadrons de cuirassiers furent envoyés par les Autrichiens, au delà de la frontière, dans la plaine de Parendorff. Des hussards parurent, s'avançant au trot et augmentant l'allure à mesure qu'ils s'approchaient de l'en-

Supériorité de la cavalerie légère.

nemi, et quoiqu'ils ne fussent qu'une poignée comparativement à lui, ils l'abordèrent avec une telle impétuosité, un tel ensemble, qu'ils rompirent et dispersèrent les cuirassiers; ceux-ci devinrent bientôt la proie de leurs agiles adversaires.

Dans d'autres occasions, les succès de la cavalerie légère furent également remarquables. Je traduis ce qui suit d'un ouvrage intitulé : *Guerre nationale de Hongrie,* par Georges Klaptka.

« Le 18 décembre 1848, la cavalerie autrichienne, com-
« mandée par le Ban, attaqua l'arrière-garde des Hon-
« grois, près d'Altenburg. L'ennemi venait de Sommerin;
« il déploya deux régiments et ouvrit le feu de son artil-
« lerie, qui fut bientôt réduite au silence par l'artillerie
« plus nombreuse des Hongrois. La ligne ennemie mani-
« festa quelque flottement et sembla vouloir faire demi-
« tour. A ce moment le colonel Görgey amena quatre
« escadrons du 10e Hussards, placé en seconde ligne,
« chargea l'aile droite de l'ennemi, lui fit essuyer une
« grande perte en tués et en blessés, et le chassa ensuite
« en désordre, loin du champ de bataille d'où il s'enfuit
« beaucoup plus vite qu'il n'était venu, enveloppé dans
« des nuages de poussière et galopant vers ses réserves
« qui s'avançaient sous Lichtenstein. C'était le premier
« choc de deux masses de cavalerie depuis le commen-
« cement de la campagne, et dans cette rencontre comme
« dans les nombreuses escarmouches qui avaient eu lieu
« auparavant, le hussard agile prouva sa supériorité sur
« le cavalier bardé de fer et sur le dragon pesamment
« armé des Autrichiens.

« A trois heures du soir, le 3 janvier, notre aile gau-
« che fut attaquée en avant de Tétény.

« Nos avant-postes avaient été repoussés, vers midi, à
« Hamsabeg, et maintenant l'ennemi s'avançait contre Té-
« tény. La brigade Zichy, environ trois mille hommes, prit

« position au sud-ouest de la place, barrant la grande
« route, la droite appuyée aux hauteurs, la gauche au
« Danube, le centre au bois.

« L'ennemi, après quelques coups de canon, fier de son
« succès à Moor, envoya plusieurs escadrons de cuiras-
« siers contre notre centre. Un escadron du 10ᵉ Hussards
« (Guillaume), qui se trouvait là, s'avança résolûment à
« leur rencontre, et, officiers en tête, se rua sur eux.
« Une mêlée sanglante et acharnée s'en suivit, dans la-
« quelle un grand nombre de cuirassiers furent sabrés
« ou pris ; le reste chercha son salut dans la fuite.

« Le 28 février 1849, les Magyares se trouvant déjà
« dans une situation presque désespérée, il y eut une
« autre affaire bien brillante pour la cavalerie légère à
« Mezökövest.

« Pendant notre retraite de Kéreczend et Macklar,
« l'ennemi envoya un régiment de cuirassiers avec une
« brigade d'artillerie à notre poursuite. Il attaqua notre
« arrière-garde à environ dix-huit cent mètres de notre
« camp et la repoussa. Une entreprise si téméraire, sous
« nos yeux, ne pouvait rester impunie.

« Les soldats du 9ᵉ Hussards (Nicolas) sautèrent sur leurs
« chevaux et coururent au secours des nôtres. C'était un
« sublime spectacle de voir cet essaim de cavaliers légers,
« se précipitant sur les lourds cuirassiers, rompant leurs
« rangs, les sabrant, les culbutant et les dispersant de tous
« côtés.

« Les hussards s'emparèrent de toute l'artillerie enne-
« mie qu'ils amenèrent en triomphe, avec un grand nom-
« bre de prisonniers.

« Les réserves autrichiennes parurent sur les hau-
« teurs en face du camp, mais elles ne tentèrent pas de
« reprendre les canons perdus par les cuirassiers. »

Ces passages, empruntés à Klaptka, seraient peut-être
suspects de la part d'un Magyare, si je n'avais des rensei-

gnements d'autre part, qui m'empêchent de douter de leur
véracité.

Je vais encore citer quelques extraits d'une lettre écrite
par un vieil officier de cavalerie, qui a rempli les fonctions
d'aide de camp, et servi du côté des impériaux contre les
Hongrois ou Magyars.

23 mai 1852.

« Mon cher Nolan,

Efficacité de la cuirasse.

« Je vais essayer de répondre à vos questions sur notre
« cavalerie et sur l'efficacité des cuirasses. D'après le dire
« de nos cuirassiers, la cuirasse les a préservés de plus
« d'une balle et de plus d'un coup de sabre. Cela peut être
« vrai, et l'avantage d'une armure gît probablement dans
« l'imagination de celui qui la porte, et qui, se croyant plus
« en sûreté, en est moralement plus fort et mieux pré-
« paré à regarder le danger en face. Pendant la guerre de
« Hongrie, nous ne nous sommes point aperçus que la
« grosse cavalerie eût effectivement d'autres avantages
« que celui-là, relativement à la cavalerie légère : nous
« n'étions pas d'ailleurs en position de faire de la grosse
« cavalerie un emploi qui nous permît d'en tirer tout le
« parti possible, et pour plusieurs raisons.

« Comme nous avions peu de régiments de cavalerie lé-
« gère, la grosse cavalerie avait à pourvoir au service d'a-
« vant-postes, à celui d'éclaireurs, aux reconnaissances,
« etc., et ses chevaux étaient écrasés sous le poids qu'ils
« avaient à porter.

Supériorité des hussards hon-grois.

« Quant aux résultats des engagements entre la grosse
« cavalerie et les hussards hongrois, je dois d'abord vous
« faire connaître mon opinion au sujet des charges de ca-
« valerie en général, opinion que je me suis formée pen-
« dant la guerre.

« Le succès d'une charge dépend, pour la cavalerie,
« moins de la nature du corps ou des chevaux qu'on em-
« ploie, que de la résolution des hommes, de leur habitude
« de vaincre, de leur confiance dans leur chef, et enfin
« de l'à-propos de l'instant de l'attaque.

« Ainsi, dans la première moitié de la guerre de Hon-
« grie, la mauvaise conscience d'avoir abandonné leurs
« drapeaux, jointe à la circonstance d'être mal comman-
« dés, influença beaucoup la conduite des régiments hon-
« grois ; et, après leur défaite à Schwechat, les seules dif-
« ficultés que nous éprouvâmes durant notre marche sur
« Pesth, furent causées par le froid et non par l'ennemi.

« A Babolna, il essaya de s'opposer à nous ; un de ses
« régiments forma le carré, mais fut aussitôt enfoncé et
« détruit par deux escadrons de cuirassiers de Walmoden,
« qui l'avaient chargé sans se faire appuyer par de l'artil-
« lerie. Ce fut, autant que je puis me le rappeler, le seul
« cas où, *de notre côté*, nous rompîmes un carré sans faire
« préalablement jouer l'artillerie.

« L'escadron du 10e Hussards, qui tint une si belle con-
« duite à Tétény, était commandé par Mézey, alors simple
« officier subalterne dans l'escadron. Cet officier devint
« ensuite colonel de ce régiment qui se montra le meilleur
« de l'insurrection hongroise.

« Plus tard, dans la campagne de 1849, excepté vers la
« fin, les Hongrois reçurent de grands renforts qui rele-
« vèrent leur moral, et dès lors la guerre traîna en lon-
« gueur.

« Leurs régiments furent réorganisés et ils nous surpas-
« saient en nombre ; mais leurs hussards seulement étaient
« redoutables ; ils se comportèrent vaillamment et en tou-
« tes circonstances chargèrent vigoureusement nos cui-
« rassiers et nos lourds dragons, tandis que jamais ils
« n'aimèrent à se mesurer avec nos lanciers polonais.

« Je suis tout à fait de votre avis, savoir : que la vigueur

« et les moyens du cheval constituent principalement la
« bonne cavalerie, et que, par conséquent, il ne faut pas
« faire porter à l'animal un surcroît inutile de poids, qui
« diminue ou paralyse plus ou moins ses moyens. Cette
« opinion n'appartient pas à moi seul, elle prévaut dans
« notre arme.

« La selle hongroise a été adoptée pour toute notre ca-
« valerie.

« Beaucoup de perfectionnements ont été apportés à la
« manière de brider, de seller, de paqueter, aussi bien
« qu'à l'armement des cavaliers.

« Notre artillerie a subi d'importants changements. A
« Vienne, vous verrez plusieurs écoles d'équitation et un
« escadron d'instruction composés de détachements de
« tous les régiments.

« Votre tout dévoué,

« * * *. »

CHAPITRE V.

ORGANISATION DE LA CAVALERIE.

Sans autre préambule, je vais maintenant offrir, aussi succinctement que possible, tout ce que j'ai à proposer comme système nouveau, ou comme perfectionnement à l'ancien système, de la bonté duquel nos voisins du continent commencent à douter. Je m'exprimerai avec la franchise que j'ai montrée jusqu'ici, sans vouloir manquer d'égards à ceux qui ont une opinion différente de la mienne.

Après de mûres réflexions, je suis intimement persuadé que j'ai raison sur les points principaux de mes propositions. Sans cette foi, je ne voudrais point publier mes idées, mais avec elle, je croirais manquer à mon devoir si je ne faisais point part à mes camarades, et à toute l'armée en général, du résultat de mon expérience et de mes observations.

Néanmoins, en dépit de ma conviction profonde, je puis me tromper; aussi, tout en parlant librement, n'affecterai-je point un ton dogmatique; certainement j'espère convaincre, mais je n'en voudrai pas à ceux qui ne penseront pas comme moi. De la comparaison et même du choc d'opinions opposées, il y a quelques progrès à attendre. La plus triste condition d'une arme, d'une science ou d'un art, est celle où les maîtres s'endorment dans la satisfaction d'eux-mêmes, persuadés qu'ils ont atteint la perfection et qu'il n'y a plus d'améliorations possibles. Il est vrai cependant que rien dans le monde ne peut rester dans le *statu quo*, et que ce qui n'avance pas recule : c'est une loi de la nature.

De l'homme. Pour avoir une bonne cavalerie, les hommes aussi bien que les chevaux doivent être parfaitement choisis, et l'attention la plus délicate doit être apportée aux uns et aux autres. Tout le monde peut apprendre à monter à cheval, mais tout le monde n'est pas susceptible de faire un bon cavalier. Beaucoup d'hommes feraient d'excellents fantassins, qui ne sont nullement propres à la cavalerie. On peut dire que généralement les Anglais aiment le cheval et ont une aptitude innée pour la selle. Sans être des Centaures, nous sommes cependant un peuple équestre. Abandonné à son assiette naturelle, l'Anglais battra le monde entier dans une chasse à courre ou dans une course au clocher. Depuis la paix de 1815, ce mâle exercice du sport, le meilleur pour former de hardis cavaliers, a été pratiqué chez plusieurs nations du continent, mais il n'est indigène, national et naturel chez aucune ; et, en dépit des obstacles apportés par les chemins de fer, nous pouvons encore trouver à quelques rendez-vous, plus de cavaliers de la bonne sorte (sans même aller dans le Leicestershire), qu'on n'en trouverait dans toute l'Europe, si vous exceptez les Anglais qui vivent à l'étranger, et qui prennent part aux chasses, steeple-chases, etc. Nos dames mêmes battraient, en rase campagne, tous les maîtres d'équitation à principes mathématiques, et franchiraient des barrières, haies et fossés, dont se détourneraient des officiers de hussards ou de dragons étrangers, pour chercher une brèche ou un passage.

Dans le choix des hommes pour la cavalerie, nous aurions plutôt égard à l'agilité, à la vivacité et à la sûreté du coup d'œil, qu'à une grande taille. En réalité, nos chevaux, même les meilleurs, sont trop chargés. Plus de la moitié de nos hommes de cavalerie légère sont trop lourds pour l'arme et seraient considérés comme hommes de grosse cavalerie dans tout le reste de l'Europe.

Il n'est pas nécessaire que nos hussards ou nos dragons aient cinq pieds sept à neuf pouces anglais (un mètre soixante-dix à un mètre soixante-quinze centimètres (1); mais il est essentiel qu'ils soient actifs, intelligents et doués d'une vue perçante. Vous pourrez trouver ces qualités, jointes à une grande force physique, chez des hommes qui n'excèdent pas cinq pieds quatre pouces anglais (un mètre soixante-deux centimètres), et, en même temps que vous ne perdrez rien quant aux hommes, vous augmenterez la puissance et l'efficacité de vos chevaux, en diminuant leur charge. Les hussards hongrois, qui continuent à passer pour à peu près les meilleures troupes légères de l'Europe, sont composés de petits hommes trapus et carrés. Dans un de leurs plus beaux régiments, la taille moyenne ne dépasse pas cinq pieds quatre pouces de notre mesure (un mètre soixante-deux centimètres).

Notre cavalerie légère, composée d'hommes lourds et pesamment accoutrés, est un non-sens et une contradiction. Quand un homme, avec ses armes et son harnachement, pèse vingt *stones* (nous avons vu des cavaliers de ce poids (cent vingt-six kilogrammes) (2), n'est-ce pas une anomalie dans toute cavalerie, particulièrement dans un régiment de cavalerie légère? Un beau jeune homme de cinq pieds huit à dix pouces (un mètre soixante-douze à un mètre soixante-dix-sept centimètres), âgé de dix-huit à vingt ans, peut ne peser que dix *stones*; prenez le même homme après sept ou huit ans de service et de bonne nourriture, et surtout vers l'âge de trente-cinq ans (3),

Du poids des hommes.

(1) Taille du dragon et du cuirassier français. *(Note du traducteur.)*

(2) En France, les chevaux de carabiniers portent 140 kilogrammes, ceux de hussards 112 kilogrammes de France. *(Note du traducteur.)*

(3) La plupart des Anglais servent encore à vie. *(Note du traducteur.)*

vous le retrouverez dans ces deux cas, à peu près sans exception, trop lourd pour un soldat de cavalerie. Qu'en faire alors? Son temps de service n'est pas fini, ou bien il désire encore rester à l'armée, quoiqu'il ait la conscience qu'il ne convient plus comme cavalier. Ne pourrait-on le faire passer dans l'infanterie ou les gardes à pied, et faire place ainsi à une recrue d'un poids plus léger? Un corps y gagnerait un homme déjà plié à la discipline, un autre aurait en échange ce dont il a besoin, un cavalier peu lourd.

Après avoir fait un choix d'hommes aptes à la cavalerie, une des premières conditions à remplir serait de leur donner des armes convenables. Un bon ouvrier doit avoir de bons outils : les outils du cavalier sont ses armes. Celles-ci doivent être d'abord de la meilleure qualité, et ensuite bien appropriées au service qu'on veut obtenir de la cavalerie. Comme le meilleur artisan, le meilleur soldat perdra confiance en lui-même, si vous ne lui mettez en mains que de mauvais instruments pour remplir sa profession.

Armement de la cavalerie. L'armement a fait des progrès dans l'infanterie et d'énormes pas dans l'artillerie, mais dans la cavalerie où il est d'une importance vitale, rien n'a été présenté pour le rendre plus redoutable.

Les nombreux échecs de la cavalerie régulière des Indes, qui est armée et équipée d'après notre système, devrait avoir attiré l'attention à cet égard.

Le capitaine Thackwell, dans son *Histoire de la guerre des Sikhs*, dit :

« Il fut incontestablement prouvé à cette affaire (Rum-« mugger) et autres qui suivirent, que nos soldats de « cavalerie légère n'avaient aucune confiance dans leurs « sabres pour se défendre. On aurait eu de la peine à « trouver une demi-douzaine d'hommes qui en eussent « fait usage. En approchant de l'ennemi, ils avaient de

« suite recours à leurs pistolets, que leur unique soin
« était de charger et de tirer.

« Il est facile d'imaginer combien un tel défaut de con-
« fiance doit nuire à l'efficacité de la cavalerie régulière.
« Très-peu d'indigènes se font au mors impuissant et aux
« étriers longs des dragons européens.

« L'assiette naturelle des indigènes veut les étriers
« courts (1).

« Il est arrivé souvent dans la campagne, que quelques
« dragons, dans une charge, cessaient entièrement d'être
« maîtres de leurs chevaux. Figurez-vous un Anglais ou
« un Anglo-Indien, lancé sur un cheval ingouvernable,
« contre un [Goorchurra ou un Sikh qui l'évite d'abord
« en le laissant passer, puis tournant lestement autour de
« lui, lui donne un horrible coup de sabre sur le derrière
« de la tête. »

Le même auteur, parlant des Indiens irréguliers, hommes
du même pays, mais autrement armés et montant avec les
étriers courts, dit :

« Le capitaine Holmes, du 12e Irréguliers, fut l'admi-
« ration de toute l'armée en plusieurs occasions. Dans
« ses engagements avec l'ennemi, l'ardeur de ses hommes
« se montrait d'une manière frappante. La cavalerie irré-

_____

(1) Les peuples orientaux ont une équitation tout à fait assise. Passant
une partie de leur vie à cheval, ils ont dû naturellement adopter le système
qui leur permettait de faire les plus longues courses en se fatiguant le
moins possible. Peut-être ce système ne donne pas autant de solidité que
le nôtre contre les défenses de l'animal, mais cela a peu d'inconvénients
chez eux, où les chevaux sont en général très-doux et très-dociles. La
position adoptée par les cavaliers de l'Est, outre qu'elle est très commode,
présente encore cet avantage qu'ils peuvent, dans le combat, se grandir
en se dressant sur les étriers, et dominer alors de haut l'ennemi auquel il
faut appliquer un coup de sabre. Néanmoins, il serait difficile de décider
laquelle des deux équitations, européenne ou asiastique, est préférable
pour la guerre.   (Note du traducteur.)

« gulière fut remarquable à la poursuite de Goojerat,
« cherchant toujours l'occasion d'un combat.

Cavaliers du Scinde. « Ayant été témoin de la charge des cavaliers du Scinde,
« à la bataille de Goojerat, contre les Affghans, je suis
« convaincu qu'aucune autre cavalerie n'eût pu mettre
« l'ennemi en déroute d'une façon plus brillante ni plus
« efficace. Ils avaient confiance dans leurs armes et leur
« équipement.

« Le 9e Irréguliers, sous Craworfd Chamberlaine, gagna
« les félicitations du commandant en chef par plusieurs
« belles affaires avec les Sikhs-Goorchurras, qui étaient
« sans cesse à rôder pour tâcher de surprendre quelques
« chameaux de bagage sans défense.

« Accompagnés par des soldats braves et adroits, les
« officiers des irréguliers pouvaient satisfaire leur soif
« de se distinguer. . . . .
« Les jeunes héros des irréguliers, Holmes, Crawford et
« Neville Chamberlaine, Malcolm, Tait et Christie, au-
« raient mieux aimé avoir avec eux cent cinquante de
« leurs hommes que trois cents réguliers de tout autre
« corps indigène. »

La guerre des Sikhs montra clairement, s'il en avait
fallu des preuves, combien la cavalerie indigène était inutile, organisée à l'anglaise; tandis qu'en même temps, les
irréguliers déployèrent une grande supériorité avec leurs
sabres tranchants et leurs chevaux convenablement embouchés.

La conduite de la cavalerie du Scinde, durant toute
cette guerre, fut toujours des plus brillantes, mais il faut
passer sous silence celle des réguliers; cependant la seule
différence entre les deux corps consistait dans l'organisation.

Cavalerie régu-lière indienne. La cavalerie régulière indienne ne vaut rien pour le
service; cependant les hommes qui la composent sont

individuellement de bons soldats quand ils sont montés, armés et habillés à leur manière.

« Si un homme, d'une bravoure reconnue, se trouve
« assis sur une selle glissante, avec des étriers longs, serré
« dans ses habits, armé d'un mauvais sabre, il hésitera et
« de plus il refusera de charger, car, en le faisant, il court
« à une perte presque certaine.

« Un cavalier doit se sentir ferme et fort sur sa selle,
« aisé dans ses vêtements, afin d'être libre dans ses mouve-
« ments, et avoir à la main une arme qui puisse tuer d'un
« seul coup.

« Il n'y a rien de plus pitoyable à voir qu'un indigène
« monté sur une selle anglaise, étouffé dans ses habits
« comme une momie, à moitié étranglé dans un col de
« cuir, et armé d'un sabre d'ordonnance émoussé par le
« fourreau d'acier dans lequel il est enfermé.

« Ce pauvre diable, qui a la plus grande difficulté à se
« tenir en selle et à conserver ses étriers, dont le corps et
« les bras sont paralysés par un spencer trop étroit, et
« dont le sabre couperait à peine en deux un navet, reçoit
« ordre de charger, et s'il ne peut faire ce que peu d'hom-
« mes au monde pourraient exécuter à sa place, on fait
« des enquêtes, on licencie des régiments et on blâme leur
« conduite en termes d'amertume et d'étonnement. Cela
« est d'un ridicule achevé : c'est le système et non les hom-
« mes qu'il faudrait blâmer (1). »

Si ce système, qui a subi une longue épreuve, a été si mauvais en Orient, comment pourrait-on le supposer ex-cellent quand il est appliqué chez nous ?

La couleur des hommes ne doit rien faire à la chose. C'est le courage inné du soldat breton qui l'emporte au milieu des ennemis, et non sa confiance dans ses armes, qui ne lui servent à rien dans la mêlée, tant parce qu'il

(1) Extrait d'une lettre publiée par la *Gazette de Delhi*.

n'a pas une action suffisante sur la bouche de son cheval, qu'à cause de l'inefficacité de son mauvais sabre.

Si les indigènes doivent avoir une assiette aisée, des étriers courts, des vêtements larges et le cou dégagé; s'il leur faut une arme qui puisse mettre un homme à mort d'un seul coup, toutes ces choses sont-elles moins nécessaires aux dragons anglais? ou si elles ne sont pas aussi nécessaires chez nous, n'ajouteraient-elles pas à la puissance de nos hommes, à la guerre.

Il faut, certes, quelque audace, et être bien exempt de préjugés et d'idées préconçues pour admettre qu'un système consacré depuis longtemps par des hommes d'expérience et de talent, est mauvais.

Cependant, des exemples maintes fois répétés prouvent que la cavalerie est tombée en décadence au lieu de progresser, et qu'il y a beaucoup à faire pour la rendre aussi utile et aussi redoutable qu'elle pourrait l'être.

Du sabre.   Quand j'étais aux Indes, il y eut un engagement entre un parti de cavaliers irréguliers du Nizam et une bande d'insurgés, dans lequel ces derniers, quoique très-supérieurs en nombre, furent défaits avec un grand carnage.

Mon attention fut particulièrement attirée sur ce combat par le rapport du chirurgien, sur les tués et les blessés, dont la plupart avaient été atteints par le sabre. Il y avait beaucoup d'observations dans le genre des suivantes :

« Bras séparé de l'épaule, tête fendue en deux;

« Les mains entièrement coupées au-dessus des poignets (apparemment d'un seul coup, lorsqu'elles étaient élevées au-dessus de la tête pour la protéger);

« Cuisse coupée au-dessus du genou, etc. »

Je fus stupéfait; étaient-ce des géants pour enlever ainsi des membres entiers? Ou bien ces résultats étaient-ils dus (comme on me l'a assuré) à la bonne trempe des lames et à la manière de s'en servir ?

Je devins curieux de voir ces cavaliers du Nizam, d'examiner leurs sabres, et d'être témoin de leur adresse à faire tomber un membre.

L'occasion s'en offrit bientôt, car le commandant en chef se rendit à Hyderabad en tournée d'inspection, et je l'accompagnai. Après avoir traversé la Kistna, un escadron de ces cavaliers se rendit à notre camp pour nous escorter. Maintenant, imaginez-vous mon étonnement !

Leurs lames étaient pour la plupart des lames de nos dragons, réformées comme hors de service ; mais ils les avaient montées à leur manière. Les poignées étaient métalliques et faciles à serrer, plates plutôt que rondes comme les nôtres où le tranchant se tourne rarement comme il faut ; les lames étaient aiguisées comme des rasoirs du talon à la pointe, et pendaient dans des fourreaux de bois, suspendus par une seule courroie attachée court au ceinturon, auquel était fixée, par un bouton sur le devant, une lanière qui traversait la poignée, maintenait ainsi le sabre ferme et l'empêchait de sortir du fourreau.

Ils ne mettent jamais le sabre à la main que pour charger.

Pensant que les fourreaux de bois ne seraient pas regardés comme assez solides pour faire campagne, je me procurai la situaton de l'armement d'un de ces corps, et celle d'un régiment de réguliers qui avaient des fourreaux de tôle d'acier, et je trouvai proportionnellement moins de fourreaux de bois que de fourreaux de tôle hors de service.

La tôle se casse par un coup de pied ou une chute, tandis que le bois, plus élastique, ne fait souvent que plier en pareilles circonstances. Par la manière d'être portés, les sabres n'embarrassent pas l'homme à pied et ne le font pas trébucher en se plaçant dans ses jambes. Ils ne font pas de bruit, et un éclaireur de nuit ou une vedette volante ne se trahissent point par le froissement des anneaux ou des éperons contre le fourreau. On évite en colonne ce cliquetis retentissant qui empêche d'entendre les commandements, et vous dénonce à l'ennemi, à une si grande distance, qu'on

7

a coutume maintenant d'entourer les fourreaux avec de la paille ou du foin quand on veut tenter une surprise.

Un vieux cavalier du Nizam m'apprit que les anciennes larges lames anglaises étaient très-recherchées par les siens, lorsqu'elles étaient montées et arrangées comme je l'ai dit, mais qu'ils les regardaient comme propres à rien dans leurs mains, telles que nous les portions.

Je lui demandai comment ils frappaient pour enlever un membre.

« Nous frappons fort, me répondit-il.

« Sans doute, lui dis-je, mais comment apprenez-vous à vous servir du sabre ?

« Nous n'apprenons pas, fit-il, une bonne lame coupe n'importe dans quelle main. »

Si nos hommes avaient porté de semblables armes, on ne les eût pas abordés avec autant de confiance pour le combat singulier, leurs lames tranchantes eussent inspiré le respect et semé la terreur dans les rangs ennemis.

Il est bien reconnu qu'outre l'effet du moment, d'horribles blessures attaquent violemment le moral de l'armée où elles sont produites.

Dans une brochure publiée à Berlin sur la cavalerie, il est établi qu'en 1812, les blessures faites par les cavaliers russes inspiraient une telle crainte, que le point d'honneur et l'esprit de corps seuls pouvaient déterminer les Prussiens à se mesurer avec eux.

Le capitaine Fritzgerald, du 14e Dragons, reçut, à Rammugger, un coup de sabre dont il mourut. Un Sikh à pied, caché par un bouclier, le frappa par derrière et lui fendit le crâne, découvrant d'un seul coup la moële épinière.

Un dragon de haute taille, appartenant à ce régiment, fut trouvé mort, la tête séparée du corps, et, à la même affaire, quand nos pauvres soldats suaient en vain pour faire du mal à l'ennemi, le moindre coup des Sikhs sur les bras ou les jambes des Anglais, mettaient ceux-ci à la merci de leurs ennemis qui les hachèrent en pièces.

Un officier, qui était à cette campagne, dit qu'il vit un cavalier indien abattre d'un seul coup de sabre les deux mains d'un dragon anglais, qui s'efforçait de faire tourner son cheval.

Un Sikh, après la retraite de notre cavalerie à Chillian-walla, chargea sur notre artillerie à cheval, tua, l'un après l'autre, les deux premiers conducteurs d'une pièce, et s'approchait du troisième, quand celui-ci, homme de sang-froid, voyant quel usage ses camarades avaient fait de leurs sabres, laissa le sien au fourreau, et se servit de son fouet pour chasser le cheval de son ennemi ; ce qui lui sauva la vie.

Un escadron du 3e Dragons, sous le major Unett, chargeait un gros de cavaliers sikhs, et lui-même m'a raconté qu'ils s'ouvrirent juste assez pour laisser passer l'escadron. Le dragon de la gauche du premier rang, tout en chargeant, envoya un coup de pointe au Sikh le plus près de lui, et l'atteignit à la partie inférieure du corps, mais pas assez pour le mettre hors de combat; celui-ci, sabrant en arrière, prit la tête du dragon à hauteur de la bouche et la fit voler à terre.

Le colonel Steinbach, dans son histoire du Punjaub, dit Cavaliers sikhs. que la cavalerie des Sikhs est inférieure à tous égards à leur infanterie, laquelle est recrutée avec soin parmi des corps nombreux de candidats, tandis que la première se compose d'hommes de tout rang, de toute taille et de tout âge, et d'après les intérêts seuls des différents sirdars.

Les cavaliers ont mauvaise mine, sont mal habillés et mal montés. Les chevaux sont petits, maigres et mal conformés, avec le nez busqué, signe certain de race dégénérée.

Comment se fait-il, si notre système est bon, que de tels hommes, inférieurs à nos dragons au physique et au moral, plus mal montés, aient pu lutter avec eux et souvent avec succès, car à la bataille de Chillianwalla, on raconte qu'un cavalier sikh défia les Anglais au combat singulier, et démonta trois dragons (le premier, qui était armé d'une lance, eut le bois de sa lance et le premier doigt coupés net d'un seul coup), avant d'être lui-même renversé d'un coup de feu! A quoi se réduit une charge, quand l'ennemi est brave, sinon à une mêlée ou une série de combats singuliers?

Comparons ensemble deux combats brillants, livrés par la cavalerie légère anglaise; le premier par trois *troupes* (1) du 15e Hussards contre cinq cents Français armés et organisés d'après le système modèle; le second par deux *troupes* du 3e Dragons légers contre cinq cents hommes mal montés de cette lie de la nation sickh.

Dans la première affaire, le 15e Hussards chargea deux fois.

Dans la seconde, le 3e Dragons chargea à fond, mais les Sikhs s'ouvrirent pour le laisser passer et l'attendre au retour.

Ainsi le 15e Hussards se trouva mêlé deux fois avec les Français.

Le 3e Dragons n'eut qu'une mêlée avec les Sikhs.

1er *combat* :

Combat d'Egmont-op-Zee.

« Dans l'attaque générale exécutée, le 2 octobre 1799, sur les positions de l'ennemi à Bergen et Egmont-op-Zee, le 15e Hussards faisait partie de la cavalerie aux ordres du colonel lord Paget (maintenant marquis d'Anglésey), attachée au corps commandé par sir Rulph Abercromby.

« Marchant le long de la côte, vers Egmont-op-Zee, ce corps rencontra au milieu des dunes une masse imposante d'infanterie soutenue à sa gauche par une nombreuse cavalerie et de l'artillerie placées au bord de la mer. Aussitôt s'engagea un rude combat dans lequel la froide bravoure de l'infanterie anglaise triompha.

(1) La *troupe* est de vingt-cinq files, c'est l'unité tactique dans la cavalerie anglaise.   (*Note du traducteur.*)

« Après avoir contraint l'ennemi à se retirer pendant plusieurs milles, la cavalerie s'avançant sur la plage pendant que l'infanterie gagnait du terrain à travers les dunes, la colonne s'arrêta en face d'Egmont.

« L'artillerie anglaise se porta en avant pour combattre l'artillerie française, et deux *troupes* du 15ᵉ Hussards reçurent ordre de l'appuyer. Lord Paget posta ses deux *troupes* en embuscade derrière les dunes; et le général français, croyant l'artillerie anglaise sans soutien, ordonna à cinq cents hommes de cavalerie de marcher pour s'en emparer. Les canons envoyèrent une grêle de mitraille contre cette cavalerie, mais peu d'hommes et de chevaux tombèrent, et le reste, forçant l'allure, entoura l'artillerie. A ce moment, les deux *troupes* du 15ᵉ Hussards sortirent de leur embuscade, se précipitèrent sur les assaillants, les repoussèrent sur leurs réserves et retournèrent aux canons ainsi délivrés.

« Les escadrons ennemis s'étant ralliés et honteux d'avoir pris la fuite devant si peu de monde, revinrent à la charge. Ils étaient à cinquante mètres des nôtres, quand une troisième *troupe* du 15ᵉ arriva au secours des deux premières, et toutes trois fondirent sur l'ennemi, le repoussèrent encore avec perte et le poursuivirent à plus d'un demi-mille.

« La perte du 15ᵉ Hussards fut de trois hommes et de quatre chevaux tués; le lieutenant-colonel James Erskine, neuf hommes et trois chevaux furent blessés (1). »

Second combat.

Après une courte canonnade, un corps de cavaliers sikhs se porta sur le flanc gauche de sir Joseph Thackwell, comme pour déboucher sur ses derrières. Cet officier général ordonna alors au 5ᵉ de cavalerie légère indigène (trois escadrons) et à l'escadron gris du 3ᵉ Dragons (major Unett) de le charger et de le disperser.

[marginal note: Combat de Chillianwalla.]

(1) Souvenirs historiques du 15° Hussards.

Le brave général avait un vif souvenir de ce qu'un petit nombre d'escadrons de dragons anglais avait fait en Espagne contre les Français, et raisonnablement il supposait que ces forces suffiraient pour repousser les Sikhs. Il se proposait de faire avancer le peu d'hommes restés à sa disposition, savoir : Le dernier escadron du 3ᵉ Dragons et le 8ᵉ de cavalerie légère indigène, aussitôt que l'autre charge aurait réussi. Les trompettes sonnèrent, et l'escadron d'Unett, en ligne avec le 5ᵉ de cavalerie légère indigène, s'approcha de l'ennemi : les Sikhs commencèrent une fusillade mal nourrie.

Unett marcha bravement, mais le 5ᵉ Indigène, mis en désordre par la fusillade, fit demi-tour et s'enfuit au galop, en dépit des efforts de ses officiers dont plusieurs furent blessés.

Le 3ᵉ Dragons traversa la ligne ennemie et ne s'arrêta qu'à quelque distance plus loin. Unett, qui était grièvement blessé, vit alors son monde affreusement dispersé.

Le peu d'hommes restés autour de lui essayèrent de retourner en arrière pour se frayer un passage. Les Sikhs s'ouvrirent, les insultant, leur crachant au visage et les sabrant.

Les autres fractions, sous leurs vaillants officiers Stisted et Macqueen, se retirèrent comme elles purent.

Cet escadron ne perdit pas moins de quarante-six hommes et chevaux.

Chacun était dans l'anxiété; sir Joseph lui-même craignit que l'escadron ne fût anéanti (1).

D'un côté nous voyons deux *troupes* de hussards anglais se ruant au milieu de cinq cents français victorieux et les repoussant à la suite d'une mêlée.

Nous voyons encore les mêmes Français revenant courageusement contre les Anglais (actuellement renforcés

---

(1) Seconde guerre des Sikhs, par E.-J. Thackwell, bataille de Chillian-walla.

d'une *troupe*). Une seconde mêlée s'en suit, et dans les deux combats, trois Anglais seulement sont tués. On doit remarquer que les Français étaient bien montés, d'un courage incontestable, disciplinés et organisés d'après notre propre système.

Dans l'autre cas, deux *troupes* du 3e Dragons chargent avec une grande bravoure et traversent la ligne ennemie; quand elles reviennent en arrière, les Sikhs s'ouvrent pour les laisser passer, et, se mêlant avec elles, ces hommes de peu d'apparence et misérablement montés, font perdre aux Anglais quarante-six hommes et chevaux, et peu s'en faut qu'ils ne prennent leur chef, le brave major Unett, dont un coup de sabre sépare en deux la giberne, lui entrant de deux pouces dans le dos.

Une autre comparaison peut être citée pour mieux frapper l'esprit.

A la bataille d'Heilsberg, le 18 juin 1807, un mémorable combat eut lieu entre une division de cuirassiers français et deux régiments de cavalerie prussienne, l'un de lanciers, l'autre de dragons.

Les Français surprirent les Prussiens au pas et en colonne serrée; il s'en suivit une mêlée qui se termina à l'avantage des derniers, ceux-ci repoussant l'ennemi jusqu'au bois de Lavden.

Dans l'ouvrage bien connu, intitulé : *Victoires et conquêtes*, il est fait mention d'un officier français qui s'échappa avec cinquante-deux blessures reçues dans cette affaire, et d'un officier prussien, le capitaine Gebhardt, qui en reçut plus de vingt. Il paraît que le capitaine Gebhardt fit des prouesses avec la hampe d'une lance brisée, désarçonnant plusieurs cuirassiers, mais qu'à la fin il fut lui-même mis hors de combat par une ruade de cheval. Figurez-vous un homme recevant cinquante-deux coups de sabre ou de lance sans perdre la vie ou un membre. Il n'est pas étonnant que le capitaine Gebhardt ait à la fin

pris un gros bâton (une hampe brisée n'est qu'un gros bâton) comme la meilleure arme à sa portée et bien préférable à un mauvais sabre.

De l'habille-
ment.

J'ai peu à dire touchant les casques, coiffures, habits et
l'habillement en général, sinon que le plus simple est le
meilleur. Cette opinion gagne actuellement du terrain dè
jour en jour. Mais par simplicité, je n'entends pas absence
de goût et d'élégance. Aussi longtemps que vous pouvez
entretenir un soldat, ayez toujours soin qu'il soit bien vêtu
et qu'il ait bon air. La simplicité que je recommande est
la plus grande partie de la véritable élégance. Il me semble que nous avons trop de broderies, trop de fantaisies,
trop de poids dans des choses plus nuisibles qu'utiles. Chez
un cavalier une once a de l'importance ; je ne pourrai jamais croire que notre uniforme de hussards (prenez-en ce
qu'il vous plaira) soit un vêtement commode pour le service de guerre, fouiller les buissons, éclairer les bois, traverser les forêts, passer les rivières à gué ou à la nage, bivouaquer, être presque toujours aux avant-postes et y faire
continuellement le plus rude métier. A quoi servent les
plumes, les baudriers, les sabretaches, les peaux de mou-
tons, les schabraques, etc.?

Dans un ouvrage du docteur Fergusson on trouve le
passage suivant :

« Il paraît décidé que le hussard ou le lancier sera
« toujours un arlequin, un spécimen des friperies étran-
« gères, si brodé, si boutonné, si galonné que l'observa-
« teur qui n'est pas initié à tous les détails de cette toi-
« lette, ne comprend ni comment on peut entrer dans
« l'uniforme, ni comment en sortir. Un manchon de
« femme sur la tête, avec quelque chose de rouge en
« forme de poche sur le sommet, a été substitué au
« casque du guerrier, et la plume, si différente de la cri-
« nière flottante du cimier romain, ressemble plutôt à
« l'ornement d'un comédien qu'à celui d'un cavalier. La

« première fois que je vis un hussard, c'était à Gand, en
« Flandre, alors ville autrichienne ; et quand j'aperçus
« une plisse richement ornée pendant vide, manches et
« corsage, sur son épaule, je ne doutai pas que depuis peu
« le malheureux n'eût reçu une balle à travers le bras.
« Cependant, un coup d'œil sur une étroite manche bro-
« dée que je vis par dessous, me rendit la chose inexpli-
« cable, et depuis j'ai toujours été intrigué de savoir pour-
« quoi il n'avait pas également une culotte brodée pendue
« à sa ceinture, comme il avait un habit jeté sur son
« épaule, puisqu'une des premières règles de l'hygiène
« est de tenir la partie supérieure du corps aussi fraîche
« et la partie inférieure aussi chaude que possible. Un
« manteau imperméable, fait pour couvrir des pieds à la
« tête le cavalier et la selle, ses armes et ses munitions,
« pour le garantir de la pluie et l'abriter la nuit au bivouac,
« serait le seul vêtement de ce genre que le pays devrait
« fournir ou souffrir.

« Des broderies, de quelque nature qu'elles soient, sont
« une insulte et une dérision pour le caractère anglais.
« Prenez et copiez chez les étrangers tout ce qui peut
« vraiment être bon pour l'armée, c'est une chose juste et
« convenable à faire, mais laissez-nous nous habiller
« d'une manière commode, qui ne craigne pas les taches,
« et qui n'ait pas besoin d'une foule d'ouvriers pour être
« entretenus en bon état. »

Quant au col de cuir et au tour de tête serrés, le docteur Fergusson dit :

« La circulation à travers les artères ascendantes du
« cou, les plus étroites de beaucoup dans tout le corps
« humain, est très-difficile, et empêcher son retour par
« les veines descendantes, ce qu'une ligature quelconque
« est sûre de faire, produira nécessairement un stupéfiant
« sur le cerveau.

« On ne peut manquer en outre d'affaiblir la vue par

« la compression exercée sur le nerf optique, et le col en
« cuir semble n'être conservé qu'afin d'engendrer une
« disposition à toutes sortes d'affections apoplectiques et
« ophtalmiques.

« Il vaudrait certainement mieux déterminer sur le
« cou du soldat, un abcès dont la conséquence serait une
« supuration salutaire, que de pratiquer n'importe où une
« ligature qu'il faut éviter à tout prix dans l'accoutrement
« militaire.

De la coiffure.
« Une coiffure pesante est un tourment et une gêne
« pour tout le monde, et il est injustifiable de réchauffer
« et d'accabler la cervelle, source de toutes les facultés
« intellectuelles, lorsqu'il faudrait la rafraîchir autant
« que possible.

« Partout les rayons directs du soleil sont blessants
« pour la vue, mais quand ils sont réfléchis par un sol
« blanc et pierreux, l'effet en est immédiatement désas-
« treux. Un système convenablement adopté à la coiffure
« pour éviter cet inconvénient devrait être fourni aux
« soldats (1). »

(1) Ce passage est extrait d'un livre intitulé : *Notes et souvenirs de la
vie d'un praticien*, par feu William Fergusson, esq. M. D., inspecteur
général des hôpitaux militaires, livre si instructif et si intéressant pour
les militaires, que je le recommande fortement à leur attention. Il a été
édité par son fils, James Fergusson, homme bien connu et distingué à
plus d'un titre, qui de plus a pris dernièrement une place éminente dans
le monde, et a produit une grande sensation en publiant son ouvrage sur
les périls de Portsmouth et son nouveau système de fortifications. En parlant du hussard étranger, le docteur Fergusson ne savait pas, à ce qu'il
paraît, que les hussards hongrois ont maintenant une culotte additionnelle
richement ornée qui, en route, se porte sous le pantalon de corvée, au moins
l'avaient-ils quand j'avais l'honneur de servir dans leurs rangs. Je recommande particulièrement d'imiter leur genre de cravate, qui est un mouchoir noir attaché lâche autour du cou. Les Hongrois bordent leurs pelisses
avec de la fourrure, et en font une espèce de manteau court pour aller sur
le dolman lorsqu'il fait froid. Nos pelisses ne sont ni assez amples, ni assez
aisées pour remplir ce but, aussi les portons-nous généralement pendantes,
ou nous en servons-nous en place du dolman.
    Un escadron du 15e Hussards, qui marchait à travers le Nizam, en 1850,
avec les pelisses pendantes, excita la plus grande curiosité parmi les in-

Sans avoir une armure qui charge le cheval et gêne l'homme, un uniforme convenable peut protéger efficacement, tandis qu'un autre moins rationel ne saurait garantir certaines parties essentielles.

Les parties les plus vulnérables d'un cavalier sont la tête, le derrière du cou, les bras et les jambes. Les Asiatiques, qui savent cela parfaitement, couvrent ces parties, et prennent un avantage immédiat contre ceux de leurs ennemis qui n'ont pas eu la même précaution.

Les Turcs irréguliers portaient un turban, qui était une meilleure défense que nos casques d'airain ou d'acier. Leurs jambes étaient protégées par leurs selles profondes et leurs pieds par leurs larges étriers de fer; les manches de leurs vêtements étaient rembourées, et les mauvaises lames des Européens pouvaient rarement entamer leurs habillements de soie pure, ou de soie tissée avec du coton. Les habits des Russes et des Autrichiens n'offraient pas le même obstacle à leurs cimeterres ou à leurs courts et légers yataghans (1).

digènes, à Hyderabad, et donna lieu à plusieurs contes sur leur origine. Celui qui s'accrédita le plus fut, qu'en une circonstance, ce régiment s'était tellement distingué, que le roi avait dit : « Chaque soldat s'est conduit « comme s'il avait eu quatre bras, il aura en conséquence quatre manches. » Nous eûmes grand soin de ne pas démentir une version si honorable pour nous.   (*Note de l'auteur.*)

1) Le cou, la tête, les bras, les jambes sont les parties les plus vulnérables aux coups de tranchant, mais c'est la poitrine qui est le plus vulnérable aux coups de pointes. Or, les Asiatiques, qui ne peuvent pointer avec leurs cimeterres courbes, sont bien obligés de diriger leurs coups à la tête ou aux membres ; ce n'est que dans une mêlée qu'ils peuvent faire bon usage de leurs armes, et, malgré toute leur adresse, leurs blessures ne sont pas toujours mortelles, tandis que nos coups de pointe, excellents dans les charges en ligne comme dans les combats corps à corps, tuent presque sûrement l'homme ou le cheval. Il vaudrait donc mieux couvrir le corps que les bras, surtout si on considère que ceux-ci, lorsqu'ils seront alourdis par des brassards, s'agiteront moins facilement pour l'escrime. Quant à la coiffure, les Janissaires, qui avaient plus à craindre pour la tête que les cavaliers, puisque étant à pied, on pouvait les sabrer de haut, portaient non des turbans, mais des casques d'un modèle qui paraît bien raisonné. L'exemple cité par l'auteur n'est donc pas concluant pour faire trouver les turbans préférables aux casques.   (*Note du traducteur.*)

« La disposition des Sikhs à diriger leurs coups sur le
« derrière du cou, fut si manifeste le 2 novembre, que
« les officiers durent chercher les moyens de garantir
« cette précieuse partie du corps.

« Quelques-uns enroulèrent du linge autour du schako,
« afin d'en laisser tomber les plis par derrière, ce qui était
« de quelque efficacité (1). »

Pour les bras, il faut faire usage de gantelets et brassards qui laissent la main libre et nue, pour saisir le sabre
à la poignée, pareils à ceux des indigènes de l'Inde, qui
sont faits de lames et de mailles d'acier, et qui montent
jusqu'au coude. Les bras ainsi enveloppés peuvent servir
à parer les coups portés à la tête ou au corps. Les gantelets ne sont pas lourds, et les mains étant libres et nues,
cela donne un grand avantage pour manier ses armes.

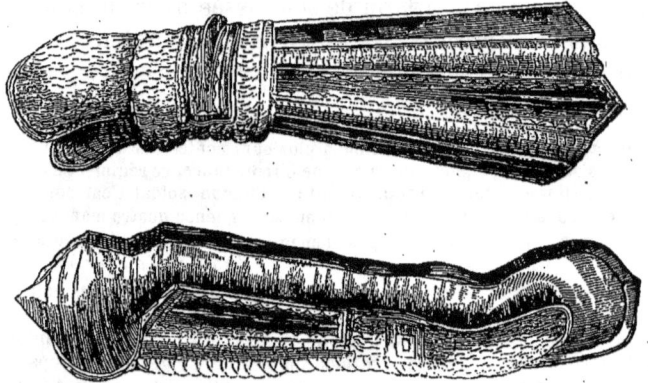

Le colonel Ponsomby fut mis hors de combat à Waterloo de la manière suivante, ainsi qu'il le raconte lui-
même :

«Dans la mêlée, je fus privé presque immédiatement de
« l'usage de mes deux bras, perdant d'abord celui du
« sabre et ensuite celui de la bride ; suivi par un petit

(1) Thackwell, *Histoire de la seconde guerre des Sikhs.*

« nombre de mes hommes presque tous blessés, car on ne
« donnait ni on ne recevait de quartiers , je fus emporté
« par mon cheval, jusqu'à ce que, recevant un coup de
« sabre, je tombai sans connaissance à terre (1). »

Le pantalon de cheval ne protége ni dans le rang ni dans
la mêlée; il se déchire continuellement; la partie inférieure se pourrit par la boue et l'humidité; les sous-pieds
empêchent de plier le genou quand on est à cheval, et de
marcher quand on est à pied.

Un pantalon sans sous-pieds, avec des espèces de houseaux, le long desquels régnerait une barre de fer sur le
côté, et qui seraient assujettis en haut et en bas, donnerait au cavalier une défense suffisante (2); il pourrait se
mouvoir tant qu'il serait en vie, et un coup sur la jambe
ne le mettrait pas hors de combat (3).

Quant aux armes à feu pour la cavalerie, comme c'est à **De la carabine**
la justesse du tir plus qu'à sa rapidité qu'il faut avoir égard, **et de la manière de la porter.**
je demande une carabine courte. On la porterait dans un
fourreau cylindrique d'environ trente centimètres de long,
avec la bouche en pavillon, et ouvert à l'autre extrémité.
Ce fourreau serait attaché sous la fonte droite, dans la direction de l'épaule du cheval. La carabine serait retenue au
pommeau de la selle par une lanière d'environ un *yard*
(quatre-vingt dix centimètres), afin d'empêcher l'homme

(1) Certainement les bras sont très-essentiels à préserver, mais on ne
peut garantir tout le corps, et si le colonel Ponsomby fut mis hors de
combat pour avoir été blessé aux bras, son malheur eût encore été bien
plus grand s'il eût reçu un coup de pointe au travers de la poitrine.
(*Note du traducteur.*)

(2) L'idée de houseaux, avec une tige en fer un peu forte, propre à parer
les coups de sabre sur la jambe, est préférable à celle des pantalons à *la
Lasalle,* qui prennent faveur dans la cavalerie française et qui ont beaucoup d'inconvéniens. (*Note du traducteur.*)

(3) Un cavalier démonté quitterait ses houseaux et ses éperons et se
trouverait avec des souliers et un pantalon sans sous-pieds.
(*Note de l'auteur.*)

de perdre son arme, s'il la laissait échapper en faisant feu ou en chargeant.

La gênante buffleterie avec ses accessoires est supprimée, et le cavalier fait aisément les mouvements de porter l'arme à l'épaule et de chercher dans la giberne, lesquels sont presque impossibles quand la carabine est maintenue par cette buffleterie.

Il ne faut plus ni courroie d'attache ni botte. La carabine peut être enlevée et remise aussi facilement qu'un pistolet. Le système proposé quand on est à cheval, est à peu près le même que celui de l'ordonnance, mais il est plus solide et moins gênant. Si l'homme est démonté, il peut déboucler la lanière dont j'ai parlé, et s'en servir comme de bretelle.

Une autre bonne manière de porter la carabine est de la mettre derrière le dos, la bretelle sur la poitrine, la bouche du canon au-dessus de l'épaule gauche (à la grenadière), la partie mince de la crosse fixée par une courroie et un bouton au ceinturon, afin de la maintenir immobile. Ainsi, le soldat a ses armes sur sa personne; s'il est démonté, il peut encore se défendre, et, dans la mêlée, la carabine sera capable de parer un coup de sabre appliqué sur le dos (1).

Plusieurs régiments étrangers portent le mousqueton accroché à la buffleterie, la bouche en bas, et pendant librement sur le côté. Cela a des inconvénients dans le rang ; la jambe du voisin en souffre; quand on galope, la crosse frappe la hanche et y occasionne une grande douleur; embarrassé par la buffleterie et le crochet, le cavalier épaule et vise difficilement, sans compter qu'il est gêné pour monter à cheval ou descendre.

Il me semble que les distances pour lesquelles on arrange maintenant les hausses des carabines à l'étranger,

---

(1) Cette manière de porter le fusil est sans contredit la meilleure pour la guerre, c'est la seule usitée en campagne, dans les chasseurs d'Afrique.

(Note du traducteur.)

sont tout à fait ridicules. Peu d'hommes ont les yeux assez
bons pour voir un homme ou même une colonne à de telles distances. Cette coutume, si on n'y change rien, aura
pour effet de faire tirer sur tout ce qu'on s'imaginera être
l'ennemi, et de causer ainsi de fausses alertes. On ne
pourra non plus suffire aux approvisionnements de cartouches, si on fait feu à tout propos. Il peut être bon pour
quelques troupes étrangères, de se tenir ainsi loin du danger, mais je compte et j'espère qu'un bon Anglais aimera
toujours mieux voir son ennemi de près. Je pense que si
la portée des carabines de cavalerie est de trois cents *yards*,
cela suffira dans tous les cas. Une des choses que les officiers ont le plus de peine d'obtenir, est que les hommes ne
dépensent pas leur feu inutilement. Il ne faut donc rien
faire qui puisse augmenter cette difficulté, en donnant la
faculté de tirer avec succès à de si longues distances (1).

De la lance.

Autrefois, c'était une opinion reçue que la lance était
particulièrement redoutable dans le combat corps à corps,
pourvu que le lancier fût léger et alerte, et qu'il eût le terrain nécessaire pour manier son cheval, et le tourner tou-

(1) Il importe de se mettre au niveau de ses ennemis. C'est très-bien
dit qu'il faut être brave et ne pas craindre de s'approcher de ses adversaires ; mais si ceux-ci ont des moyens de destruction qui anéantissent à
distance vos propres forces, vous serez obligé d'adopter les mêmes moyens.
Les chevaliers, au temps de la Renaissance, ont eu beau crier que la
poudre était bonne pour des lâches, et qu'un goujat pouvait, au moyen
d'un pistolet, tuer le plus vaillant guerrier, ils n'en ont pas moins été
forcés de quitter la lance et d'adopter à leur tour ces vilaines armes, contre
lesquelles la prouesse individuelle était impuissante. Eh bien ! malgré
toute opposition, les résultats obtenus par ceux qui se serviront les premiers des fusils à hausse et à longue portée, seront tels que tout le monde,
même les cavaliers, devront adopter ces fusils, et qu'il faudra par suite
modifier la tactique. Quant aux approvisionnements, peut-être ceux des
bouches à feu n'auront plus besoin d'être aussi considérables, la portée
des fusils les rendant moins importantes ; alors une partie de leurs caissons deviendra disponible pour porter des cartouches d'infanterie.

(*Note du traducteur.*)

jours *en face* de son ennemi. Depuis quelque temps, on paraît disposé, d'après l'avis du maréchal Marmont, à donner la lance à la grosse cavalerie, pour rompre la cavalerie opposée aussi bien que les carrés d'infanterie. On oublie sans doute que la lance est inutile dans une mêlée, et que du moment qu'on la lève et qu'on arrête sa force d'impulsion d'arrière en avant, elle perd sa puissance.

A Aliwal, le 16ᵉ Lanciers pénétra au milieu des carrés sikhs, mais dans la mêlée qui suivit, ces braves Indiens attaquèrent les lanciers corps à corps et en mirent bon nombre par terre, car ceux-ci ne pouvaient rien faire de leurs lances.

Dans la seconde guerre contre les Sikhs, on m'a assuré que nos lanciers manquèrent souvent leur coup en voulant percer des Sikhs. On en donnait pour raison que ces derniers avaient des châles épais autour du corps. Je crois plutôt que ceux qui ne réussissaient pas, ignoraient ce qu'il faut d'adresse et de coup d'œil pour plonger une lance au but, et que c'est l'impulsion du cheval qui doit lui donner la pénétration.

J'ai vu souvent, à la chasse, des hommes ne pouvoir entamer la peau d'un sanglier avec des épieux très-aigus, tandis que d'autres (mieux exercés) perçaient l'animal de part en part.

Cela prouve que la lance n'est pas dangereuse dans toutes les mains, et, dès lors, qu'elle ne convient pas, en thèse générale, comme arme de guerre.

Tous les efforts avec des lances émoussées et de mauvais chevaux sont inutiles. A la fin d'une campagne, quand les chevaux sont fatigués et ne répondent plus à l'éperon, un cavalier, même habile, est sans ressources avec une lance sans pointe dans sa main, et ne percerait pas seulement les habits de son adversaire.

Au galop, vous pouvez faire pénétrer une lance à travers n'importe quoi; mais, à une allure plus lente, il n'en est

point ainsi ; et au pas ou de pied ferme, on peut parer aisément vos coups ou saisir la hampe avec la main.

Si l'avantage de la lance était dans sa longueur, plus
l'arme serait longue, plus elle serait redoutable. Les gendarmes français, qui avaient des lances de dix-huit pieds
de long, essuyèrent de si terribles défaites, qu'ils abandon-
nèrent tout à fait cette arme.

Gustave-Adolphe ôta la lance à sa cavalerie, dans la
guerre de trente ans, parce qu'il avait éprouvé son inefficacité.

Nous accordons qu'une lance ordinaire, bien en main
et tenue par le milieu, atteint plus loin de l'autre coté de
la tête du cheval, qu'un sabre qu'on tient par la poignée :
en quoi cela amènera-t-il le succès de la charge, puisqu'il est reconnu que c'est la ligne dont l'impétuosité est
la plus grande, qui renverse l'autre : les armes n'entrent
en action qu'après le choc.

Les flammes des lances attirent le feu de l'artillerie ;
dans le combat singulier, elles indiquent à l'adversaire le
point sur lequel il est menacé, et le mettent à même de parer. Quelquefois, le cheval de l'ennemi est effrayé ; il emporte son maître d'un bond loin du danger, tandis qu'il eût
été traversé, si la lance n'eût pas eu ce futile ornement.

Les Asiatiques portent une pique légère (sans flamme),
qu'ils laissent dans le corps du premier ennemi qu'ils
rencontrent (ou la jettent à terre), puis ils tirent le sabre
dès que le combat devient sérieux.

Je suis persuadé que le seul avantage de la lance est
dans l'effet moral qu'elle produit (particulièrement sur
les jeunes soldats), non-seulement par sa longueur, mais
encore par les blessures qui en résultent, quand elle traverse le corps. Dans la guerre de sept ans, les hussards prussiens furent très-circonspects, en commençant,
vis-à-vis des lanciers russes ; quelques officiers prussiens
caracolèrent devant les lignes et tuèrent plusieurs Cosa-

8

ques et lanciers en combat singulier, montrant par là à
leurs hommes combien il était facile d'en avoir raison, en
les joignant de près. Ainsi encouragés, les hussards ne
craignirent plus d'attaquer leurs ennemis.

La chaîne d'avant-postes établie par les Russes contre
les Circassiens, est fournie par les Cosaques de la ligne,
bien que beaucoup de Cosaques du Don ou de l'Oural
soient dans l'armée du Caucase.

Ceux du Don, de l'Oural et de Tschernomor portent la
lance ; mais les Cosaques de la ligne, qui sont continuellement en présence des Circassiens, l'ont quittée et ont
pris le sabre. Ils disent que la lance est bonne en fourrageurs contre de mauvais cavaliers, mais qu'elle ne fait
qu'embarrasser quand on a affaire à des hommes comme
les Circassiens, qui, de suite, vous serrent de près.

Les Cosaques de la ligne combattent souvent avec succès contre les Cir cassiens, dont les sabres ont bien vite
raison des autres Cosaques armés de lances.

Quant à ce qui est des blessures qu'on dit être plutôt
mortelles par la lance que par le sabre, cela dépend de
quel sabre on veut parler. Nous décidons en faveur de
la lance contre celui qui est généralement adopté dans
la cavalerie d'Europe, mais nous déclarons qu'elle est très-
inférieure au cimeterre turc, au sabre des Mahrattes, des
Sikhs ou des Circassiens.

Si les lances étaient d'aussi bonnes armes que quelques-
uns le prétendent, ceux qui en portent auraient confiance
en elles ; cependant, il est bien reconnu que dans la mêlée, les lanciers, pour la plupart, jettent leurs lances et
prennent leurs sabres. Je n'ai jamais trouvé un lancier
ayant fait les dernières guerres contre les Sikhs, qui ne
m'ait déclaré que la lance est une mauvaise arme, très-
embarrassante dans le combat corps à corps.

Nous attribuons souvent nos défaites à la tactique
supérieure ou aux armes meilleures de l'ennemi, au

lieu de convenir que c'est sa bravoure qui a triomphé.

Ainsi, peut-être, est-ce pour imiter leurs redoutables ennemis, les Circassiens, que les Cosaques de la ligne ont laissé la lance et adopté le sabre. Ainsi, en 1813, les Prussiens, à l'exemple des Russes, donnèrent la lance à leur landwer.

Dans la dernière guerre de Hongrie, les hussards hongrois l'emportaient généralement (nous l'avons vu) sur la grosse cavalerie impériale, cuirassiers et dragons, mais quand ils se trouvaient en présence des lanciers polonais, les plus beaux régiments de cavalerie légère au service de l'Autriche, les plus remarquables par la discipline, la manière de monter à cheval, l'esprit de corps et la bravoure, ces mêmes hussards hongrois n'avaient pas la partie aussi belle, et ils attribuaient cette infériorité à la lance de leurs ennemis. Les Autrichiens alors placèrent la lance au-dessus du sabre, et la donnèrent à tous leurs régiments de cavalerie légère.

La Russie a armé le premier rang de ses cuirassiers avec de longues et lourdes lances, et d'autres nations ont dernièrement suivi leur exemple. Le maréchal Marmont, exilé de France, se trouvait en Russie quand il prit ses nouvelles idées (1).

L'échec du 7e Hussards, à la retraite des Quatre-Bras, infligé par les lanciers français qui les chargèrent dans les rues de Genapes, fut attribué aux lances de leurs adversaires.

Mais quelques minutes après, de quel usage furent aux Français leurs lances, quand un régiment de Life-Guards (sans cuirasses) les attaqua le sabre à la main, leur fit repasser la ville, les poursuivit de l'autre côté, les dispersant dans toutes les directions?

(1) La Belgique vient, à l'exemple de la Russie, de donner la lance au premier rang de ses cuirassiers. Il est singulier que dans un même régiment, l'armement ne soit pas uniforme d'un rang à l'autre, et en outre cela a beaucoup d'inconvénients.   (*Note du traducteur.*)

Pourtant, ce fut après Waterloo que, pour la première fois, on forma des régiments de lanciers en Angleterre.

Les lanciers ne conviennent pas au service des avant-postes, l'ennemi peut les inquiéter par son feu, et ils n'ont pas de quoi riposter pour le tenir à distance (1).

Les lanciers français, en attaquant les lanciers des autres nations, jetèrent leurs lances et tirèrent leurs sabres. Le général de Brack recommande aux hommes armés de sabres, engagés avec des lanciers, de les joindre et de se mêler avec eux. Il dit : « Les lanciers, attaqués de près, ne « peuvent ni pointer ni parer, et de deux choses l'une : « ou ils jetteront leurs lances pour prendre leurs sabres, « ou ils les conserveront ; dans ce dernier cas, vous en

(1) On a beaucoup discuté sur la lance, qui n'est, comme la plupart des choses d'ici-bas, ni absolument bonne ni absolument mauvaise. On peut dire d'elle qu'elle fait merveille en certaines occasions, qu'elle gêne et devient fort nuisible dans d'autres, qu'enfin de compte elle n'est jamais indispensable. Si vous recrutez votre cavalerie légère parmi des populations déjà accoutumées au cheval, si vous conservez longtemps vos hommes sous les drapeaux et si vous avez la possibilité de les rendre très-habiles à manier leurs chevaux et la lance, vous pouvez leur donner cette arme. Cependant, comme votre cavalerie légère sera nécessairement obligée de faire le service d'éclaireurs, de tirailleurs, d'aller aux fourrages, aux avant-postes, vous devrez lui donner au moins un mousqueton : craignez alors qu'en des circonstances difficiles, vos cavaliers, trop embarrassés par la multiplicité de leurs armes, ne jettent soit la lance, soit le mousqueton, ou même l'un et l'autre. Si vous avez une nombreuse cavalerie, si vous n'êtes point exposés à vous voir contraint d'employer vos cuirassiers à faire parfois le service qui incombe d'habitude aux chasseurs et aux hussards, si vous êtes certain d'être maître de les réserver exclusivement pour des charges en ligne contre de la cavalerie ou des carrés, vous pouvez leur donner la lance, d'autant mieux que la cuirasse aide un peu au maniement de cette arme, en lui fournissant un point d'appui solide ; d'autant mieux encore que le soldat n'a pas besoin d'avoir par surcroît le mousqueton, et qu'il est moins vulnérable s'il se trouve dans une mêlée corps à corps. Mais gardez-vous d'avoir des lanciers, si, n'étant pas très-adroits à se servir de leurs chevaux et de leur lance, ils courent risque de combattre individuellement contre d'habiles adversaires. Il faut le répéter, la lance n'est point indispensable ; en outre, elle complique l'organisation de la cavalerie. Si donc elle n'est point nationale, comme chez les Polonais ou les Cosaques, on fait mieux de ne pas l'employer. En France, où les hommes restent peu de temps au service, il serait préférable de n'avoir pas de lanciers : cependant, si à toute force on voulait en posséder, ce serait aux cuirassiers qu'il conviendrait de donner la lance.   (Note du traducteur.)

« aurez bon marché. Nos files extrêmes, dans les lanciers
« de la garde, ne portaient point de lances. Je me sou-
« viens de deux circonstances (en 1814, à Haagstraten,
« près Bréda, et à Pont-à-Trécir, sous Lille) où, ayant af-
« faire aux lanciers russes et prussiens, qui, comme nous,
« se tenaient sur des chaussées étroites avec de larges
« fossés de chaque côté, je plaçai des carabiniers en tête
« de ma colonne et les fis suivre par mes lanciers, la
« lance à la botte, le sabre à la main, puis nous précipi-
« tant sur l'ennemi, le succès dépassa nos espérances, à
« tel point que nous fîmes beaucoup de mal sans en re-
« cevoir. »

Les Cosaques cependant ont souvent une bonne tactique
lorsqu'ils sont attaqués par des cavaliers armés de sabres.
Ils restent de pied ferme et reçoivent l'assaillant à leur
gauche, gardant la lance face à droite. Au moment où
l'ennemi passe à portée, ils font une parade circulaire de
droite à gauche, le renversent par ce mouvement, ou
sinon font demi-tour pour le suivre, et le pointer en se
tenant toujours à sa gauche.

Les Polonais, par une habitude et une pratique con-
stantes, possèdent une adresse particulière dans le maniement de la lance; mais, chez les autres peuples de l'Europe, cette arme a fait son temps. Au moins, peu diront,
avec Montecuculli : « La reine des armes blanches, c'est la
« lance. »

L'extrait suivant d'une lettre d'Olivier Cromwell, rendant compte de la bataille de Dunbar, montre clairement
que le système d'armer le premier rang avec la lance est
seulement rajeuni :

« Le combat de cette aile droite fut chaud et indécis
« pendant trois quarts d'heure. Un feu très-vif d'artillerie,
« d'arquebuses et de mousqueterie arrêta le corps prin-
« cipal des Écossais au passage du Brock, pauvres gens
« tout raidis qui avaient passé la nuit sur des tas de ger-

« bes au milieu des champs, et qui s'étaient levés, les
« mèches éteintes. Mais là, sur la droite, leur cavalerie,
« *avec des lanciers au premier rang*, charge d'une façon
« désespérée, nous chasse derrière le ravin et nous oblige
« encore à reculer. Enfin le Seigneur nous donne du cou-
« rage, nous nous précipitons de nouveau, infanterie et
« cavalerie, comme un ouragan sur l'ennemi, le rompons
« et le dispersons en désordre de tous côtés (1). »

Où trouver, de nos jours, un bulletin plus court et plus
complet ?

Du cheval.

Je prétends qu'en Angleterre, en Irlande, au Canada,
aux Indes, au cap de Bonne-Espérance, en Australie, nous
avons tous les moyens de bien remonter notre cavalerie.
Mais de même qu'avec de l'adresse on peut tirer bon parti
d'un cheval médiocre, de même on gâte souvent ou on
rend impropre au service le meilleur animal, par un
mauvais système de harnachement ou de dressage. Pour
le moment, je ne parlerai que de la bride et de la selle.

Du mors.

Rien n'est plus important que le choix d'un mors convenable. C'est un objet sur lequel beaucoup de gens se sont
étendus avec assurance et pédantisme, et que peu ont traité
avec sagesse.

L'art d'adapter à chaque cheval un mors de plus ou
moins de puissance, suivant la forme de la bouche, la sen-
sibilité et le caractère de l'animal, est regardé, en quelques
pays, comme une science; et les Prussiens le considèrent

(1) Les premiers lanciers réguliers qu'on vit en Europe, furent organisés
par un seigneur lithuanien appelé *Huland*. Ils se recrutaient parmi des
familles tartares transportées des bords de la mer Noire en Pologne, et
se composaient de maîtres et de valets. Ceux-ci, plus ou moins bien armés de sabres et de pistolets, formaient le second rang, chacun derrière
son maître ; ceux-là seuls avaient la lance et formaient le premier rang.
Cette organisation, rationnelle à l'origine, fut servilement copiée par les
peuples étrangers, sans qu'on se rendit compte que la différence de position sociale avait seule causé une différence dans l'armement des rangs,
différence absurde dès que tous les soldats d'un même corps ont droit à
l'honneur de figurer au premier rang. *(Note du traducteur.)*

comme plus utile et plus difficile que l'équitation proprement dite.

Ils pensent que le cheval le mieux dressé sera promptement ruiné, si on lui met un mors ne convenant pas à sa bouche ; èt les Allemands poussent l'exagération jusqu'à prétendre sérieusement, que raccourcir la gourmette d'une maille ou faire usage de branches d'un demi-pouce trop courtes ou trop longues, cela fait la différence entre un cheval bien mis et un cheval rétif.

A quoi sert alors une bonne main ?

Les Turcs et les Arabes emploient des mors si puissants qu'ils peuvent briser ou déboîter la mâchoire.

Les Persans, les Sikhs, les Musulmans ont un mors de bridon carré avec des pointes de fer ; ils enroulent du fil autour de cet instrument, de telle sorte, que plus le cheval s'y appuie, plus les pointes entrent dans sa peau. En outre, ils ont une martingale attachée au bridon, par des anneaux, de façon à tenir la tête du cheval bien ramenée.

Les Cosaques et les Circassiens (ces derniers sont particulièrement renommés pour l'adresse étonnante avec laquelle ils manient leurs chevaux à toute vitesse et dans le combat singulier) se servent d'un bridon ordinaire.

Ce n'est ni la forme du mors, ni la bouche du cheval, ni son caractère, ni la nationalité du cavalier, qui rendent l'animal obéissant et maniable, mais bien la manière de le monter, de le dresser et de lui apprendre à céder au frein quel qu'il soit, dont on se sert.

Un mors de force moyenne est celui qui convient au plus grand nombre de cas, et, si on s'en sert habilement, on doit être maître de la plupart des chevaux.

Il faut que la liberté de langue soit assez haute pour qu'il y ait dessous un passage suffisant, et que les branches soient longues, afin d'augmenter l'action du levier.

En dehors des qualités intrinsèques du mors, il importe essentiellement de pouvoir brider et débrider vite. Si on ne satisfait pas à ces conditions, le cavalier ne peut faire manger son cheval quand on est proche de l'ennemi, et c'est en campagne une chose de sérieuse conséquence pour la conservation des chevaux. Les Cosaques font manger leurs chevaux en toutes circonstances, même sur le champ de bataille et au bruit du canon ; aussi, dans les dernières guerres, les conservèrent-ils en bon état, et tout en faisant des marches quelquefois étonnantes, quand les autres cavaliers perdaient les leurs, faute de nourriture.

Les Russes emploient des mors à crochets qui se suspendent à des anneaux fixés aux porte-mors, de sorte qu'ils peuvent les ôter de la bouche sans enlever la bride. (*Voir la planche de l'appendice* (1).

De la bride. Quelques-unes des brides en usage dans notre cavalerie (celles des carabiniers et des Inniskillens) sont, selon moi, meilleures que celles des Russes. Elles sont plus simples, et si elles avaient l'anneau et le crochet comme chez les Russes, on briderait de même très-vite. Le bridon devrait avoir des croissants pour empêcher les anneaux d'entrer dans la bouche du cheval; et les rènes devraient être cousues, car alors l'effort se répartirait sur toute la largeur du cuir, au lieu de ne porter que sur l'ardillon de la boucle.

Ne faudrait-il pas adopter l'une de ces brides pour toute l'arme ? En campagne, elle obvierait aux sérieux inconvénients que j'ai indiqués. Mais, sans aller à la guerre, chacun, à une époque où la vapeur familiarise avec la vitesse, sent la nécessité d'économiser le temps et la peine. On a souvent

(1) L'opération la plus longue pour brider est de boucler les différentes courroies dont se compose la bride ; il est évident que si on n'a qu'à accrocher le mors aux porte-mors, qui restent à la tête du cheval pendant qu'il mange, on est tout de suite prêt. Pour rendre cet avantage complet, il faudrait supprimer le bridon, bien inutile à la guerre, et que n'emploient jamais les peuples cavaliers. Cependant, comme dans le combat une rène peut être coupée d'un coup de sabre ou par une balle, il serait prudent d'avoir doubles rènes au mors de bride. (*Note du traducteur.*)

à brider en toute hâte, et quelquefois dans les ténèbres.

La selle la meilleure pour la cavalerie, est celle dont la De la selle. construction, simple d'abord, donne ensuite au cavalier une assiette aisée et solide. Elle doit être assez résistante pour supporter la charge, et facile à réparer et remplacer en campagne. Elle doit être longue de siége, et, par-dessus tout, il ne faut pas qu'elle blesse le cheval.

J'ai cité notre grand usurpateur comme une autorité, et, en effet, c'en est une en matière de cavalerie. La lettre suivante, très-remarquable et très-caractéristique, prouve l'attention qu'il portait au bon état du harnachement et des armes.

Wisbeach, ce 11 novembre 1642.

« Cher ami,

« Faites passer au sellier une revue du harnachement.
« J'apprends que plusieurs hommes ne sont pas très-bien
« équipés. Celui qui n'a pas de bonnes armes, un bon cheval
« et un bon harnachement, n'est propre à rien.

« Votre ami, OLIVIER CROMWEL. »
A l'auditeur SQUIRE.

Tout officier de cavalerie ferait bien de se rappeler cette courte épître.

La selle actuelle des hussards, à cause du développement des bandes, élève trop la position du cavalier, et la façon dont les arcades sont placées oblige à mettre le siége haut, car, s'il n'en était pas ainsi, les côtés des bandes écarteraient les cuisses de l'homme et l'empêcheraient d'embrasser son cheval. La selle est comme un coin, sur lequel le corps de l'homme agirait en guise de levier : s'il se jette d'un côté ou de l'autre, il entraîne la selle dans son mouvement, et, par le frottement qu'il cause, il blesse le dos de l'animal.

A cet égard, un grand perfectionnement a été apporté à la selle hongroise maintenant en usage dans nos dragons de ligne. Les bandes en sont coupées extérieurement comme dans l'arçon de notre selle anglaise; le siége est abaissé et le cavalier est plus près de son cheval.

On se sert de la selle hongroise, soit avec une large couverture pliée en douze, soit avec des panneaux rembourrés de crin. Eh bien, ces deux manières ont des inconvénients. La couverture est, en premier lieu, très-chaude et très-accablante. Les bandes, présentant une surface polie, n'ont aucune adhérence avec la couverture qui, souvent, s'échappe de dessous la selle. Avec des panneaux, on obtient, à la vérité, que l'air circule entre le dos du cheval et la selle, mais comme l'état d'embonpoint des chevaux varie, la selle n'est pas invariablement bien ajustée ; il faut alors employer des expédients, par exemple, placer des tresses de paille sous les bandes ou mettre une couverture en plus ou moins de plis.

Chacun a pu avoir occasion d'observer que dans une longue route, les bords des panneaux frottent la peau et causent des blessures que la sueur envenime, et qui font beaucoup souffrir les chevaux.

Au lieu de panneaux, je recommande l'usage de feutres, lesquels auraient l'avantage de diminuer le frottement direct sur la peau et d'absorber la transpiration. Si le cheval maigrit, vous augmentez le nombre des feutres ; s'il engraisse, vous diminuez ce nombre.

On peut aussi employer une couverture avec les panneaux. J'ai vu un essai fait ainsi, avec un escadron qui s'était très-mal trouvé des panneaux, et non-seulement, malgré les marches forcées, les blessures guérirent, mais, après quatre cents milles, il rejoignit l'état-major du régiment avec un seul cheval en main.

Les Turcs emploient généralement des feutres tels que je les indique. Deux Anglais, qui ont voyagé récemment dans l'Asie mineure, reconnurent l'impossibilité de continuer à se servir de leurs selles anglaises, sans y ajouter des feutres ; mais, avec ce complément, ils firent de longues

courses sans jamais blesser les chevaux, en très-pitoyable
état, qu'ils montaient. Les bons feutres étaient à bon
marché dans le pays, ils en emportèrent une provision, et
ajoutaient ou retranchaient au nombre qu'ils mettaient
sous la selle, selon la condition d'embonpoint où se trouvait le cheval. Un Turc ou un Grec de la campagne, avec
un assortiment de feutres et une lourde selle grossièrement
faite tout en bois, montera un cheval sans jamais le blesser,
l'écorcher, ou lui faire venir de tumeurs.

En Hongrie, les paysans emploient des selles de bois
sans se servir de couvertures. En France, on a fait des
expériences pour se dispenser de la couverture.

Cela, sans doute, peut convenir en temps de paix, aussi
longtemps que les chevaux se maintiennent en bon état,
mais du moment que le bois se trouve en contact avec les
os, les chevaux doivent souffrir, et il faut peu de temps
pour percer la peau.

Une selle très-ingénieuse a été construite et essayée en
Belgique. Elle a des bandes mobiles sur les arcades, au
moyen d'un petit cylindre de fer, de manière à se placer
toujours parallèlement au dos du cheval.

Malheureusement cette selle est très-sujette à des répa-
rations, et la charge ne peut s'y attacher aussi solidement
qu'il le faudrait.

Quant aux détails de la selle de mon invention, je ren-
voie à l'appendice annexé à ce volume.

Pour le soldat, l'assiette doit incontestablement être basse
comme dans la selle de chasse, et il faut que le siége soit
long et spacieux, que le devant soit de niveau avec le
derrière et que les bandes soient plus serrées en avant
qu'en arrière. Si je ne me trompe, ma selle remplira toutes
les conditions désirables, tant pour le cheval que pour le
cavalier.

CHAPITRE VI.

ÉQUITATION MILITAIRE.

L'équitation, comme le noble animal auquel elle s'applique, nous est venue d'Orient en Europe : cependant, pas plus pour la guerre que pour les mâles exercices du *sport*, cet art ne fut en grand honneur durant la décadence du Bas-Empire. L'hippodrome de Constantinople n'attira l'attention qu'après tous les autres sujets d'admiration et d'engouement, successivement épuisés dans cet état corrompu et près de sa chute. Environ vers 1134, plusieurs troupes d'écuyers, travaillant dans le Cirque, se montrèrent à Naples, le dernier pays de l'Italie qui reconnût encore l'autorité des empereurs de Byzance. Naples fut donc la première ville de l'Occident qui posséda une école d'équitation. Peu à peu, il s'établit d'autres écoles de ce genre, dans le reste de l'Italie, en France et en Allemagne. Pendant longtemps aussi, Naples eut le monopole des bons chevaux de manége. A la fin du seizième siècle, et plus tard même, les chevaux napolitains sont souvent cités par les auteurs, comme très-estimés en Angleterre, aussi bien que dans la plupart des Etats du continent. Ils partageaient la faveur publique avec les chevaux importés du sud de l'Espagne, où le sang arabe et barbe avait été largement introduit. Ils étaient recherchés comme souche pour améliorer les produits des autres contrées. Il paraît que par importation, ou autrement, l'Angleterre avait déjà une certaine quantité de bons chevaux de selle au quatorzième siècle, même au temps de Chaucer, car cet ancien poëte fait de fréquentes allusions au goût prononcé pour les belles montures et les bons principes d'équitation. De son *moine*, magnifique dans ses équipages de chasse, il raconte qu'il avait : « abondance de beaux chevaux dans ses écuries. » De son vieux *chevalier*, il nous dit que : « son cheval était bon, quoiqu'il ne fût pas très-beau. » En détaillant les qualités de son jeune *écuyer*, il a soin de mentionner qu'il « montait à cheval avec aisance et habileté. » Mais la plus charmante figure de toute cette bonne et gaie cavalcade de pèlerins qui se rendent à la chasse de Cantorbéry, c'est la femme de Bath, qui : « qui s'asseyait avec grâce sur sa haquenée ambleuse, etc. »

Il est certain que notre équitation ancienne était aisée et naturelle, par conséquent bonne. On peut dire que les bons principes se sont perpétués jusqu'à nous, excepté pour notre cavalerie. L'aisance, recommandée à l'origine par l'école napolitaine (qui, venue d'Orient, était indubitablement bonne) fut bientôt abandonnée pour la raideur en France, en Allemagne et aussi dans toute l'Italie.

Les *Côtes de fer* de Cromwell conservèrent leur assiette naturelle et nationale, et pratiquèrent à la guerre l'équitation qu'ils auraient employée à la chasse et aux courses. Mais la France et l'Allemagne, du temps de Marlborough, obtinrent la réputation d'être les grands sanctuaires de l'art militaire, et toute la jeunesse anglaise qui aspirait à se faire un nom dans la carrière des armes, se rendait là pour étudier la pratique aussi bien que la théorie de la guerre. Cependant les Français n'ont jamais été un peuple cavalier, et les Allemands le cèdent, sans aucun doute, sous ce rapport, aux Anglais. Bien plus, les Français et les Allemands sont tombés dans une méthode raide et artificielle, introduisant dans l'Académie des principes pédantesques, qui privent et l'homme et le cheval de leurs moyens et de leur élan naturel.

Eh bien, notre *équitation militaire* a, jusqu'à ce jour, été importée du continent !

Je dis *militaire*, parce qu'aucun de nos officiers de dragons ou de hussards ne penserait un seul moment à se tenir en rase campagne, d'après la méthode étrangère, ou toute autre usitée au manége. Cependant, à la guerre, notre cavalerie doit pouvoir se tirer de tous les cas qui se présentent à la chasse, et il faut mettre de côté avec grand soin, sous peine de graves mécomptes ou de sévères leçons, les principes capables de compromettre la solidité des cavaliers.

Les Russes et la plupart des peuples du continent mettent la selle près des rognons, et sanglent autour du ventre au lieu de sangler autour de la poitrine (1). La position du corps est droite, le genou retiré un peu en arrière, le talon tangent à la verticale qui tombe de la pointe de l'épaule ; et cela est souvent exagéré, au point qu'il n'est pas rare de voir des marques de coups d'éperons au grasset. Le bas de la jambe de l'homme s'écarte soigneusement du cheval (*V. Pl. 2*), afin d'éviter l'adhérence, et on enseigne à garder un *équilibre balancé*. Si ce système est rationnel, j'ai dépensé en pure perte plusieurs années à étudier et à pratiquer l'équitation, et tous les bons cavaliers de l'Orient sont dans le faux (1).

(1) C'est aussi une prescription règlementaire chez nous, mais heureusement elle n'est pas ponctuellement suivie. Le règlement dit : « Placez la « selle à une largeur de main en arrière du jeu de l'épaule. »

(Note de l'auteur.)

(2) Les principes décrits par l'auteur ressemblent un peu à ceux de l'équitation allemande, cependant on dirait qu'il les croit plutôt ceux de l'école française. La position qu'il représente est évidemment forcée et contrainte; chez nous, on recommande la position la plus naturelle possible du corps et des jambes : ce n'est pas chez nous que l'on porte le talon en arrière ; ce n'est pas chez nous qu'on voit des chevaux blessés au grasset par l'éperon, mais bien dans l'équitation orientale, où le cavalier est tout à fait assis, et que l'auteur vante plusieurs fois dans le cours de son livre; ce n'est pas chez nous qu'on fait écarter les jambes de l'homme des flancs du cheval, puisqu'on recommande au contraire, généralement, de les avoir *près*. L'auteur emploie le mot anglais *balance* pour caractériser l'équita-

HUSSARD ÉTRANGER.

POSITION DU CAVALIER TELLE QU'ELLE EST.

La verticale qui tombe de l'épaule doit passer à un pouce derrière le talon.

(Réglement de la cavalerie, page 2.)

Pour seller, la selle doit être placée sur le milieu du dos du cheval, le devant de la selle de la largeur d'une main en arrière du jeu de l'épaule.

(Réglement de la cavalerie, page 5).

Et comment les étrangers traitent-ils le cheval? Le sys=
tème suivi dans leurs manéges excède la patience de
l'homme et de l'animal. Le simple assouplissement du
cheval n'a pas de fin ; et si, pour achever son éducation,
on veut lui faire apprendre quelques airs de manége, tels
que croupades, pirouettes, ballotades, pesades, etc., etc.,
alors il faut une bien longue existence pour l'amener à les
exécuter. Et dût le vétéran du manége prendre tous ses
degrés avec le plus grand succès, à quel travail naturel
serait-il propre? Sa vie a été sacrifiée à des choses inutiles,
et il n'a plus ni force ni jambes pour ce qui serait néces=
saire et essentiel (1).

Dans presque toutes les cavaleries, des détachements de
chaque régiment sont envoyés aux différentes écoles d'é-
quitation pour apprendre à bien monter à cheval. Ces
détachements sont composés de chevaux et d'hommes
choisis, soigneusement instruits déjà avant d'être envoyés
dans de tels établissements. Ils y restent environ un an,
plus longtemps même dans la plupart des pays étrangers,
et ne font autre chose, deux ou trois heures par jour, que le
travail du manége, tout cela pour arriver à faire une pro-
menade au pas, au trot ou au petit galop, quand ils sont
rentrés au corps. De quelle utilité peut être un système

tion, qui, selon lui, est pratiquée sur le continent. Si par le mot *balance* il
veut dire qu'on apprend à balancer le corps, sans doute il a raison de blâmer un tel principe; mais s'il se moque de ce qu'on recommande de conserver, l'équilibre à cheval, tout en ayant l'adhérence nécessaire, il a tort.
(Note du traducteur.)

(1) M. le capitaine Nolan est encore dans une profonde erreur, à l'égard
de ce qui se passe dans notre équitation militaire, qui a rejeté à peu près
complétement tous les airs de manége cités par lui. A l'école de Saumur,
le travail de carrière et en rase campagne est très en honneur, et plus d'un
de nos jeunes officiers de cavalerie pourrait se présenter avec avantage
sur le turf anglais. *(Note du traducteur.)*

qui consiste à faire monter tous les jours dans un manége, pendant une année, des hommes et des chevaux dressés, pour ne leur apprendre, en fin de compte, que les éléments de l'équitation? Car ces hommes ne lancent jamais leurs chevaux au grand galop ni ne font usage de leurs armes à cette allure (1).

L'emploi de la force brutale, usité chez les peuples de l'Orient, est préférable à cela; en huit jours, ils dressent leurs chevaux à galoper autour d'une pièce de six *pence*, à s'arrêter et à tourner court, lorsqu'ils sont à toute vitesse. Ils y parviennent en attachant au nez du cheval une martingale solide, fixée elle-même à un cavesson armé de pointes, puis en le faisant tourner à la plate longe, sur un cercle très-étroit, avec un homme sur son dos, pour lui faire sentir au besoin l'éperon et le fouet. Après quelques jours de cet exercice, ils lui apprennent à partir de pied ferme au grand galop et à s'arrêter court; alors l'animal est complétement dressé! A la vérité, il ne sait ni marcher ni trotter, il amble; mais, néanmoins, deux grands résultats ont été obtenus : il est souple et obéissant.

Exercices absurdes usités sur le continent — A X..., sur le continent, Z. Z. nous montra les écuries royales et les chevaux dressés au manége. L'un d'eux n'avait pas de fers. Nous en demandâmes la raison : « C'est, nous répondit-on, qu'il ne travaille jamais dehors. » — Question. « Quel âge a-t-il? » — Réponse. « Quatorze ans. — Question. « Est-il parfait pour le travail du manége? » — Réponse. « Non, pas tout à fait, mais il est très-bon? »

(1) Il est extraordinaire que le capitaine Nolan ne comprenne pas l'utilité d'envoyer dans les écoles d'équitation des hommes destinés à y acquérir les vrais principes, pour ensuite les démontrer dans les corps. Contrairement à ce qu'avance l'auteur, on pratique dans les écoles tous les exercices possibles, aux allures les plus vives; mais ne fit-on qu'y apprendre à bien diriger un cheval au pas, au trot et au petit galop, que ce serait déjà beaucoup de former des instructeurs capables de bien donner les premières leçons aux recrues. *(Note du traducteur.)*

On nous fit voir un *sauteur*. Un groom amena un cheval ayant la queue attachée sur le côté (pour donner plus de prise au fouet de l'écuyer, je suppose), un cavesson au nez, et un jeune homme en grandes bottes sur son dos; celui-ci avait les jambes excessivement en arrière, portait verticalement une cravache dans une main, et tenait les rênes dans les deux mains. Le cheval fut placé face au mur, et la tête haute, pour qu'il ne pût s'élancer en avant. L'animal était évidemment mal à son aise et regardait derrière lui avec inquiétude, non sans cause, car voilà l'écuyer qui s'approche, et crac! crac! envoie force coups de fouets sur son malheureux postérieur. Il saute alors sur place et en arrière, ne pouvant se porter en avant. Ce n'était pas encore assez : il paraît que la perfection du genre est d'obliger le cheval à détacher la ruade, au moment où ses quatre pieds quittent le sol. Entre le groom qui maintenait l'animal par le cavesson et l'écuyer qui l'excitait avec le fouet d'une main exercée, on finit par obtenir la cabriole voulue, non sans faire passer en même temps l'homme aux grandes bottes sur l'encolure (1). L'écuyer, charmé du succès, se tourna vers nous pour nous expliquer combien il était difficile de rompre un cheval à cet exercice. Je demandai combien il avait fallu de temps pour dresser celui que nous avions vu. « *Oh! il y a long-temps qu'il saute,* » me fut-il répondu. C'était un heureux gaillard, d'avoir obtenu de bonne heure un tel office (2).

(1) Il y a deux airs de manége de cette sorte dans la vieille école, tous les deux également inutiles. Le premier, la *ballotade,* dans lequel le cheval s'enlève des quatre pieds en pliant les genoux et les jarrets, et montrant les fers postérieurs sans détacher la ruade; le second, la *cabriole,* qui est la même chose, sauf la ruade en plus. *(Note de l'auteur.)*

(2) Il n'est pas étonnant qu'un homme qui n'a jamais vu le travail du sauteur le trouve singulier; mais il est extraordinaire que le capitaine Nolan, après avoir exprimé plusieurs fois la nécessité de rendre les cavaliers très-solides à cheval, blâme et tourne en ridicule un exercice difficile qui donne de l'aplomb et de la hardiesse à ceux qui l'ont pratiqué. Sans

Ensuite, nous vîmes les cuirassiers de la garde à l'exercice. Les hommes et les chevaux étaient lourds et maladroits ; ils travaillaient lentement et nonchalamment et ne répondirent point à notre attente. Ce qui nous amusa beaucoup, fut que tous les cavaliers avaient la selle placée tellement en arrière, qu'ils étaient assis sur les rognons de l'animal, et qu'ils ressemblaient beaucoup à des marchands de volaille allant au marché (1).

Il y avait un imprudent docteur attaché à ce régiment, qui, sans le moindre ménagement pour sa vie, fit sauter plusieurs fois par son cheval, un *dangereux* fossé d'environ *deux pieds* de large, et quand il vit que nous l'observions, il recommença ce trait d'audace, criant chaque fois de toute sa force « *hop!* » Il ne se doutait guère que nous notions, sur un clocher situé dans le lointain, la projection angulaire de l'espace qui existait à chaque saut entre lui et sa selle, et par lequel on apercevait la ville elle-même tout entière.

Le résumé de cette longue et monotone digression, est que les tours de force du manége produisent une impression à la fois plaisante et singulière sur celui qui n'est pas initié à ces exercices où les chevaux tournent, se cabrent, caracolent sans aides visibles ou sans dérangement dans la position droite et académique du cavalier. Mais j'ai vécu et servi avec les maîtres de la science pendant plusieurs années, et j'ai appris par expérience à connaître les incon-

doute le sauteur a un rude métier : cependant, s'il n'en fait pas d'autre, il ne s'use pas plus vite que les chevaux de carrière, peut-être moins , et d'ailleurs, qu'est-ce qu'un cheval sacrifié, s'il donne des résultats utiles? Plus d'un Anglais célèbre pour sa solidité dans les steeple-chases, ne tiendrait peut-être pas sur un sauteur dans les piliers. (*Note du traducteur.*)

(1) Les observations sur les cuirassiers ne peuvent guère s'adresser aux Français ; il n'est pas probable que M. Nolan ait vu les cuirassiers de la garde de Charles X, licenciés en 1830. Le traducteur s'est bien gardé d'ajouter au texte de l'auteur, qui seul reste responsable de ses plaisanteries.

(*Note du traducteur.*)

vénients du système et de l'assiette préconisés à l'étranger.
Ce sont ces inconvénients que je vais tâcher de démontrer.

L'assiette en équilibre (1) a été d'abord une nécessité; Position
en équilibre.
elle était indispensable quand les combattants, enfermés
dans une armure, partaient au galop, la lance en arrêt. La
position verticale du corps et des jambes leur permettait
de supporter plus facilement le poids de l'armure, dont la
résultante venait passer par les larges étriers où posait le
pied. Ils étaient obligés d'étudier l'équilibre du corps, car,
cet équilibre une fois perdu, aucun effort musculaire ne
pouvait les empêcher de tomber, le poids de l'armure les
entraînant à terre.

De même qu'un balancier se conforme à ses extrémités
aux mouvements de la main, selon qu'elle se porte à droite
ou à gauche, en avant ou en arrière, ainsi les chevaliers
se trouvaient balancés sur leurs chevaux par la position de
la main et de la jambe. La cause de ce système a, depuis
longtemps, cessé d'exister, mais néanmoins le système s'est
conservé, et les cavaliers, habitués à chercher l'équilibre
de cette manière, n'ont aucune confiance dans leur solidité. Cela devient évident, si vous les mettez sur des chevaux qui ne soient pas artificiellement dressés d'après leur
méthode, et qui se trouvent dans des circonstances pareilles à celles qu'on rencontre souvent à la guerre.

Tous les officiers de cavalerie qui ont de l'expérience,
diront que les chevaux les plus dociles et les mieux dressés
sont difficiles à manier dans une bataille. Quelquefois, ils
s'animent à tel point, qu'ils deviennent les plus dangereux
des ennemis auxquels leurs cavaliers ont affaire (2). Quand

(1) Traduction des mots anglais *balance-seat*. L'auteur veut dire sans
doute que dans l'équitation où la jambe n'est pas pliée, et où le corps, des
pieds à la tête, est dans une position quasi-verticale, on n'a ni assiette ni
adhérence véritable, et qu'on est simplement en équilibre instable sur les
étriers et sur l'enfourchure.   (*Note du traducteur.*)

(2) Un domestique, un soldat désobéissants sont l'un et l'autre mau-

la nature reprend ainsi son empire sur l'éducation, quand la peur fait oublier au cheval tout ce qu'il a appris, alors celui qui monte artificiellement est perdu. L'équilibre sur l'enfourchure ne sert à rien pour arrêter un cheval qui se défend, car les jambes et les étriers se portant en arrière au moindre effort, le cavalier est jeté en avant et a la plus grande peine à conserver cet équilibre. A la bataille de Minden, deux régiments furent presque anéantis par leurs propres chevaux, qui s'effrayèrent, se défendirent, renversèrent leurs cavaliers et les foulèrent aux pieds.

Anecdotes en matière d'équitation. Sans être méchant, je pourrais raconter plusieurs anecdotes qui amuseraient les Anglais; je me bornerai aux suivantes, pour montrer la différence qui existe entre nos idées et celles des étrangers : elles sont nécessaires pour faire ressortir la force de l'habitude et le vice d'une méthode artificielle.

Deux officiers de cavalerie étrangers refusèrent de monter des chevaux de l'artillerie royale, qu'on leur avait offerts pour une revue à Woolwich. J'en demandai la raison; ils me répondirent : « que les chevaux anglais n'étaient pas dressés comme les leurs et qu'ils pourraient les emporter. »

Un officier du régiment étranger où j'ai servi, fit un jour sauter une haie basse à son cheval. Tous ses camarades lui exprimèrent leur admiration, parce qu'il était en selle anglaise, regardant comme très-difficile de conserver son assiette sur une pareille selle, si différente du harnachement militaire, dans lequel ils ont coutume de monter à cheval.

Je montrais une fois, à quelques officiers étrangers, une gravure de chasse représentant un cavalier sautant une haie, avec la main dans sa poche et sa lorgnette à l'œil. Ils me demandèrent ce que cela signifiait, si c'était une allu-

---

vais; mais un cheval désobéissant est à la fois mauvais, traître et dangereux. — Xénophon, *du Cheval.*　　(*Note de l'auteur.*)

sion politique ou une caricature ? Je répondis que ce n'était ni l'un ni l'autre, mais simplement un chasseur suivant les chiens. Ils partirent d'un éclat de rire, disant : « Nous ne sommes pas assez niais pour croire qu'on peut faire un pareil saut, avec la main dans sa poche (1). »

La différence entre un vrai cavalier et un élève du manége consiste en ceci : que le second compte sur son habileté à conduire et à manier son cheval pour conserver sa position, tandis que le premier compte sur son assiette pour maîtriser et diriger son cheval.

Au trot, l'élève du manége, au lieu de s'enlever légèrement pour suivre les réactions du cheval, est d'abord projeté en haut, puis il retombe lourdement et continue cet effet alternatif; enfin, il se pend aux rènes, afin d'empêcher le cheval de glisser de dessous lui, lors du mouvement ascensionnel.

Les chevaux du continent ont le trot peu senti, comparativement aux nôtres, et on peut le supporter; mais un dragon anglais en route, qui trotterait dix millés, à la manière du manége, sur nos chevaux aux réactions dures, serait presque certain de blesser lui et sa monture. Il se détruirait la santé, car la poitrine la plus robuste ne pourrait résister aux secousses ainsi produites (2). Il fatiguerait plus son cheval pendant ces dix milles, qu'en trottant à la

(1) Il est regrettable que dans un ouvrage renfermant des passages instructifs, des aperçus judicieux et des propositions dignes d'attention, l'auteur se laisse aller à des exagérations qui font perdre à sa critique une bonne partie de sa valeur. Sans doute l'homme qui apprend à monter à cheval dès l'enfance, en galopant après le renard, acquiert plus de solidité que celui qui commence tard ; mais tout le monde ne naît pas *gentleman*, avec un cheval à sa disposition : il faut donc des manéges, afin de dresser les pauvres gens qu'on arrache à la vie civile pour en faire des cavaliers.

(Note du traducteur.)

(2) Nos officiers considèrent la manière de trotter autrement qu'à l'anglaise comme une obligation du service militaire, et l'emploient à la parade; mais ils la mettent sagement de côté en toutes autres circonstances.

(Note de l'auteur.)

manière des *sportsmen* pendant cinquante ; il déchire son équipement et use son pantalon. Maintenant, permettez-moi de demander quels sont les avantages qui compensent ces inconvénients (1) ?

Les étrangers vous diront qu'il faut nécessairement employer leur manière de trotter, si on veut avoir son cheval bien dans la main, ainsi qu'à la parade. Cependant, rien n'est plus disgracieux à l'œil que de voir les hommes sauter et retomber lourdement sur leurs selles, et pendus aux rênes : au lieu de rassembler leurs chevaux et de les tenir dans la main, ils causent au contraire un flottement extrême dans le rang, parce que le dérangement continuel de l'assiette suffit pour exciter un cheval qui a de l'ardeur, et qu'une action continue sur la bouche finit par la rendre insensible.

Les deux seuls cas où la méthode du manége soit convenable, c'est quand on fait monter les recrues sans étriers, et quand on travaille un jeune cheval qui porte au vent.

Écoles d'équitation continentales.
Lorsqu'il galope au manége, l'écuyer du continent ne permet jamais à son cheval d'aller droit, mais il le tient, ce qu'il appelle, en style technique, *placé :* ce qui signifie, qu'au galop à droite, la tête et les hanches sont amenées à droite ; qu'au galop à gauche, c'est l'inverse : ainsi, le

(1) C'est sans doute un préjugé qui empêche d'adopter pour la troupe le trot à l'anglaise, car il fatigue certainement moins les hommes et les chevaux, quand ceux-ci n'ont pas les mouvements très-doux. A l'exception du pantalon qui s'use davantage à la face interne des genoux, il secoue et détériore moins les autres effets. Il ne faudrait sans doute pas permettre aux recrues le trot à l'anglaise lors des premières leçons, mais il serait (préjugé à part) très-salutaire pour les hommes et pour les chevaux, de le pratiquer dès qu'on serait à l'école d'escadron, et au moins dans les routes. Plus nos chevaux gagneront en vigueur et en sang, plus le trot à l'anglaise deviendra indispensable, surtout si on finit par comprendre qu'il faut multiplier la cavalerie par la rapidité de ses mouvements, et qu'on la ménage souvent mieux en la faisant aller vite, qu'en la tenant trop longtemps le long des chemins au simple pas. *(Note du traducteur.)*

cheval est obligé de se plier sur une ligne courbe, la tête et la queue se regardant, dans une position forcée; au pas, c'est la même chose : peu de chevaux dressés d'après la méthode classique, marchent les pieds de devant sur la même ligne que ceux de derrière; les hanches sont toujours rangées d'un côté ou de l'autre; et, ce qu'il y a d'amusant en cela, c'est que mieux un cheval sait marcher sur deux routes à la fois, plus son éducation est censée parfaite (1).

L'avantage qu'on trouve à tout cela, c'est, dit-on, de tenir le cheval toujours prêt à tourner : mais pourquoi ne le point laisser aller droit tant qu'il n'a pas besoin de tourner? Qu'arriverait-il d'une marche en bataille où tous les chevaux auraient la tête et la queue tournées d'un côté (2).

Un soldat de cavalerie doit aller droit à son but; il faut sans doute qu'il sache *placer* son cheval, mais il ne le *placera* que pour tourner ou changer de pied au galop.

Au lieu de copier la position et le système des écuyers étrangers, pourquoi ne pas prendre pour modèles nos hardis chasseurs, ajouter à l'instruction de nos soldats cette adresse à manier leurs chevaux avec la main et les

(1) Le travail au manége a pour but d'apprendre aux élèves à connaître le mécanisme du cheval, les effets qu'on peut produire avec les aides en agissant sur tel ou tel muscle; les moyens doivent donc être un peu forcés d'abord. Les écuyers ignorants, ou qui ne savent que la pratique de leur art, sans en avoir compris la philosophie, font faire par routine des mouvements dont ils ne peuvent expliquer l'utilité. Certainement le travail des hanches est à peu près inutile à la guerre, mais il apprend très-bien aux cavaliers à connaître les effets de la bride et des jambes. (*N. du trad.*)

(2) Dans un manége, qui n'est guère qu'une espèce d'ovale, puisqu'on arrondit les coins, il faut bien, aux allures rapides surtout, tenir toujours les chevaux prêts à tourner, en les pliant sur la courbe qu'ils parcourent; mais ce qu'on pratique au manége pour faire comprendre l'équitation, on se garde bien de l'appliquer aux mouvements militaires en troupe, quand les hommes sont instruits. M. le capitaine Nolan prouve plus loin qu'il connaît très-bien l'équitation académique; pourquoi donc alors demande-t-il l'explication d'exercices d'école faits pour enseigner l'art et non pour être exécutés à la guerre? (*Note du traducteur.*)

jambes, qui les rendra redoutables dans les luttes corps à corps, et leur donner cette habitude de régler les allures, qui est si essentielle aux mouvements d'ensemble des corps de cavalerie (1).

Donnez au cavalier une selle spacieuse, et faites-lui prendre une position qui le lie au dos de son cheval; qu'il ne rapporte pas la cuisse en arrière; qu'il laisse poser le pied naturellement sur l'étrier; que la jambe ait le plus de points de contact possible avec le corps du cheval, sans pourtant plier le pied au-dessous du cou de pied (*Voy. Frontispice*). L'homme et la bête sentiront de suite les avantages de ce retour à la méthode naturelle, nationale chez nous; et sans autres changements, je suis persuadé que dans les premières guerres, notre cavalerie jouera un grand rôle, décisif et brillant.

Notre cavalerie pêche dans sa partie la plus essentielle, *l'équitation*. Il ne suffit pas qu'un dragon puisse tenir en selle, il doit encore être complétement maître de son cheval, de façon à le diriger et à lui imprimer sa volonté aussi facilement aux allures vives qu'au pas; il faut qu'il sache calmer et dompter ceux qui ont de l'ardeur, animer et échauffer ceux qui sont froids.

Si la cavalerie ne donnait qu'en masse, si elle agissait comme une machine, il n'y aurait qu'à la lancer au but, ainsi qu'un projectile, au moment convenable. Alors, pourvu que le soldat sût, n'importe comment, tourner à droite, à gauche, avancer et arrêter au commandement, ce serait assez. Mais les charges dégénèrent en mêlées; le dragon est sans cesse exposé aux chances d'un combat corps à corps, et malheur à celui qui ne sait pas manier son cheval; il est perdu.

(1) Ce n'est que par une instruction progressive et méthodique qu'on peut donner à un cavalier les qualités que demande l'auteur. Les systèmes suivis sur le continent sont peut-être mauvais; M. Nolan en propose un nouveau : il faudrait des expériences comparatives pour décider s'il est meilleur que les autres. (*Note du traducteur.*)

Nos soldats n'apprennent jamais à tourner court et à faire des demi-pirouettes; ce qui est cependant de la plus grande utilité à la guerre. La raison de cette lacune dans l'instruction, est que les avocats du vieux système prétendent qu'il faut des années pour dresser un cheval à pirouetter, et ils ne se doutent pas qu'au contraire, avec la nouvelle méthode, peu de leçons seraient nécessaires pour le rompre à des mouvements de cette nature, aussi bien sur les jambes de devant que sur les jambes de derrière (1).

Un combat à cheval est semblable à une passe d'escrime. où l'habile tireur présente toujours son côté droit (qui est sous le couvert de l'épée) à son adversaire, et cherche à gagner le côté faible qui est le côté gauche. Là tout dépend de l'adresse à manier son cheval.

Comment donc se fait-il que l'équitation, cette branche si importante de l'instruction militaire, ait donné jusqu'ici de si pauvres résultats?

C'est qu'on s'est basé sur de faux principes : les instructeurs n'ont pas tort, puisqu'ils sont obligés de suivre un mauvais système.

De temps en temps cependant, il se trouve un officier de

(1) Un colonel de cuirassiers français, dans un mémoire sur quelques changements à introduire dans l'ordonnance du 6 décembre 1829, a proposé les simples demi-tours sur les pieds de devant et ceux de derrière. Le comité, consulté, a fait rejeter ces propositions, sous prétexte que le demi-tour sur le centre de gravité, admis par le règlement, suffisait à tous les besoins, et que les pirouettes pouvaient user prématurément les chevaux. Le jour où on sera convaincu en France, que le travail individuel est celui qui importe le plus pour le soldat de cavalerie, parce que la plupart du temps (l'expérience est là pour le démontrer) les charges finissent par des mêlées corps à corps, on regardera moins à tuer quelques chevaux pour obtenir de bons régiments; on exercera (ce qui ne se fait malheureusement jamais) les hommes au duel à cheval, et on leur fera pratiquer les demi-tours sur l'avant-main et l'arrière-main comme sur le centre de gravité. Alors, étant cavaliers plus consommés, ils n'exécuteront que mieux les charges en masse, et ils pourront se mesurer avantageusement avec le Cosaque, le Polonais, le Circassien ou le Hongrois.

(Note du traducteur.)

cavalerie qui jette les règles de côté et qui parvient à
dresser parfaitement son cheval et à devenir lui-même un
joûteur de premier ordre.

La cavalerie de Mysore, au temps d'Hyder-Ali et de
Tippoo, abondait en fins cavaliers et habiles sabreurs,
qui même faisaient de leurs armes un plus terrible usage
que les Sikhs de leurs *tulwars*. Souvent ils défiaient nos
dragons au combat singulier, et généralement ils avaient
l'avantage sur eux. Cependant, un de nos officiers qui s'é-
tait donné la peine d'exercer lui et son cheval, avait toujours raison des plus intrépides d'entre eux. C'était le major Dallas (1), depuis lieutenant général, sir Thomas Dallas,
un héros et un modèle, une sorte de Murat anglais. Comme
cet audacieux Français, il était remarquable comme cavalier et comme sabreur, par sa force et son élégance, sa
beauté et son courage, ainsi que par son amour des combats corps à corps. On le vit souvent tuer, le même jour,
l'un après l'autre, deux ou trois champions de l'armée de
Mysore. Il se signala en mainte occasion, à la vue des deux
armées, par des hauts faits brillants, sous Coote, Mdows,
Cornwallis et Harris, et laissa un nom à jamais célèbre
dans l'Inde. Nous avons beaucoup d'officiers, et certainement aussi de simples soldats, aussi braves que Dallas,
qui pourraient en faire autant que lui, s'ils secouaient
le joug d'une mauvaise méthode et apprenaient à se servir
d'armes convenables.

Nous avons eu nombre de systèmes absurdes en Europe,
pendant les trois derniers siècles, et chacun d'eux, tant
qu'il dura, eut les plus funestes conséquences : cependant,

(1) A côté du général Dallas, nous pouvons citer, en France, le général
Klein de Kleinenberg, qui, dans les grades inférieurs, s'était rendu célèbre
par son habileté au duel à cheval, et les Anglais, en Espagne, eurent plusieurs fois occasion de connaître la vigueur de son bras. C'est un exemple
de plus de l'utilité du travail individuel, car, dans sa longue carrière, le général de Kleinenberg a donné cent fois la mort et est sorti sain et sauf
de nos rudes guerres de l'Empire.   (*Note du traducteur.*)

ils trouvèrent leurs prôneurs et leurs enthousiastes, qui regardaient tous les changements proposés comme de choquantes hérésies.

Un maître de l'art, le célèbre Grisone de Naples, qui fut appelé le régénérateur de l'équitation en Europe, laissa tomber solennellement à ses élèves les principes suivants : « Pour dresser les jeunes chevaux, mettez-les dans une fosse circulaire; soyez très-rudes avec ceux qui sont sensibles et ardents; frappez-les entre les deux oreilles avec un bâton, etc., etc. (1). » Aujourd'hui, nous ririons de sa fosse et de son bâton : ces deux moyens ont fait leur temps, comme l'ont fait ou le feront tant d'autres absurdités. Les successeurs de Grisone, Pluvinel, Newcastle, La Guérinière, Montfaucon, etc., firent usage du cavesson, de la plate longe et du fouet. Ils attachèrent leurs chevaux entre les piliers et les frappèrent pour les forcer à lever les jambes de devant, etc. Je défie qui que ce soit de trouver dans leurs livres diffus sur l'équitation, comment commencer, procéder, surmonter par degrés les difficultés qui s'offrent dans le dressage des chevaux; et pourtant ces difficultés se présentent toujours régulièrement et successivement. La question se résume donc à un certain nombre de cas qu'il faut traiter un par un. Les vieux pédants n'ont pas résolu cette question, et je ne crois pas que les modernes écuyers ou faiseurs de systèmes et de règlements aient été plus heureux.

(1) Les préceptes de Grisone, rappelés ici, sont mauvais sans doute si on les applique indistinctement à tous les chevaux, ou seulement à ceux qui sont ardents ou sensibles; mais certainement la fosse circulaire, indépendamment de la difficulté de la creuser et de l'entretenir, serait utile pour certains chevaux qui se traversent continuellement, se jettent en dehors de la piste, etc. Quant à frapper entre les deux oreilles avec un bâton, cela réussit parfaitement avec quelques bêtes rétives et méchantes, et les Arabes, qui ne maltraitent point mal à propos leurs chevaux, et qui savent bien les dresser, emploient cette méthode dans certains cas et toujours avec un succès presque immédiat. Beaucoup de moyens sont bons ou mauvais, suivant qu'on s'en sert avec ou sans tact. *(Note du traducteur.)*

Selon moi, le seul homme qui ait traité à fond le sujet et montré clairement comment attaquer chaque cas particulier avec méthode, est M. Baucher; mais il est sorti de la routine, a battu en brèche la vieille école, et par suite il a eu contre lui tous les partisans de celle-ci.

Dressage des jeunes chevaux.

Je ne prétends pas que le système de M. Baucher soit irréprochable. Je l'ai pratiqué longtemps, et appliqué à plusieurs centaines de chevaux, et j'ai souvent été obligé d'y apporter de légères modifications, afin de pouvoir l'employer avec des soldats de cavalerie. Il peut nécessiter d'autres changements que les miens pour être parfait, mais ce que j'affirme, c'est qu'il est rationnel et conforme au bon sens, au lieu de reposer sur la routine et le préjugé. Je suis si convaincu de ce que j'avance, pour l'avoir expérimenté, que j'ai écrit et publié les résultats obtenus par moi, sur des centaines de chevaux de remonte : cela pourra servir à ceux qui seraient embarrassés, lorsqu'ils auront à dresser les jeunes chevaux qui rejoignent les corps. Sans un système, et sans un bon système, il est impossible de former de bons soldats : pour le moment, nous n'en avons aucun.

L'effet continuel de la main sur la bouche, l'habitude d'asservir les chevaux par la force du poignet, l'action de scier du bridon, toutes les pratiques usitées dans l'armée, accoutument les chevaux à être lourds à la main, les rendent insensibles au mors et leur ruinent prématurément les jarrets.

Tenter de faire travailler un cheval sur les épaules et sur les hanches, avant qu'il ait appris à obéir à la pression de la jambe, est simplement absurde, l'excite à se défendre et le rend rétif.

Faire reculer un cheval, avant qu'il sache placer sa tête et céder à l'action de la jambe, est également absurde; car un cheval qui a le nez en l'air, ne peut reculer si on n'emploie la force, ou si on ne lui frappe les jambes de devant avec un fouet, ainsi que cela se voit dans les manéges : il se jette alors de côté et d'autre ; vous ne pouvez le maintenir droit, s'il ne sait obéir aux jambes ; la conséquence de toute cette contrainte, c'est que l'animal ramasse ses jambes de derrière sous lui, s'asseoit sur ses jarrets, où passe alors la résultante de tout son poids augmenté de celui de l'homme. Le cavalier venant à agir de nouveau sur les rênes, le pauvre animal se trouve dans l'impossibilité matérielle de reculer, comme on le lui demande, et il se cabre, tant pour échapper à la douleur que par instinct de sa conservation. Tel est le résultat qu'on obtient en voulant employer uniquement la force pour faire reculer un cheval, lorsqu'il ne sait encore obéir ni à la main ni aux jambes.

Les chevaux qui entrent dans les rangs après avoir subi de tels traitements, sont déjà à demi usés et rebutés, souvent tarés. Montez un cheval quelconque, vous lui trouverez la bouche dure et l'encolure raide. Presque tous ne savent ni se rêner ni obéir à la main ; la plupart sont sur les épaules, et tellement habitués à être fortement tenus, que, pour peu que vous leur rendiez, ils partent au galop, et alors vous n'avez pas trop de vos deux bras pour les arrêter.

Le système que j'ai proposé (1) repose sur un petit nombre de principes.

1° Le cheval est traité doucement ; le progrès est graduel, mais certain.

2° Pendant quelques jours on le monte en bridon, les rênes lâches, au pas et au trot, après quoi on le monte, quelques jours, presque exclusivement au trot, pour le bien habituer à cette allure.

3° Alors on lui met le mors, et on lui donne quelques leçons, simplement pour lui apprendre à céder à l'action de la main et de la jambe.

(1) Dressage des chevaux de remonte, nouveau système, à Londres, chez Parker, Furnivall et Parker, 1852.

4° Ensuite on le rassemble et on le tient dans la main, non en tirant ou en sciant sur sa bouche, mais en le pressant graduellement de la jambe, de façon qu'il vienne s'appuyer lui-même sur le mors et qu'il se porte en avant au pas. Plus tard, on le rassemble au degré voulu par l'emploi judicieux de l'éperon. Comme tout cela s'obtient d'abord pendant que l'animal est arrêté ou au pas, il n'en éprouve aucune fatigue.

5° On termine enfin l'éducation du cheval en lui apprenant à reculer, ce qui lui donne une obéissance entière, soit à l'action de la main, soit à celle des jambes. Ceci obtenu, peu de leçons suffisent pour le mettre au galop, le faire changer de pied, lui faire exécuter les pirouettes et lui apprendre à appuyer. L'animal devient ainsi un parfait cheval d'armes, en très-peu de temps, sans avoir souffert, sans avoir été fatigué ni surmené pendant toute la durée de son dressage ; et sa bouche ayant été ménagée reste fraîche et bonne, au lieu de devenir dure et insensible.

Je puis parler avec confiance de ces résultats, parce que je les ai obtenus par moi-même, sur toutes espèces de chevaux, arabes, persans, du Cap, australiens et indiens, ces derniers les plus difficiles qu'il y ait au monde. Je suis certain qu'avec de la patience et une ferme résolution de ne jamais trop exiger à la fois, tout officier de cavalerie réussira de même, sinon mieux, avec nos chevaux anglais (1).

Avec le système de dressage, d'équitation et de harnachement que j'ai exposé, les chevaux porteront volontiers leur charge, et les hommes auront la main plus légère, n'étant

(1) Certes, la patience, la douceur et une progression lente et raisonnée, sont les meilleurs moyens d'arriver au dressage parfait d'un jeune cheval qui n'a jamais été monté. Le malheur est que dans les régiments, on n'a pas toujours le temps d'aller par degrés, et que souvent aussi on a à agir sur des chevaux mal commencés ou, qui plus est, déjà vicieux et rétifs.

(*Note du traducteur.*)

pas obligés de se pendre aux rênes pour garder leur assiette; ils seront moins exposés à être emportés hors des
rangs, et, quand il leur faudra faire quelque effort pour
une circonstance particulière, ils en viendront aisément à
bout, à cause de leur bonne position. Ils fatigueront et
blesseront moins leurs montures; ils franchiront facilement
les obstacles et se serviront commodément de leurs armes,
si, au lieu de se dresser sur leurs étriers, ils sont solidement assis, faisant corps avec leurs chevaux, de manière
que la quantité de mouvement de ceux-ci se retrouve tout
entière dans chaque coup qui est frappé. Dans cette
liaison intime des deux êtres gît une puissance énorme, et
un enfant, qui saurait l'acquérir, produirait un effet plus
considérable qu'un géant balotté sur l'enfourchure (1).

Il est d'une nécessité majeure que le cheval de troupe
obéisse facilement à la pression de la jambe, autrement il
ne pourrait ni appuyer dans le rang lorsqu'il y aurait des
ouvertures, ni tourner court; mais c'est une grande erreur
de croire que pour l'obtenir, il faille porter les jambes en
arrière presque jusqu'au grasset.

L'habitude de céder à la pression est un effet de l'éducation, et le cheval apprendra à se conformer à tout ce
qu'on lui demandera méthodiquement à cet égard, du
moins au plus.

Tous les cavaliers pratiques (les Cosaques, les Circassiens, les peuples de l'Orient, les Anglais eux-mêmes qui
ne le cèdent à personne pour la hardiesse et l'habileté)
sont bien assis, ont les étriers courts et ne recherchent pas
trop leurs chevaux avec les jambes.

Équitation
militaire.

(1) C'est un principe de mécanique que tout choc, dans une machine,
produit un désordre intérieur et une perte de force vive. C'est pourquoi un
cavalier qui s'unit parfaitement à son cheval sans bouger, ou, si les réactions sont trop dures, en s'harmonisant avec lui par des mouvements ca-
dencés, comme dans le trot à l'anglaise, sera susceptible d'un effet plus
long, plus utile et moins fatiguant que celui qui sautera d'une manière
plus ou moins désordonnée sur la selle.   (*Note du traducteur.*)

Les Circassiens n'ont pas de rivaux pour l'adresse à manier leurs chevaux et leurs armes de guerre; ils sont si jaloux à cet égard, qu'au contraire des autres nations qui montrent avec orgueil leurs cicatrices, ils cachent les leurs comme preuves muettes de leur maladresse dans les combats corps à corps.

En 1852, à une revue en Russie, je vis plusieurs feuilles de papier placées à terre, en face de l'empereur, qui donna le signal à une troupe de Cosaques et de Circassiens, formés en ligne à quelques centaines de pas de là. Ils partirent au galop, deux à deux, luttant de vitesse. Les premiers firent feu du pistolet ou de la carabine sur les blancs qui volèrent en morceaux; ceux qui suivirent tirèrent sur les fragments restants, et les réduisirent en atomes.

Le but de toute l'instruction préparatoire devrait être d'amener le soldat à manier ainsi son cheval au galop, à se servir du sabre et de la carabine à cette allure, et de lui apprendre à pointer une tête à terre, autrement un fantassin n'aura qu'à se jeter à plat ventre, et, quand la cavalerie sera passée, à la fusiller par derrière, manœuvre employée à la guerre par de vieux soldats.

Les Saxons, sous le maréchal Schulembourg, durant leur fameuse retraite à travers la Pologne, se couchèrent par terre pour éviter les charges des dragons suédois de Charles XII.

L'infanterie russe, à la bataille de la Trébia, en 1799, se trouvant en ligne déployée, fut chargée par la cavalerie française, elle tira jusqu'au dernier moment, puis se coucha, laissa passer l'ennemi, et, se relevant, fit une décharge qui lui renversa beaucoup de monde.

Une *troupe* (1), en marchant à files ouvertes, pourra galoper à travers la campagne, tout le temps nécessaire, et

(1) Division de vingt-cinq files. *(Note du traducteur.)*

appuyer sur le guide, pour charger quand le signal en sera donné.

Tout combat de cavalerie contre cavalerie a lieu au galop, ou au moins on s'avance au galop pour se joindre.

Dans une poursuite de cavalerie, le galop est la seule allure qui permette d'atteindre l'ennemi et de le détruire.

Il faut donc des cavaliers habitués au galop; pour les obtenir, le travail en rase campagne doit être pratiqué sur une grande échelle.

Les soldats ont besoin d'être familiarisés avec tous les exercices applicables à la guerre. Si vous faites usage des têtes et des chandeliers, éparpillez-les sur le terrain (1), et lancez dessus vos hommes en les abandonnant à eux-mêmes, particulièrement au galop, pour qu'ils apprennent à mesurer leurs distances et à pointer du sabre, à propos. Quand on fait la course des têtes au manége, les murs aident trop la bonne direction, et on n'a pas d'assez grandes difficultés à vaincre.

Les Grecs exerçaient leurs cavaliers en les faisant chasser et sauter à travers le pays. Quand il n'y avait pas d'animal à poursuivre, ils faisaient partir un premier soldat auquel un second donnait la chasse. Celui-là galopait au milieu de toutes sortes d'obstacles, se retournant fréquemment pour présenter la lance ou l'épieu à son adversaire. Celui-ci portait des javelots émoussés et une pique ou épieu ayant subi la même opération, et chaque fois qu'il arrivait à portée, il lançait un dard à son ennemi ou le chargeait avec son épieu (2). Ici nous voyons la contre-partie du jeu turc du djérid, dont l'exercice fréquent rendait les Mamelucks si redoutables. Depuis les récentes

(1) En France, non-seulement on ne fait pas la course des têtes en plein champ et en fourrageurs, mais même peu de cavaliers sont exercés à la faire au manége, où cependant elle est déjà fort utile.   (*Note du trad.*)

(2) Xénophon, *Traité de la Cavalerie.*

réformes opérées chez les Osmanlis, ce jeu est tombé en désuétude (1).

Warnery dit : « Il faut qu'un vrai soldat de cavalerie légère sache tourner vite et court son cheval lancé au grand galop, atteindre et enlever de terre un objet quelconque.

« On doit apprendre à l'homme de recrue tout ce qui peut servir à la guere, et en particulier les pirouettes sur les hanches et la course de bague avec le sabre au lieu de la lance, ce qui assouplit très-bien le cheval et donne à l'homme de la dextérité et de l'assiette.

« Quand on est à l'école d'escadron, on fait sauter aux cavaliers des fossés, des haies, des perches mises en travers, etc., etc.; ou bien deux cavaliers courent l'un après l'autre à toute vitesse, essayant de s'enlever réciproquement leur coiffure; on leur fait encore traverser des rivières à la nage, et on les fait même manœuvrer dans des terrains coupés et remplis d'obstacles.

« Enfin on les fait tirer à la cible, au pas, au trot et au galop (2). »

De nos jours, un dragon anglais ne galope pas une fois dans le cours de son apprentissage militaire, ni même après, excepté quand l'escadron auquel il appartient reçoit ordre de charger, et on se plaint que notre cavalerie n'est pas dans la main ! Rappelons-nous la première fois

---

(1) De tels exercices, pratiqués dans les armées modernes, rendraient la cavalerie autrement redoutable que les mouvements compassés des règlements. Le jour où les hommes seront habiles et hardis cavaliers, ils auront une audace merveilleuse au combat individuel, et les charges en masse ne réussiront que mieux. *(Note du traducteur.)*

(2) La difficulté de trouver des terrains convenables pour exercer les cavaliers, et la crainte de tuer des hommes et des chevaux empêchent d'exécuter toutes les recommandations de Warnery, recommandations excellentes et auxquelles on avait plus égard dans le siècle dernier qu'à présent. Sous Louis XVI, on pratiquait le saut du fossé et de la barrière par peloton et par escadron; il y a bien des régiments aujourd'hui où on ne le fait pas même homme par homme. *(Note du traducteur.)*

que nous avons galopé à toute bride, et soyons indulgents pour les autres.

J'ai entendu dire que les chevaux anglais n'étaient pas aussi capables que les chevaux arabes et autres de sang oriental, d'escarmoucher, de s'arrêter court, de volter sur place : meilleur est un cheval, plus propre il est à tous les exercices de force et d'agilité. Aucun cheval ne peut se comparer au cheval anglais, aucun cheval ne se dresse plus facilement à tout et pour tout, et il n'y a pas de qualité où le cheval anglais n'excelle, aucune lutte où il ne batte tout compétiteur (1).

En apprenant au cavalier à monter à cheval, je voudrais rendre ses premières leçons aussi simples que celles données au cheval,

En le mettant à cheval, on commencerait par chercher uniquement à assouplir ses membres, de même que dans l'instruction à pied on procède par les mouvements d'extension. On lui montrerait à serrer la cuisse et la jambe contre la selle, puis à porter la jambe en arrière, en avant, en haut, en bas.

Sans étriers, on lui ferait tourner un poids d'une main autour de son épaule comme centre, l'autre main placée sur la cuisse, le pouce en arrière, en ayant soin de changer le poids de main et de répéter le même mouvement du côté opposé (2).

Il placerait une main sur la crinière et se pencherait de chaque côté alternativement, et progressivement de plus en plus bas, jusqu'à toucher presque le sol avec l'autre main.

Pour sauter à cheval, on lui ferait placer la main gau-

_____

(1) L'auteur n'est pas d'accord ici avec lui-même, car plus loin il vante les chevaux arabes, conseille à l'Angleterre de s'en procurer pour sa cavalerie, et vient d'obtenir la mission d'aller en chercher en Egypte.

(*Note du traducteur.*)

(2) Baucher.   (*Note de l'auteur.*)

che haut à la crinière, la main droite pendante en arrière, et en sautant il rapporterait celle-ci sur le pommeau.

Il descendrait d'un manière analogue. Pour monter à cheval en se servant des étriers, on ne lui permettrait jamais de placer la main droite sur le trousquin, parce que, avec un cheval qui ne serait pas tranquille, il ne pourrait lâcher prise à temps pour passer la jambe, et serait exposé à tomber, au lieu que, en l'accoutumant à mettre sa main droite sur le pommeau, la selle se trouverait toujours dégagée pour le recevoir.

Ces exercices donnent à l'homme beaucoup d'adhérence avec le cheval, et l'habituent à mouvoir ses membres sans quitter l'assiette.

Ensuite on le ferait tourner en cercle, à la longe, au pas et au trot alternativement, lui expliquant la nécessité d'incliner le corps du côté où le cheval marche. C'est là que l'*équilibre* est indispensable! Après cela, on mettrait ensemble plusieurs cavaliers et on les tiendrait longtemps au trot pour leur bien faire prendre le fond de la selle. Par degrés on leur enseignerait tantôt l'usage des rênes, tantôt celui de la jambe. Enfin on les ferait passer aux leçons exposées pour le dressage des chevaux de remonte, en commençant par la première, qui est relative à là manière d'emboucher, et on continuerait progressivement, en démontrant le pourquoi de chaque partie de l'instruction. En trois ou quatre mois, un soldat doué de dispositions ordinaires se trouverait préparé à passer à l'école du peloton (c'est alors aussi qu'on l'exercerait en rase campagne).

Un homme de recrue doit apprendre simultanément l'équitation et le dressage des chevaux; c'est essentiel, car, à la saison suivante, on pourra lui confier un jeune cheval, et, par ce moyen, tous les dragons seront susceptibles, en cas de besoin, de préparer des chevaux pour la guerre.

J'insiste sur la nécessité de faire comprendre à l'homme de recrue toutes les raisons de la progression et de la méthode qu'il suit. La routine seule a été trop longtemps employée dans les écoles et à l'armée, et quoique puisse être le cheval, le soldat, au moins, est un être intelligent qui a besoin de savoir et ce qu'il fait et les motifs de ce qu'il a fait.

Ecrivez en lettres d'or—ou en grosses lettres faciles à lire — dans tous les manéges et dans toutes les écuries : « *Les chevaux se dressent par la douceur, non par les mauvais traitements.* » Là où les officiers ont fait des études classiques, cette maxime d'or, lancée par Xénophon, pourrait s'écrire en grec ancien, aussi bien que dans notre langue.

Xénophon.

Les Grecs avaient non-seulement de beaux chevaux (primitivement importés de l'Orient), mais ils étaient encore très-habiles dans l'art de les dresser aussi bien pour la selle que pour les courses de char. Il y a d'excellents principes dans le petit traité de Xénophon intitulé : *Du cheval*, bien qu'il ait plus de deux mille deux cents ans d'existence.

« Avec votre cheval, dit ce Grec doué d'une science universelle, n'usez jamais de mauvais traitements, suites de la colère, car cette passion porte souvent à de tels excès, qu'ils laissent après eux le repentir.

« Si un cheval voit quelque chose qui lui fait peur et dont il ne veut pas approcher, montrez-lui qu'il n'y a rien là de dangereux ou d'effrayant ; agissez d'autant plus doucement que le cheval est plus ardent : et au besoin, touchez vous-même l'objet qui excite sa terreur, et conduisez-le peu à peu près de lui.

« Ceux qui contraignent un cheval à avancer en lui donnant des coups, redoublent encore son effroi ; car en subissant un châtiment en pareille circonstance, il s'imagine que c'est l'objet suspect qui en est cause. »

Le fond de ce traité de Xénophon mérite bien qu'on se donne la peine de le lire attentivement. Cet ancien, qui était soldat, historien, philosophe, élégant écrivain, aimait évidemment le cheval avec passion. En entrant en matière, il dit : « Comme il m'a été donné par une longue pratique d'acquérir de l'expérience dans l'art de monter et dresser les chevaux, je veux indiquer à mes jeunes amis la manière dont ils doivent s'y prendre pour *devenir* bons écuyers en tous points. »

CHAPITRE VII.

INSTRUCTION ÉLÉMENTAIRE.

L'efficacité de la cavalerie en masse dépend de l'efficacité individuelle des hommes qui la composent : il faut donc apporter un soin infini à leur instruction.

Monter à cheval, se servir du sabre et de la carabine, sont des choses qu'un dragon a besoin de savoir aussi parfaitement que possible.

Les mouvements d'ensemble reposent sur les officiers ; le soldat apprend bien vite le rôle qu'il a à y jouer.

La précision des manœuvres en grand dépend uniquement de la bonne direction des officiers, la troupe se réglant sur eux ; pourvu qu'ils commandent à propos et qu'ils prennent franchement l'allure convenable, les mouvements sont toujours bien exécutés (1).

Après avoir appris à monter au manége, les cavaliers monteront en rase campagne, puis on les habituera à manier leurs chevaux dans le rang.

(1) Il est positif qu'en France un peloton se personnifie dans son chef, et que, avec un bon capitaine commandant et de bons officiers sous ses ordres, un escadron ne commet jamais de fautes dans les évolutions. Aussi peut-on dire que si l'instruction individuelle est de la dernière importance pour les soldats, le bon choix des officiers et leur instruction militaire sont également indispensables, et qu'il vaudrait mieux exiger pour entrer à l'école militaire et pour en sortir, moins de sciences exactes qui ne servent jamais, et plus d'intelligence, de coup d'œil, de force, d'agilité, de vigueur, de connaissances pratiques du métier et d'habileté en équitation.

(*Note du traducteur.*)

Pour ce dernier travail, on se formera sur un rang, et on fera d'abord ouvrir les files, parce qu'ainsi l'instructeur peut mieux surveiller chaque individu et lui bien indiquer ce qu'il a à faire.

Un peloton, pour être exercé à files ouvertes, ne dépassera pas vingt hommes; on lui fera exécuter les mouvements suivants (1) :

1° *S'aligner homme par homme, ou par rang, au pas, au trot et au galop, sur trois ou quatre files qu'on a fait porter en avant à cet effet, sur l'un ou l'autre flanc.* On aura soin de varier les distances, de faire prendre franchement les allures indiquées, et on empêchera toute précipitation, comme on doit le faire d'ailleurs dans tout le cours de l'instruction.

2° *Traverser une ligne de cavaliers au pas, au trot et au galop.*

Les files paires se portent en avant et s'arrêtent; les files impaires traversent les files paires et s'arrêtent à leur tour, et l'on continue ainsi alternativement. Ensuite les lignes se font face et se traversent en se regardant, afin d'accoutumer les chevaux à cette circonstance qui se présente à la guerre. Quand on répète ces exercices au galop, on commande : *sur le pied droit, ou sur le pied gauche=au galop :* MARCHE, selon le côté où doit avoir lieu l'alignement; de cette manière, vous entretenez les cavaliers dans les principes de l'équitation proprement dite.

3° *Repos.*

4° *Les files s'avancent successivement pour s'attaquer à droite et à gauche.* Les files extrêmes se portent en avant au pas, se font face, partent au galop sur le pied droit, le sabre en avant. Quand les cavaliers se trouvent côte à côte, ils tombent en garde à droite, tournent l'un autour de l'au-

(1) En France, le travail à files ouvertes est admis dans l'ordonnance du 6 décembre 1829, mais il ne l'est que pour la marche en bataille, et encore pour cet objet n'est-il pas assez pratiqué.　　　*(Note du traducteur.)*

tre, changent de pied simultanément sur le cercle, se menacent à gauche, le sabre vertical ; enfin ils se quittent et les files suivantes exécutent successivement le même mouvement.

5° *Marche en bataille.* On conduit les hommes dans un terrain coupé; on évite le désordre et on exige une allure franche et décidée.

6° *Demi-tour à files ouvertes* (1).

On fait ensuite travailler sur deux rangs à files serrées ; les hommes se comptent par trois.

1° *Monter et descendre.* Au lieu d'avoir plusieurs manières d'exécuter ces mouvements, comme dans le système actuel, il est préférable d'employer, en toutes circonstances, celle qui est exposée dans le règlement, page 143.

2° *Marcher par trois, par la droite* (2).

3° *Marcher par sections, par la droite.*

Je propose de faire exécuter ces mouvements, comme il est indiqué par les figures ci-dessous.

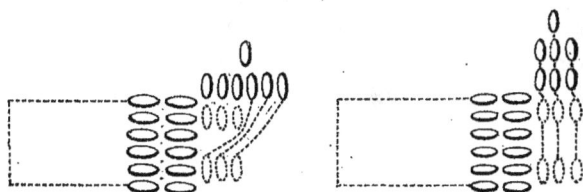

Chaque cavalier peut, de cette manière, exécuter son mouvement particulier, aussitôt que le commandement MARCHE est prononcé, ce qui est impossible en suivant le règlement, aucun homme ne pouvant bouger tant que les

(1) Ce serait le cas de faire faire toutes espèces de voltes, soit en décrivant des courbes, soit en tournant sur le centre de gravité, sur les pieds de devant, sur ceux de derrière. (*Note du traducteur.*)

(2) Il faut comprendre *par trois files* et non *par trois cavaliers*, par analogie avec le *par quatre* français. (*Note du traducteur.*)

fractions précédentes n'ont pas dégagé le front des suivantes : les premières fractions seules exécutent au

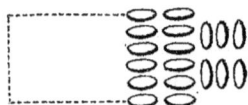

commandement MARCHE, et chaque cavalier des autres fractions se met en mouvement quand *il croit* venu le moment de le faire et quand il trouve le terrain libre devant lui (1).

3° *Étant en colonne par trois, se former en bataille tout en marchant.*

Il faut bien se garder de laisser ralentir les dernières sections ; les premières sections, au contraire, doivent augmenter l'allure, en obliquant à droite jusqu'à ce qu'elles aient dégagé le front de la dernière section ; alors elles s'arrêtent jusqu'à ce que la dernière section, qui continue à marcher droit devant elle, soit arrivée à hauteur des précédentes qui se sont formées successivement.

4° *Augmenter et diminuer l'étendue du front.*

5° *Marcher en avant et en retraite.*

6° *Obliquer, appuyer, reculer.*

7° *Alignements.* — Faites toujours aligner en avant, jamais en arrière. — Les soldats doivent s'habituer à s'arrêter assez tôt, dès qu'ils approchent de la ligne de bataille.

8° *Défiler par trois en faisant l'exercice du sabre, au pas et au galop.*

9° *Défiler par un au pas, au trot, au galop et au galop de charge* (2).

(1) Ces mouvements n'ont pas leurs semblables dans l'ordonnance française. (*Note du traducteur.*)

(2) Cette manière de défiler par un au galop, en faisant usage des armes,

Ce dernier travail est le meilleur qu'on puisse faire pratiquer à la cavalerie : il entretient les cavaliers dans les
principes de l'équitation, leur inspire de l'émulation, fait
connaître chacun en particulier à ses officiers et rend
les hommes adroits à manier leurs chevaux et leurs armes.

Au commandement d'avertissement : *Pour défiler par la
droite par un*, le chef de la *troupe* (capitaine) se place devant l'officier de droite (1). L'officier de gauche marche le
long du premier rang et s'arrête quand la tête de son cheval
arrive à hauteur de la file de droite; il est chargé de veiller
à ce que les hommes appuient bien sur la direction qu'ils
doivent suivre en défilant.

Le guide particulier de droite se porte au galop en
avant pour servir de direction, et le serre-file va se placer
à dix mètres du flanc droit, perpendiculairement à la ligne
sur laquelle on doit défiler, et regardant du côté de la
troupe.

Pour défiler au pas, on prend un mètre de tête à croupe;
pour défiler au trot et au galop, on prend dix mètres; et
pour défiler au galop de charge, on prend trente mètres.

La grande difficulté pour bien défiler au trot et au galop,
est de faire appuyer assez vite les files sur la direction, de
manière qu'il y ait une grande régularité de distance entre
deux cavaliers qui se suivent. Pour obtenir cette régularité, il faut faire défiler alternativement un homme du
premier rang et un homme du second rang; alors la succession des départs est suffisamment rapide. Si au contraire on faisait défiler les deux rangs l'un après l'autre,
les cavaliers appuieraient un par un, au lieu d'appuyer deux

est très-usitée dans la plupart des armées étrangères; il est regrettable
qu'elle soit à peu près inconnue en France.   (*Note du traducteur.*)

(1) Dans la *troupe* (division) anglaise, les deux officiers subalternes sont
l'un à droite, l'autre à gauche du premier rang.   (*Note du traducteur.*)

à la fois, et, pour arriver à temps, ils seraient obligés de prendre le trot ou le galop de suite en quittant leurs places. Pour le cas du galop, comme il faudrait tourner à gauche en arrivant sur la direction, les chevaux pour la plupart, ou changeraient de pied, ce qui ferait perdre la distance, ou galoperaient sur le pied gauche, c'est-à-dire à faux par rapport à l'alignement sur lequel ils ont à se former.

A l'avertissement : *Pour défiler au galop de charge*, le premier rang tire le sabre, le second rang prend la carabine.

Un troisième jalonneur se porte à vingt mètres au delà du serre-file, et à trente pas du flanc de la troupe et perpendiculairement à la ligne à suivre pour défiler.

Les cavaliers s'avancent au pas jusqu'au premier jalonneur et prennent alors le galop sur le pied droit. Au dernier jalonneur, ils se mettent à charger, le sabre en garde ; puis ils exécutent les passes d'armes accoutumées dans une poursuite, simulant particulièrement de pointer à terre.

On doit recommander de placer la tête des chevaux de manière qu'ils aillent droit, ce qu'ils feront facilement si on ne les tracasse pas en se dressant sur les étriers, et en se balançant d'un côté et de d'autre.

Il faut que les cavaliers soient bien assis, les jambes bien collées au cheval ; ni l'assiette ni les jambes ne doivent bouger ; la partie supérieure du corps seule peut s'incliner à droite et à gauche et se pencher pour pouvoir atteindre un ennemi à terre.

Les hommes du second rang font usage de leurs carabines et tirent à poudre sur des feuilles de papier placées en face de la personne qui passe la revue.

Un officier qui voit défiler de la cavalerie au pas, au trot, au galop et au galop de charge sur l'un et l'autre pied, peut de suite apprécier sa valeur.

Il peut juger la manière de brider et de seller,

L'état du harnachement,

La position des cavaliers,

Leur habileté à manier leurs chevaux et leurs armes,

La condition sanitaire des chevaux;

Rien ne lui échappe, parce que chaque soldat passe sous ses yeux (1).

La *troupe* est l'unité tactique. Un certain nombre de *troupes* forment un *régiment*.

La *troupe* est parfaite en soi et n'a besoin d'aucune in- struction spéciale, en dehors de celle qui lui est propre, pour prendre rang dans une ligne ou une colonne et jouer son rôle, pourvu que les officiers soient familiarisés avec les évolutions.

La *troupe* doit être instruite par ses officiers (2).

Les deux divisions composant la troupe se forment cha- cune sur un seul rang, par taille décroissante, les hommes et les chevaux les plus grands se trouvant au flanc qui doit être au centre de la troupe (c'est-à-dire à gauche pour la division de droite, à droite pour la division de gauche.) (3).

Formation
de la *troupe*.

(1) Le 2 août 1852, je vis un escadron saxon de cent-vingt chevaux dé- filer par un, d'abord au trot, sans que personne changeât l'allure, et en- suite au galop à droite, sans qu'aucun galopât faux ou désuni. (*N. de l'aut.*)

(2) Au lieu d'avoir des dépôts en France, on ferait bien mieux de répartir les recrues entre tous les escadrons, et de les faire instruire par les offi- ciers, sous-officiers et brigadiers de l'escadron, sous la surveillance du ca- pitaine commandant. L'instruction serait plus rapide, et puisque les règle- ments doivent être suivis à la lettre, elle serait nécessairement uniforme. Le capitaine instructeur s'occuperait alors uniquement de l'instruction des lieutenants, sous-lieutenants et sous-officiers. (*Note du traducteur.*)

(3) Dans une unité tactique un peu forte, où les chevaux sont de tailles assez inégales, il semble plus rationnel de faire décroître la taille à partir du centre vers les ailes, plutôt que d'une aile à l'autre, parce que, dans le premier cas, que le guide soit à droite ou à gauche, il y a unifor- mité dans les allures, tandis que du côté des chevaux les plus grands, les allures doivent être plus allongées que du côté des chevaux les plus petits, et il doit en résulter une tendance sensible pour la troupe à se placer obli- quement. Si les chevaux ont à peu près la même taille, comme dans un peloton en France, ce qu'il y a de mieux est de placer les meilleurs soldats aux ailes et au premier rang. (*Note du traducteur.*)

L'officier commandant la division fait numéroter à partir du flanc intérieur, désigne le second rang composé des hommes et des chevaux les plus petits, et la forme sur deux de profondeur en faisant reculer puis appuyer le second rang.

Si le nombre des cavaliers est impair, c'est l'avant-dernière file du côté extérieur qui reste creuse.

Il place ensuite les sous-officiers d'abord sur les flancs au premier et second rang, et le surplus dans les rangs.

Les deux divisions se rejoignent alors et forment la *troupe*. Les divisions ayant été égalisées, la *troupe* est comptée par trois, à partir du centre seulement, sans qu'aucun autre numérotage soit nécessaire.

Distribution des officiers et sous-officiers dans la *troupe*. Le commandant (capitaine) se place d'une demi-longueur de cheval devant le centre de la *troupe*.

Un officier sur chaque flanc sur l'alignement du premier rang.

Le sergent-major en serre-file derrière le centre.

Le guide particulier à la gauche du sergent-major.

Un trompette sur chaque flanc sur l'alignement du second rang et par conséquent derrière un officier.

A rangs ouverts, les officiers se portent en avant et s'alignent sur le commandant ; les trompettes les remplacent au premier rang.

L'école de la *troupe* doit comprendre :

Défiler par un au pas, au trot, au galop sur l'un et l'autre pied, par la droite et par la gauche, et aussi au galop de charge, en simulant une poursuite ;

Marcher par la droite par trois et faire l'exercice du sabre au galop ;

Exécuter tous les mouvements par trois et par files, converser, augmenter et diminuer le front ;

Combattre à pied ;

Escarmoucher ;

Marcher en bataille et charger ;

Poursuivre ;
S'avancer en ligne, droit devant soi à travers la campagne;
Marche au clocher.

On objectera peut-être que je surcharge les chevaux de travail, à l'école de la *troupe;* je répondrai que je leur ai épargné beaucoup de fatigues et de mauvais traitements lors de l'instruction au manége ; qu'ils sont frais, vigou-reux, et en état de travailler beaucoup. Ensuite, je ne proscris point le pas; au contraire, il faut le prati-quer. Il importe surtout de conduire souvent les che-vaux en rase campagne. Chez plusieurs nations étran-gères, quand on sonne le galop et qu'on est au trot, au lieu d'augmenter la vitesse, les cavaliers ralentissent, parce qu'ils prennent le galop raccourci qu'on leur a ap-pris au manége ; et ce n'est qu'à la sonnerie de la charge qu'ils galopent réellement. Les choses n'en sont pas tout à fait à ce point chez nous; cependant, nous devons bien nous persuader qu'en un jour de combat, nous n'obtien-drons pas un véritable galop de charge de nos jeunes sol-dats, si nous ne les y avons pas préalablement bien exercés.

(1) On peut dire qu'en France, aussi, les allures sont rarement franches et décidées; on craint trop de fatiguer les hommes et les chevaux, et on manque de terrains suffisants pour trotter longtemps de suite en ligne droite; beaucoup de régiments ne vont pas plus vite au trot qu'au galop, et, dans certains cas, le trot est d'une lenteur déplorable. Lorsqu'on per-mettra le trot à l'anglaise, on pourra exiger beaucoup plus à cet égard, et pour le temps et pour la vitesse; et c'est en transportant au trot et à l'im-proviste de grandes masses de cavalerie sur un point donné, qu'on obtien-dra d'immenses résultats, à la guerre.   (*Note du traducteur.*)

CHAPITRE VIII.

DES INTERVALLES.

« Il faut donner peu de front et peu de profondeur aux escadrons, pour qu'ils aient de la célérité et de l'ensemble dans la charge..... On est souvent redevable de la victoire à de très-petites divisions de l'armée, qui saisissent l'instant favorable à la charge.

« Moins le front aura d'étendue, moins le désordre sera grand et fréquent. »

Mottin de la Balme.

Il est curieux d'examiner avec quelle parcimonie les intervalles ont été mesurés dans la cavalerie, cependant beaucoup de charges ont échoué par suite du désordre et de la confusion qu'occasionnait leur insuffisance. Les chevaux et les hommes, accablés par la pression des uns contre les autres en avançant, ne sont plus susceptibles d'aucun effort lorsqu'ils abordent l'ennemi.

La ligne, une fois en mouvement, ne peut aisément modifier sa direction, et, si elle est repoussée, elle ne peut se retirer sans entraîner la seconde ligne avec elle.

Mottin de la Balme, officier français très-remarquable, se trouvait à la bataille de Minden et prit part à une charge de cavalerie qu'il décrit de la manière suivante :

« Un corps d'infanterie anglaise, ayant jeté par son feu la confusion dans la cavalerie qui se trouvait devant lui, les gendarmes et les carabiniers reçurent ordre de charger. Ils firent une marche en bataille au galop ; mais d'abord les ailes serrèrent sur le centre, puis il y eut réaction vers les ailes, particulièrement vers l'aile droite.

« L'infanterie attendit qu'ils fussent arrivés tout près d'elle, alors elle ouvrit un feu roulant du centre vers les extrémités. Les chevaux firent des efforts désespérés pour se dérober aux effets désastreux de cette mousqueterie.

« La pression devint si grande, qu'hommes et chevaux se culbutèrent les uns sur les autres et roulèrent dans un affreux désordre ; peu de cavaliers furent atteints par les balles, mais, à l'exception d'une dixaine d'hommes par escadron, le reste fut renversé à terre, foulé aux pieds et eut les membres brisés. Un très-petit nombre restèrent en selle et furent emportés, les uns droit au milieu des rangs ennemis, les autres hors du champ de bataille.

« Si les escadrons se fussent avancés en échiquier, ils eussent eu des intervalles suffisants, et la charge se fût exécutée avec impétuosité et décision, sans flottement de la droite à la gauche : l'infanterie anglaise eût été enfoncée. »

A la fin on reconnut la nécessité absolue des intervalles et on en ouvrit quelques-uns, en adoptant en même temps des moyens de renforcer ou de fermer ces ouvertures, en plaçant des détachements derrière elles.

Dans quelques armées, ces intervalles varient de quatre à douze mètres entre deux escadrons. Les Autrichiens, cependant, réunissent deux escadrons qui constituent alors la *division* forte de trois cents chevaux, et laissent un intervalle de douze pas entre deux divisions (1).

Je me suis trouvé dans les rangs de ces *divisions* autri-

(1) Tactiquement parlant, on ne peut adopter pour combattre des intervalles invariables. Dans certaines circonstances, contre des cavaliers irréguliers par exemple, et avec de jeunes soldats, les charges en muraille seraient bonnes ; dans d'autres circonstances, comme dans un pays embarrassé d'obstacles, contre un ennemi peu redoutable, des charges en colonnes partielles, avec de larges intervalles, seraient employées à propos.

(Note du traducteur.)

11

chiennes, et la pression était quelquefois si grande que j'étais soulevé de terre avec mon cheval, et que nous ressentions tous d'atroces souffrances. Un petit nombre de cavaliers, donnant tête baissée sur une telle masse, la mettrait en pleine déroute.

Quand le terrain est très-uni et qu'il n'y a pas d'ondulations ni d'obstacles naturels, les escadrons peuvent s'avancer avec de petits intervalles, quoique difficilement, particulièrement sous le feu, alors que les chevaux se serrent, effrayés, les uns contre les autres; mais à travers un pays coupé, rempli d'obstacles et inégal, comme il en est beaucoup, il est impossible de marcher vite et d'empêcher le désordre.

Les chevaux vicieux et ardents ne contribuent pas peu à ce résultat. La pression les rend furieux; ils se jettent les uns contre les autres, s'échappent du rang ou en font sortir les faibles en les poussant, et beaucoup s'épuisent tellement dans leurs efforts qu'ils ne peuvent plus avancer.

Si vous visez, dans les évolutions, à la plus grande précision possible, la conséquence de la plus petite faute sera un extrême désordre. Marcher en bataille avec de gros escadrons et de petits intervalles, est plus qu'on ne peut faire dans la plupart des circonstances, car ce qui serait nuisible même à l'exercice, devient dix fois pire à la guerre.

Les hommes blessés vont sur les derrières; les chevaux atteints tombent ou bondissent dans les rangs, y jettent la confusion et empêchent tout élan et toute impulsion.

Si chaque cinquantaine d'hommes avait un intervalle de douze mètres, la tendance naturelle à s'étendre en marchant le réduirait de moitié; ce qui resterait d'espace vide suffirait pour prévenir le flottement et donner à chaque corps la liberté de se mouvoir; on pourrait donc charger dans les terrains les plus difficiles, serrer sur le centre (ce qui est aisé dans une *troupe* de cinquante hommes), et se précipiter en bon ordre sur l'ennemi.

Une charge, même en plaine, s'exécute rarement sur tout le front de la ligne simultanément; elle a lieu le plus souvent en échelons; et il est de la plus haute importance que ces échelons arrivent compactes comme un seul homme. On comprendra qu'il puisse en être ainsi avec des *troupes* de cinquante chevaux; cela devient impossible avec cent cinquante ou deux cents.

En conséquence, je placerais les hommes et les chevaux les plus grands au centre; je n'aurais que vingt-cinq files dans chaque *troupe;* le capitaine serait en avant; les officiers se tiendraient sur les flancs, et les intervalles seraient de douze mètres.

Avec cette formation, tous les mouvements s'exécuteront librement.

En conversant pour former les échelons obliques, ils ne se déborderaient point les uns les autres, et n'auraient pas besoin d'appuyer pour se démasquer en reformant la ligne.

Les *troupes* pourraient agir indépendamment, quand cela serait nécessaire, et avec promptitude et énergie, parce que leurs chefs seraient entendus et compris facilement de tout leur monde.

Elles pourraient toujours changer de direction en avançant, si les circonstances l'exigeaient, sans rompre en colonne.

Quand elles rompraient en colonne, elles auraient une grande commodité pour se mouvoir en raison de la double distance qui se trouverait entre deux *troupes* consécutives.

Une *troupe* de vingt-cinq files réussirait contre un carré d'infanterie, alors qu'un gros escadron échouerait, parce qu'elle peut avancer avec plus de rapidité. Les officiers placés sur les flancs l'empêchent de s'ouvrir ou de tourner autour des angles. Les chances d'être atteint par le feu sont diminuées, tant à cause du petit nombre d'hommes exposés, que de la plus grande vitesse; par suite, on a moins à redouter la confusion, et les soldats, sachant que leurs chefs voient leur conduite individuelle, remplissent mieux leur devoir.

De plus, si quatre *troupes* de vingt-cinq files rencontrent un escadron ennemi de cent files, pendant que l'une le menace de front, les autres tombent sur ses flancs et ses derrières, et, avant que cette lourde masse ait pu se mettre en bataille, elle est enfoncée par la première *troupe* qui se jette sur elle : les trois autres, conduites chacune par son chef qui agit indépendamment, peuvent choisir leur point d'attaque et charger immédiatement.

Elles se rallieront plus promptement que les gros escadrons et se rendront utiles dans des pays où il serait impossible à ceux-ci d'avancer.

Il importe moins à la cavalerie d'agir en grand nombre pour vaincre, que de se montrer courageuse, pleine de résolution et d'impétuosité.

Kellermann rétablit les affaires, à la bataille de Marengo, et ressaisit la victoire avec deux ou trois centaines d'intrépides cavaliers.

Le troisième jour de la bataille d'Arcole, Napoléon détacha le capitaine Hercule avec cinquante guides, pour charger le flanc des Autrichiens, pendant qu'il les attaquerait de front. La charge fut vigoureusement conduite et contribua beaucoup au gain de la journée (1).

Si Napoléon jugea cinquante chevaux suffisants pour charger le flanc de toute l'armée autrichienne, certainement un tel nombre est assez fort pour prendre la place d'un escadron dans un ordre de bataille (2).

(1) Las Cases. *Mémorial de Sainte-Hélène.*

(2) M. le capitaine Nolan reproduit ici (peut-être sans s'en douter) exactement la même idée que Guibert dans son *Essai de tactique.* Cet auteur français veut aussi la *troupe* de vingt-cinq files, et les raisons qu'il met à l'appui de sa proposition sont presque identiques avec celles exposées ici.

On peut répondre à M. le capitaine Nolan ce que Warnery objectait à Guibert, savoir que pour être gros, un escadron n'est pas réduit à l'impos-

CHAPITRE IX.

ÉVOLUTIONS DE LIGNE.

> On doit chercher sans cesse, avec un soin scru-
> puleux, à simplifier les exercices de la cavalerie,
> que tant d'innovateurs de nos jours ont mal à pro-
> pos compliqués. Dans ces vues, il faudra nécessai-
> rement former et faire combattre cette troupe sur un
> front peu étendu.....
>
> MOTTIN DE LA BALME.

L'habileté à la guerre consiste à attaquer l'ennemi par son côté faible, ou à tomber sur lui lorsqu'il exécute un déploiement.

Les évolutions de ligne ont pour objet d'habituer à manier de grandes masses de troupes, et de donner les

sibilité de se diviser, que s'il est attaqué par quatre *troupes* de cinquante hommes chacune, il pourra se fractionner en quatre divisions de cinquante chevaux, agissant non pas indépendamment les unes des autres, comme les quatre *troupes* commandées par des capitaines, mais concourant à un même but déterminé par le commandant de l'escadron, et que cette unité de di- rection aura généralement l'avantage contre quatre directions divergentes.

Le grade de capitaine est déjà important dans la hiérarchie; il ne faut pas l'amoindrir en diminuant le nombre d'hommes qui en relèvent.

Sans doute, il ne faut pas que l'unité tactique indivisible soit trop forte, car alors elle se trouve trop souvent exposée à se rompre ou à s'allonger devant les obstacles; mais si elle est composée d'unités plus petites, se groupant, se séparant à volonté selon les circonstances, on obtient à la fois les avantages des gros et des petits escadrons.

L'escadron français, composé de quatre pelotons, est, selon nous, bien préférable à la *troupe* anglaise; seulement, nous pensons qu'il a plus de puissance et d'efficacité avec soixante-quatre files qu'avec quarante-huit, et que la guerre réduisant assez vite les effectifs, il faudrait toujours entrer en campagne avec des escadrons de soixante-quatre files. Dans ce cas, les intervalles devraient être de seize mètres, c'est-à-dire égaux au front d'un peloton. *(Note du traducteur.)*

moyens de les former promptement sur un point ou une ligne déterminée.

Que de fois une charge eût été suivie d'un plein succès, que de victoires eussent été remportées, si la gauche, et non la droite, se fût trouvée en tête, ou l'inverse ! Et c'est de pareilles misères que dépend le sort des combats !

Pivots.

Combien est fâcheuse la position d'un officier placé à la tête d'une colonne, qui, au moment d'agir, est obligé de voir si sa troupe est en ordre direct ou inverse et sur quel flanc est le pivot (1) !

N'y a-t-il pas de quoi agacer les nerfs, de penser qu'un officier de cœur peut perdre son honneur, sa réputation et sa vie, parce qu'au moment de faire un commandement, il aura pris la droite pour la gauche (2).

De Brack, en parlant de quelques évolutions qui ne sont pas règlementaires, dit : « Elles ne sont pas couchées « dans l'ordonnance, mais elles sont nécessaires, parce « qu'elles sont simples, et qu'elles satisfont à cette con- « dition indispensable pour la cavalerie de faire face « promptement de tous les côtés. Par suite de circonstan- « ces impérieuses et inatendues, l'ordre des escadrons « dans le régiment peut se trouver bouleversé, et vous « êtes obligé de manœuver ainsi sous peine d'être « anéanti. »

Toutes les autorités, en fait de cavalerie, parleront de

(1) Dans l'ordonnance anglaise, c'est une règle non-seulement que les formations doivent avoir lieu dans l'ordre naturel, mais encore, qu'avant de faire une conversion, l'officier chargé des fonctions de *pivot* se porte au flanc sur lequel on va tourner. L'ordonnance française est débarrassée de cette complication. (*Note du traducteur.*)

(2) Il peut être très-important à la guerre d'occuper, en se formant en bataille, le terrain situé à la droite d'une colonne plutôt que celui placé à sa gauche ; l'auteur veut dire qu'il ne faut pas être préoccupé de l'idée qu'après la formation, on doit être en ordre naturel. Ce serait en effet une grande simplification de supprimer dans les commandements les indica- tions d'ordre direct et d'ordre inverse, lesquelles ne servent qu'à faire commettre des fautes. (*Note du traducteur.*)

même ; et cependant nous refusons de pratiquer en temps
de paix ce à quoi nous nous trouverons forcés à la guerre.
« Lorsque, dit de Brack, en cas de besoin, nous formons
« une ligne où les escadrons n'occupent pas leur place
« habituelle, nous sommes tout déroutés ; de là, hésita-
« tion et péril. »

En France, le colonel Itier, du 7e Chasseurs à cheval, a
proposé un système par lequel on se forme toujours à
droite : cela obvie à la difficulté de choisir entre la droite
ou la gauche ; et, puisqu'on n'a qu'un côté à sa disposition,
il n'y a pas d'hésitation à craindre ; mais c'est comme si
un homme, qui a deux bonnes jambes, ne se sert que
d'une (1).

Le colonel Itier travaille par divisions, qu'il intervertit
dans les escadrons, comme il intervertit les escadrons dans
les régiments et les brigades. Il a une colonne par divisions, avec distance entière ou serrée en masse. Cette
dernière disposition est étrange, car alors on n'a pas une
distance suffisante pour se former en bataille par un mouvement de conversion.

Ces considérations du pivot, de la droite ou de la gauche
en tête, ont toujours été la cause de beaucoup de fautes
dans les évolutions depuis l'origine. Ceci étant incontestable, ne serait-il pas grandement temps de voir si on ne
peut pas mettre quelque chose de mieux à la place? Je

---

(1) Il est pénible de voir le capitaine Nolan parler ainsi d'un système
qu'il ne paraît pas connaître par lui-même, ou qu'il a si mal compris. Le
colonel Itier ne propose point de se former uniquement par la droite; il
propose simplement la suppression, dans les commandements, des mots qui
tendent à trop préoccuper l'esprit relativement à l'ordre des escadrons,
après la formation qu'on a en vue. Il est dans le fond d'accord avec le
désir exprimé par le capitaine Nolan, au sujet des inversions. C'est seulement pour le peloton que le colonel Itier n'admet point les formations par
la gauche, et le front d'un peloton est si peu étendu, qu'il n'y a presque
aucun inconvénient à ce système   (Note du traducteur.)

pense qu'ici, comme dans tout ce qui est relatif à la cavalerie, il faut faire retour aux principes simples.

Les choses les moins compliquées sont souvent celles qu'on est le plus longtemps à découvrir.

Les tacticiens ont posé comme règle, que les parties intégrantes d'une même colonne doivent invariablement se suivre l'une l'autre comme ci-dessous, et que, dans

$$\begin{array}{l} \text{◿}\!\!\!—a \\ —b \\ —c \\ —d \end{array}$$

la formation en ligne, elles doivent se placer ainsi :

$$\underline{\quad d \quad c \quad b \quad a \quad}$$

Si la colonne a, b, c, d, veut se former en bataille, face en avant, il faut que b prenne la gauche de a, c la gauche de b, d la gauche de c, afin d'obéir à la règle des tacticiens.

$$\begin{array}{l} \text{◿}\!\!\!—a \\ —b \\ —c \\ —d \end{array}$$

$$\underline{\quad d \quad c \quad b \quad a \quad}$$

Mais elle ne peut pas, elle ne doit pas se former à la droite de a, comme ci-après, quand même aucun accident de terrain ne s'y opposerait.

$$\underline{\quad a \quad b \quad c \quad d \quad}$$

Prenons un exemple.

L'armée A, formée sur deux lignes, attend l'ennemi sur son front ; mais elle apprend qu'il s'avance en deux colonnes **B**, vers son flanc gauche, perpendiculairement à sa propre ligne.

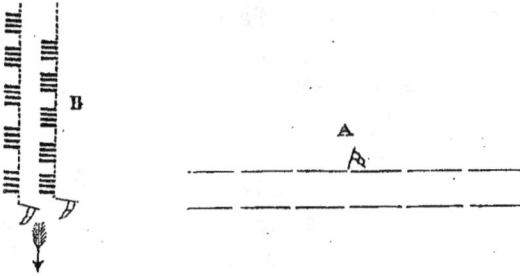

L'armée **A** rompt en colonnes, la gauche en tête, mais au lieu d'arrêter la tête des colonnes ennemies en **C**, celles-ci ont marché si rapidement et gagné tant de terrain en arrière, qu'elle se trouve dépassée.

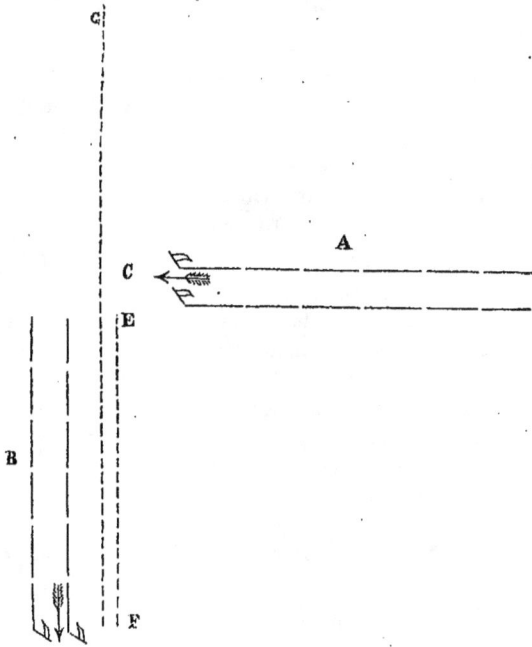

L'armée *B* s'est formée en bataille, face à son flanc gauche ; l'armée *A*, pour attaquer, devrait se former de *E* en *F* ; malheureusement elle a *la gauche en tête*, elle est obligée de se former de *E* en *G*, et d'amener sa droite à ce dernier point ; dès lors elle n'a plus l'ennemi devant elle, et il faut trouver d'autres manœuvres pour engager l'action (1).

Le tacticien règlementaire dit que pour agir, il faut que chaque individu soit à sa place exacte, et sache parfaitement ce qu'il a à faire ; si le moindre incident survient, tout est bouleversé ; car de la concordance absolue des mouvements partiels dépend tout le système. Selon lui, l'instruction est à son plus haut degré, lorsqu'on ne sait plus sortir des limites tracées par l'ordonnance ; on perd alors toute idée d'initiative, et, dans un cas difficile, il est impossible de rompre les mailles du filet où l'on est enfermé, tandis qu'un tacticien moins consommé agirait d'après l'inspiration du moment et sortirait d'embarras (2).

La connaissance du règlement ne fait pas plus le général que la connaissance des règles de la poésie ne fait le poëte. Le *génie* seul crée des poëtes et des généraux (3).

(1) Si les règlements anglais sont encore arriérés au degré indiqué par l'auteur, en vérité leurs officiers doivent avoir besoin de beaucoup de présence d'esprit pour se tirer d'affaire en mainte occasion. (*N. du trad.*)

(2) Il est très-fâcheux que dans une armée, on croie qu'il faille absolument se limiter aux mouvemens de l'ordonnance. Les manœuvres sont en nombre très-grand, presque infini, et varient avec les circonstances. Un règlement ne peut prévoir qu'un certain nombre de cas, et donner des moyens élémentaires de parer aux éventualités. C'est par la combinaison entre elles des manœuvres réglémentaires, qu'on peut résoudre les différents cas qui se présentent ; l'important est de n'avoir pas à chaque instant besoin de créer des commandements nouveaux, et de pouvoir appliquer ceux que tout le monde connaît, à la fois ou successivement, aux unités tactiques qui concourent au mouvement général. En cela, l'ordonnance du 6 décembre 1829 laisse à désirer. (*Note du traducteur.*)

(3) Il n'est peut-être pas absolument nécessaire de connaître la lettre des règlements pour être grand capitaine, mais il faut connaître leurs voies et

Le vrai général, sur le champ de bataille, saisit tous les avantages de la position, tant en s'inspirant de sa situation propre que de celle de l'ennemi ; il n'hésite pas ; il sait trouver des moyens et des expédients.

Si les troupes qu'il commande sont capables de se mouvoir sous le feu, il les place, par une simple évolution, hors de l'atteinte de l'ennemi. Il attend patiemment le résultat de ses combinaisons, envoie des renforts où il en faut et fait occuper à temps et en force les positions qui doivent couvrir sa retraite, si le destin tourne contre lui.

Ziethen, qui était né général, dont l'instinct devinait juste ce qu'il fallait faire sur un champ de bataille, commettait toujours des fautes dans les simulacres de combat, que Frédéric représentait pour exercer ses généraux. Ce monarque, pensant qu'il serait utile à Ziethen d'étudier un peu la tactique, voulut examiner avec lui ce qu'il y aurait à faire en certaines hypothèses. Ziethen répondit très-tranquillement : « En ce moment, je ne sais pas au juste, mais quand la circonstance se présentera à la guerre, et que je verrai l'ennemi devant moi, il me viendra bien quelque chose à l'esprit. »

Ziethen.

Un des plus curieux exemples des difficultés auxquelles ce système des pivots obligés sur tel ou tel flanc peut donner lieu, se trouve dans l'histoire de la bataille de Prague, et je le choisis de préférence à tout autre, parce qu'il embarrassa beaucoup Frédéric lui-même, le plus grand tacticien de son temps.

La nuit qui précéda la bataille de Prague, l'armée du maréchal de Schwerin, formée sur deux lignes, rompit en colonnes, *la droite en tête*, l'artillerie entre les colonnes, la cavalerie marchant à la queue des troupes qui se trouvaient en seconde ligne.

moyens ainsi que leur esprit, puisque les effets qu'on veut produire ne sont que le résultat de mouvements partiels.   (*Note du traducteur.*)

Le roi s'avançait, *la gauche en tête*, en deux colonnes, l'une de cavalerie, l'autre d'infanterie.

Le roi et le maréchal se rencontrèrent sous un angle obtus, sur le terrain où ils devaient se former ; et le général Winterfeld se présentait entre eux avec sa colonne, *la gauche en tête*.

Le duc de Bevern.

Le maréchal Schwerin était destiné à former la gauche de l'armée, laquelle avait ordre de marcher par sa gauche, pour tourner la droite de l'ennemi ; *mais personne* ne savait comment débrouiller la masse sans perdre beaucoup de temps ; à la fin, le duc de Bevern, avec une grande présence d'esprit, fit gagner du terrain vers le flanc à la dernière subdivision de chacune des colonnes du maréchal, et la porta en avant, toutes les autres subdivisions suivant successivement. Ce fut là l'origine d'une de nos évolutions — *passer de la queue à la tête de la colonne* (1).

Si l'ennemi avait paru tout à coup, cette manœuvre, comme beaucoup d'autres, n'eût pu s'effectuer, et il en serait résulté les plus graves conséquences.

Nous ne voulons donc point de *pivots de flanc*. Les *troupes*, soit en ligne, soit en colonne, auront habituellement le guide au centre, et pendant toute formation, elles le prendront du côté de la formation (2).

Les *troupes* (excepté en parade où elles se placent en,

---

(1) Cette évolution n'a pas son analogue dans l'ordonnance française. Voici comment elle s'exécute dans l'ordonnance anglaise : La colonne étant arrêtée, le commandant de la dernière subdivision la met en mouvement en la faisant rompre vers la droite, puis, lorsqu'elle a marché l'étendue de son front, il la remet face en tête et la porte en avant ; l'avant-dernière subdivision et toutes les autres successivement exécutent, chacune à son tour, le même mouvement, de manière à avoir de l'une à l'autre la distance prescrite. *(Note du traducteur.)*

(2) Plusieurs tacticiens ont proposé le guide du centre, dans l'unité de manœuvre, mais cela a l'inconvénient de faire crever la troupe à cause des deux pressions en sens inverse qui se produisent, dans ce cas, contre le guide. *(Note du traducteur.)*

suivant l'ancienneté) prennent rang entre elles, selon les besoins et les circonstances. Il n'y a pas à considérer les inversions (1).

La *troupe* est l'unité tactique; il peut y avoir plus ou moins de *troupes* dans un régiment. Ces *troupes* se meuvent par files, par *trois* ou par sections, par la droite ou par la gauche; et, en bataille, elles prennent douze pas d'intervalles.

Elles ont identiquement la même composition; peu importe donc la place qu'elles occupent dans le régiment.

Les *troupes* changent relativement de place d'une aile à l'autre, pendant les évolutions. Par exemple, le régiment étant en bataille, et composé des troupes *a, b, c, d, e, f*, se porte en avant en colonne double, puis serre en masse et déploie vers la gauche; alors les *troupes* se trouvent dans l'ordre *c, d, b, e, a, f*; l'aile gauche est formée par *e, a, f*, et l'aile droite par *c, d, b*.

Peu importe cette interversion, puisque les *troupes* se valent et que les ailes doivent être formées d'un certain nombre de *troupes* et non de *certaines troupes*.

Les *troupes* de régiments différents ne peuvent se mêler entre elles.

Les régiments se rangent à la parade par ancienneté; mais, dans les évolutions, ils se placent selon les circonstances.

Le commandant du régiment fait les commandements, et, pour éviter le bruit et la confusion autant qu'il est

(1) Heureusement la cavalerie anglaise est restée organisée en *troupes*, tandis que chez toutes les nations du continent, on a adopté les escadrons qui sont portés à deux cents chevaux et plus, en temps de guerre. Pour nous mettre à l'unisson de ce système, nous donnerons le nom d'escadron à la réunion de quatre *troupes*, et deux *troupes* formeront le demi-escadron. Cette nomenclature facilitera les évolutions, surtout si chaque régiment se compose uniformément de huit *troupes* ou deux escadrons.

(Note de l'auteur.)

possible, les deux majors ou commandants d'ailes répètent seuls les commandements; ces deux officiers se tiennent à cinquante pas en avant ou sur les flancs de leurs ailes (1).

Les trompettes des majors répètent seuls les signaux, excepté dans la charge et le ralliement général.

L'adjudant marche près du colonel et est chargé du tracé des lignes.

Les guides principaux marquent les points intermédiaires, mais au lieu de s'aligner contre eux, il faut s'aligner un peu en deçà.

Le chef de la *troupe* fait seulement les commandements qui ne concernent que sa *troupe*.

Le pivot est toujours naturellement au flanc qui permet de faire plus promptement face à l'ennemi par une conversion.

Le commandant n'est gêné ainsi par aucune condition, et forme sa ligne de la manière la plus rapide et la plus avantageuse.

Allures.

Lorsqu'on est arrêté, et qu'on passe de l'ordre en bataille à l'ordre en colonne par un mouvement de conversion, on n'emploie que le pas ou le trot. Le galop aurait pour inconvénients de fatiguer inutilement les chevaux sans aller plus vite, au contraire, car en tournant à cette allure, ils tendent à s'écarter du pivot et à gagner la main, ce qui oblige ensuite à appuyer et à reculer. Quand on est en marche, l'aile marchante double l'allure à toutes les conversions.

(1) Il est fâcheux, que dans l'ordonnance française, le régiment ne se subdivise pas en deux demi-régiments ou *ailes*. Cette division trouverait son application en bien des cas, particulièrement pour former la colonne double que ne reconnaît pas non plus le règlement de cavalerie.

(Note du traducteur.)

Pour manœuvrer, l'allure la plus convenable est le trot réglé à huit milles (13 kilomètres) à l'heure (1). Trot.

Une démarcation bien tranchée doit être établie entre le galop de manége et le galop d'exercice ; le premier doit être aussi lent et aussi rassemblé que possible : il est indispensable au cavalier pour pouvoir combattre corps à corps (2). Galop.

Il faut habituer les hommes à galoper indistinctement à chaque main, non-seulement au manége, mais à l'exercice ; on y parvient en faisant défiler un par un, au galop à droite et à gauche, et en faisant faire le maniement d'armes à cette allure, les files étant ouvertes.

Le galop d'exercice doit être réglé à raison de quatorze milles (vingt-deux kilomètres) à l'heure, et employé rarement, excepté pour la formation en avant en bataille d'une colonne avec distance, ou pour avancer rapidement à travers une plaine, quand on peut le faire sans confusion ni désordre (3).

(1) L'ordonnance française fixait la vitesse du trot à quatorze kilomètres en 1829, alors que les chevaux étaient moins bons qu'aujourd'hui et ne valaient pas les chevaux anglais.   -   *(Note du traducteur.)*

(2) Dans le duel à cheval, un galop raccourci, comme au manége, peut avoir des avantages, mais dans les évolutions, un galop aussi lent que possible fatiguerait plus les chevaux que le trot sans aller aussi vite. Nous voudrions donc trois degrés pour le galop, savoir : galop raccourci ou de manége, galop de manœuvre et galop de charge.

(Note du traducteur.)

(3) L'auteur veut un galop de vingt-deux kilomètres à l'heure, tandis que l'ordonnance française fixe la vitesse de cette allure à dix-huit kilomètres seulement. Nous pensons que les chevaux doivent galoper souvent, et à raison de vingt-deux kilomètres. La cavalerie anglaise étant peu nombreuse, n'a guères occasion de manœuvrer par masses. Quand on a à remuer vingt à trente escadrons, il faut employer le galop dans mainte évolution, si on veut déblayer le terrain assez vite pour permettre aux différentes lignes ou aux différentes armes d'agir aussi à leur tour et en temps opportun.   *(Note du traducteur.)*

Le point difficile est d'obtenir des officiers qu'ils prennent franchement et tout d'un coup l'allure indiquée, puis qu'ils la maintiennent régulière et soutenue; c'est-à-dire qu'en marchant au trot ou au galop, ils ne doivent jamais permettre qu'on force le degré prescrit, autrement le trot dégénérerait bien vite en galop, et le galop en plein galop de charge.

Inconvénients des cavaliers qui chargent inconsidérément. Une cavalerie qui met de la précipitation et du décousu dans les mouvements n'est jamais prête au moment où on en a besoin. Comme on dit : « elle n'est pas dans la main. » Il faut éviter avec soin ces défauts auxquels on a une grande tendance. En chargeant, les hommes et même les officiers souvent s'emportent, font perdre l'alignement et détruisent la force de cohésion. C'est ce qui arrive particulièrement lorsqu'on avance sous le feu, qu'on s'excite, qu'on s'échauffe, que les balles, en sifflant à travers les escadrons, font perdre un peu la tête, et qu'on se précipite follement du côté de l'ennemi.

C'est une vraie fuite, avec cette différence, qu'elle a lieu en avant et non en arrière. Elle prouve peu de solidité et de vrai courage dans les circonstances difficiles, et conduit à une défaite et au déshonneur, car quand vous êtes ainsi dispersés, les réserves de l'ennemi n'ont qu'à charger, et elles vous ramènent avec perte.

Les soldats et les officiers doivent donc comprendre que galoper inconsidérément du côté de l'ennemi, n'est nullement une preuve de bravoure, mais souvent le contraire, et qu'en toutes occasions il faut empêcher et blâmer une pareille conduite.

Le général Sohr, un des officiers les plus distingués de la cavalerie prussienne, était tout à fait persuadé de la nécessité de réprimer ces excès de prétendue valeur. L'extrait suivant de l'histoire de sa vie nous en fournit la preuve.

« Durant l'invasion du territoire français en 1814, une

« colonne prussienne composée de vingt-deux escadrons,
« savoir :

   4 Escadrons du 1er Dragons;

   5   id.   des dragons lithuaniens et carabiniers
                 à cheval;

   5   id.   du 3e Hussards;

   4   id.   des lanciers de Brandebourg;

   4   id.   des hussards du Mecklenbourg,

« cheminait, le 3 février, sur la grande route de Châlons,
« lorsque, à sept heures du matin, elle rencontra, près du
« village de La Chaussée, le corps aux ordres de Sébastiani,
« consistant en sept régiments de cavalerie, la plupart
« cuirassiers et lanciers arrivés récemment d'Espagne. Un
« des plus rudes engagements de la campagne s'ensuivit,
« sous le nom de combat de La Chaussée.

« Le général Katzler, voyant que l'ennemi (supérieur en
« nombre) cherchait à se former en deçà du village, or-
« donna de le charger pendant qu'il exécutait son mou-
« vement, et nous hâtâmes le pas pour l'attaquer, parce
« que nous entendions déjà distinctement le bruit de l'artil-
« lerie française qui s'avançait à travers La Chaussée, et
« que notre général ne voulait pas lui donner le temps de
« prendre position.

« La précipitation et les difficultés du terrain ne per-
« mirent pas à tous les régiments d'arriver en ligne et de
« charger ensemble; il en résulta une attaque en échelons;
« mais chaque corps heureusement fut bien conduit par
« son colonel respectif et tenu bien aligné, de telle sorte
« que l'ennemi fut partout résolûment abordé, quoique
« par mouvements successifs.

« Nous eûmes l'avantage. Les hussards de Brandebourg
« furent assez heureux pour rompre le centre de la ligne
« française (composé de cuirassiers), et de faire beaucoup
« de prisonniers, malgré une vigoureuse résistance. Nous

« nous emparâmes également de quatre canons et de deux
« caissons au moment où on les mettait en batterie.

« L'ennemi, repoussé à travers La Chaussée, essaya de
« se rallier de l'autre côté du village, mais il fut culbuté et
« poursuivi l'espace de quelques milles dans la direction
« de Pagny.

« L'engagement dura jusqu'à la nuit. Le général Sohr,
« alors colonel des hussards de Brandebourg, déploya
« beaucoup de sangfroid et d'énergie, et je ne puis m'abs-
« tenir de raconter un petit épisode qui prouve la néces-
« sité à la guerre de maintenir en toutes circonstances son
« monde sous sa main.

« Pendant que le régiment se portait en avant, la témé-
« rité d'un officier faillit faire échouer la charge.

« On avait sonné le : *Au galop* ; le comte V. de S…, lieu-
« tenant venu récemment d'un corps de cavalerie saxonne,
« brûlant de se distinguer, brandit son sabre, cria à ses
« hommes de le suivre et lança son cheval à toute bride. Le
« second escadron qui commençait à imiter cet exemple,
« perdit l'alignement. Sohr fit immédiatement sonner le
« trot et attendit que tout le régiment fût de nouveau en
« bon ordre pour faire sonner de rechef le galop et la
« charge, persuadé que ce n'était qu'ainsi qu'il pouvait
« espérer enfoncer l'ennemi. Quand l'affaire fut terminée,
« Sohr réunit les officiers, et s'adressant au lieutenant de
« S… lui dit : « Vous nous avez montré aujourd'hui que
« vous aviez du cœur, et j'estime ceux qui en ont ; mais je
« ne suis pas moi-même manchot, et si vous vous oubliez
« encore comme vous l'avez fait aujourd'hui, et vous per-
« mettez de me devancer, je vous casse la tête devant le
« front du régiment. »

« La réprimande était sévère, mais de tels avertissements
« manquent rarement leur effet.

« Une autre fois Sohr avait eu besoin de donner une
« leçon à son escadron.

« Une forte arrière-garde s'était avancée de Weissenberg,
« vers Wurschen, pour arrêter la poursuite de l'ennemi,
« qui, battu tout à coup par notre artillerie, fut obligé
« d'attendre plus d'une heure que des renforts lui arri-
« vassent pour qu'il pût reprendre l'offensive et nous
« forcer à nous retirer.

« A Rothkretcham, à l'est de Weissenberg, il fallait tra- Défilé de Roth-
« verser un bras du Lobaur, dont le passage fut vivement   kretcham.
« disputé. L'escadron de Sohr était dans la plaine devant
« le défilé, et déjà on voyait l'ennemi couronner les hau-
« teurs voisines au nord et au sud. Quand notre arrière-
« garde fut de l'autre côté du défilé, Sohr pensa qu'il était
« grand temps de passer à son tour et commanda : *Divi-*
« *sions, demi-tour à droite* — MARCHE.

« Les Français étaient tout près et le mouvement se fit
« avec précipitation, en quelque sorte avant le comman-
« dement.

« Le chef expérimenté, qui avait l'œil sur son escadron,
« lui fit faire immédiatement face en arrière, et se tour-
« nant vers sa troupe, il lui dit : « Je vous laisse tous sa-
« brer plutôt que de vous voir travailler ainsi. »

« Personne ne souffla mot; l'ennemi s'approcha encore
« et son artillerie battait déjà le défilé devant et derrière
« la troupe dévouée qui le gardait; mais son volte-face et
« son attitude imposante firent croire, heureusement,
« qu'elle était soutenue, et au lieu de l'attaquer de front,
« on chercha à la tourner par un mouvement de flanc. Sa
« position devenait de plus en plus critique, et encore un
« moment, elle allait avoir affaire à un gros de cavalerie.
« Cependant on n'apercevait aucun mouvement dans ses
« rangs, quand, tournant son cheval vers ses hommes,
« Sohr prononça de sa voix la plus mesurée les comman-
« dements suivants :

« *Divisions.... demi-tour à droite.... Au pas...* MARCHE....
« *Par la droite par trois,* puis d'une voix de tonnerre il

« ajouta : *Au galop* — MARCHE ! *Courez aussi vite que vous*
« *pourrez.* Le défilé fut passé pêle-mêle avec l'ennemi.
« Son escadron n'essaya plus jamais de mettre de la pré-
« cipitation dans un mouvement, et, à l'heure du danger,
« les hussards regardaient leur chef avec confiance, et *il*
« *les avait dans sa main* (1). »

Il y a deux sortes d'évolutions, celles qui ont lieu près
de l'ennemi au moment de l'action, et celles qui s'exécutent loin du danger.

Colonnes avec distance entière. Pour les premières, les colonnes par *troupes*, à distance
entière, sont particulièrement avantageuses, car elles per-
mettent de faire face immédiatement sur le front, les flancs
ou les derrières.

La tête, aussi bien que chaque fraction de la colonne,
doit agir d'après l'inspiration particulière de son chef
propre, de quelque nombre d'unités que cette colonne soit
composée, parce que si elle est surprise, les différentes
unités agissant isolément pour leur compte, peuvent encore
obtenir le gain de la journée (2).

Toute colonne avec distance doit être formée par *troupes*
de vingt-cinq files chacune. Les colonnes d'un front moins
étendu offrent plusieurs inconvénients qui ne sont pas

(1) *Vie du lieutenant-général Frédéric de Sohr*, par le major H. Beitzke.
Berlin, 1846.

(2) La compagnie ou *troupe*, dans l'armée anglaise, est la véritable unité
tactique : une grande liberté d'action est accordée aux capitaines, qui agissent souvent d'après leur propre inspiration. Ce système a été favorable aux
Anglais dans toutes leurs guerres, et surtout dans celle de la Péninsule. On
a vu plus d'une fois un bataillon bouleversé à l'exception d'une compagnie,
dont le chef, plus brave ou plus habile, savait maintenir le bon ordre parmi
son monde, et parvenait à rétablir le combat.

En France, les habitudes hiérarchiques sont tellement enracinées, et la
constitution organique de nos régiments de cavalerie et de nos bataillons
d'infanterie est telle, que la défaite d'une portion d'un de ces corps entraîne
presque toujours celle de tout le reste. (*Note du traducteur.*)

compensés par le seul avantage qu'elles possèdent, savoir, d'éviter de la fatigue aux chevaux, dans les conversions, le rayon étant alors plus petit.

Dans les colonnes par divisions, on a beaucoup de peine à conserver les distances; on ne peut jamais les serrer assez, même en parade, et quand on y parvient, le second rang de la division qui précède gêne considérablement la division qui suit, lors des conversions (1).

Il faut, sous le feu, préférer les mouvements par divisions aux mouvements par trois ou par quatre, parce que les premiers n'exigent pas le numérotage des hommes, variable à chaque instant dans cette circonstance, à cause des tués et des blessés.

Jusqu'ici, la colonne par divisions ne s'employait que s'il s'agissait de faire un léger déplacement, afin de dégager les morts et les blessés.

Il faut se rappeler qu'autrefois le numérotage se fai-

(1) La colonne par *troupes*, avec distance entière, de l'auteur, correspond à la colonne par divisions de l'ordonnance du 6 décembre 1829, avec cette différence que la *troupe* étant l'unité, et qu'entre deux *troupes* en bataille, un intervalle de douze pas étant réservé, la distance entière entre deux troupes consécutives sera égale au front de l'unité, plus l'intervalle, c'est-à-dire 25+12, ou 37 pas. Une pareille distance en colonne est très-convenable pour empêcher le désordre et la poussière, pour offrir peu de prise aux coups d'écharpe de l'artillerie, et enfin pour laisser aux chefs des troupes toute la liberté d'action que veut [leur faire accorder l'auteur. Le seul inconvénient de cette colonne est peut-être d'offrir un trop grand front pour la marche dans un pays coupé, et par suite, d'obliger à des ruptures et formations successives fréquentes, ce qui fatiguerait beaucoup les chevaux. En somme, il nous semble qu'en France, l'ordre en colonne par divisions, pour la cavalerie, au lieu d'être l'exception, devrait être l'ordre habituel de manœuvre quand le terrain le permettrait, à l'exclusion de l'ordre en colonne par pelotons, lequel correspond à l'ordre en colonne par *divisions*, du capitaine Nolan. Cependant, si nos escadrons étaient à soixante-quatre files, avec seize pas d'intervalle, en bataille, la colonne par divisions perdrait de ses avantages, et la colonne par pelotons aurait moins d'inconvéniens, les distances étant plus grandes. (*Note du trad.*)

sait de quatre ou cinq manières, et cela par l'entremise
du sergent qui marchait le long des rangs et touchait
chaque homme avec son sabre, indiquant d'abord si on
se comptait du centre ou de la gauche par trois, ou de la
droite ou de la gauche par un, etc. C'était une opération
fort ennuyeuse. — Maintenant, les hommes se comptent
eux-mêmes, et en un instant, surtout si on admet que le
numérotage par trois soit le seul nécessaire et que les
vieux cavaliers savent parfaitement exécuter les mouvements par trois, soit par la droite, soit par la gauche, sans
avoir besoins de se compter (1).

Une colonne par divisions (par pelotons dans la tactique
française) est, de toutes les colonnes, la plus mauvaise
pour se mouvoir rapidement à travers la campagne. Les
subdivisions ont si peu de distance entre elles, qu'elles sont
comme en colonne serrée; celles de l'intérieur ne peuvent
voir à temps les obstacles et prendre les mesures nécessaires pour les éviter ou les franchir. Dans un temps sec,
la poussière les enveloppe dans un tourbillon où elles
disparaissent et elles cessent de voir à se conduire.— Les
commandements ne s'entendent pas aussi bien que dans
la colonne par *troupes*. Une attaque à l'improviste jette
facilement le désordre dans une colonne par divisions, et
le temps de former les *troupes* ou les escadrons, afin de
présenter un front de résistance suffisant, diminue les
chances de repousser victorieusement l'ennemi.

Pour toutes les raisons qui précèdent, je préfère donc
la colonne par *troupes*, et je ne voudrais la colonne par
divisions que lorsqu'un petit front suffit et que la colonne

(1) Les mouvements par numéros n'ont réellement aucun avantage ; ils
ont des inconvénients devant l'ennemi, sont difficiles à bien exécuter, et
peuvent être aisément remplacés par des mouvements par sections; seulement les sections ne devraient pas avoir moins de six files pour tourner
dans tous les sens.   (*Note du traducteur.*)

est peu considérable, par exemple, s'il faut faire soutenir les parties les plus avancées d'une ligne de tirailleurs.

Indépendamment des avantages de la colonne par *troupes*, énumérés soit au présent chapitre, soit à celui des intervalles, d'autres se feront encore connaître à mesure que nous avancerons dans la discussion des évolutions.

Toutes les formations d'une colonne avec distance entière doivent s'exécuter en face de l'ennemi, et il faut éviter qu'un seul cavalier ait le dos tourné pendant le mouvement (1).

Si l'ennemi attaque pendant une formation faite en face, cela n'a guère d'inconvénients, car les troupes arrivent en échelons et chargent successivement.

Une colonne avec distance entière se forme face au flanc, soit par une conversion simultanée des subdivisions ou par des conversions successives (2).

Elle se forme face en avant soit vers la droite, soit vers la gauche, selon le commandement du chef qui se place toujours, au préalable, du côté de la formation. Une note de la trompette signifie *droite*; deux notes veulent dire *gauche*. Le signal de l'instrument doit toujours accompagner le commandement.

Les majors changent de flanc, comme le commandant du régiment, lorsque celui-ci se porte du côté de la formation.

(1) Ce principe, fort bon en soi, n'est pas toujours susceptible d'être suivi. Il faut comprendre que, si cela est possible et qu'il soit absolument nécessaire de tourner le dos à l'ennemi, ne fût-ce qu'un moment, il vaut mieux le faire dans le mouvement préparatoire que dans le mouvement final; par exemple, s'il s'agit de faire face en arrière en bataille, et qu'on ait l'espace nécessaire pour se former sur la queue de la colonne, après un demi-tour des subdivisions, ce double mouvement sera préférable à celui qui consisterait à faire face en avant en bataille, et ensuite demi-tour par subdivisions.   (*Note du traducteur.*)

(1) A gauche ou sur la droite en bataille.   (*Note du traducteur.*)

Les formations face en arrière commencent par un demi-tour des subdivisions et finissent comme les formations en avant (1).

Lorsqu'une colonne forme la ligne, le commandant peut porter en avant ou tenir en arrière l'une des ailes, en prévenant cette aile, avant le commandement MARCHE, lorsqu'il établit la *troupe* qui sert de base (2).

Lorsque la tête d'une colonne a changé de direction, la ligne peut être établie sur la nouvelle direction soit en portant en avant la queue de la colonne en échelons obliques, soit en rompant par trois les dernières subdivisions pour marcher vers le flanc extérieur (3).

Lorsqu'on n'est pas très-près de l'ennemi, la formation peut avoir lieu sur une subdivision centrale, l'adjudant traçant la ligne sur cette subdivision. Les subdivisions placées en avant de celle qui sert de base font demi-tour par trois; la formation s'exécute ensuite vers la droite ou vers la gauche pour tout le monde, et les subdivisions qui étaient en tête font de nouveau demi-tour par trois; il est impossible de se tromper (4).

Lorsqu'on marche à l'ennemi en colonnes avec distance entière, rapprochez deux colonnes simples, de manière à former une colonne double composée, soit des deux ailes

(1) Cette théorie n'est pas toujours possible. C'est la formation face en arrière sur la queue de la colonne de l'ordonnance française; le terrain où d'autres causes peuvent exiger la formation face en avant sur la tête de la colonne, prévue par la même ordonnance. (*Note du traducteur.*)

(2) C'est une formation en échelons. (*Note du traducteur.*)

(3) Il serait plus simple de dire que la formation est alors double et s'exécute par deux des mouvements énoncés plus haut, une portion de la colonne se formant face au flanc, l'autre face en avant ou face en arrière.

(4) Ce n'est pas toujours lorsqu'on est loin de l'ennemi qu'il faut se former sur une subdivision du centre; on peut être obligé de recourir à ce parti si la formation sur la tête de la colonne plaçait sur un mauvais terrain ou ne laissait pas l'espace suffisant pour prendre carrière.

(*Note du traducteur.*)

d'un régiment, soit de deux régiments ; vous évitez ainsi le désavantage d'une seule colonne, trop longue pour se former rapidement face en avant.

Pour passer un défilé, une colonne par *troupes* doit rompre par trois, et se reformer de l'autre côté ; la rupture par trois n'allongera pas la colonne et ne causera pas d'à-coup à cause de la grande distance qui sépare les *troupes* consécutives. Il n'en serait probablement pas ainsi si on rompait d'abord par divisions et ensuite par trois. Ce sera un immense avantage d'ailleurs de ne faire qu'une seule rupture. Dans le cas où le défilé serait trop étroit pour admettre trois chevaux de front, on romprait par files.

La colonne double, telle qu'on la forme dans le système actuel, a l'avantage d'être moitié moins profonde qu'une colonne simple du même nombre de subdivisions, par suite d'être plus promptement formée en bataille et de permettre aux commandements d'être plus aisément entendus.

Colonnes doubles.

Les reproches qu'on peut lui faire sont : que l'étendue de son front la rend plus lourde et exige un terrain plus favorable ; qu'elle ne peut faire face en arrière sans auparavant faire face en avant, et enfin, qu'on ne peut rompre en colonne simple (1).

Je propose, pour rendre cette colonne plus utile, de la former soit comme à présent lorsqu'on est en bataille, soit en réunissant deux colonnes simples voisines, soit en faisant prendre des distances suffisantes aux subdivisions d'une colonne serrée de deux troupes de front (2).

Une colonne double formerait la colonne simple en arrêtant la colonne de gauche et la faisant ensuite appuyer

(1) Une colonne double se forme en bataille, face en arrière, aussi simplement qu'une colonne avec distance entière.   (*Note du traducteur.*)

(2) L'auteur, il faut se le rappeler, ne regarde pas à intervertir entre elles toutes les fractions d'un même régiment. (*Note du traducteur.*)

à droite; elle se reformerait en colonne double en faisant
obliquer à gauche la seconde de deux divisions consécutives et lui faisant ensuite doubler l'allure (1).

On forme deux colonnes simples avec une colonne
double en faisant appuyer ses deux moitiés simultanément
vers l'extérieur. Les colonnes doubles peuvent ainsi se
plier à toutes sortes de terrain. Par exemple, un obstacle
se présente sur le front d'une colonne double, elle se sépare en deux colonnes simples pour l'éviter; l'ennemi
apparaît soudain, ces deux colonnes se rapprochent de
façon à rétablir la colonne double.

Une colonne double est-elle menacée, tout à coup sur
son flanc, l'une des ailes se forme en bataille, face au flanc
par un mouvement de conversion. L'autre aile peut exécuter le même mouvement pour servir de seconde ligne,
ou continuer d'avancer jusqu'à ce qu'elle soit démasquée
et se placer en échelon par rapport à sa voisine. Elle se
forme en bataille face en avant ou face au flanc; et après
avoir exécuté un demi-tour par subdivision, elle peut faire
face en arrière par le même moyen qu'en avant (2).

Les colonnes doubles sont commodes pour passer les
défilés; mais alors les régiments doivent former chacun
une colonne double à part, et se suivre l'un après l'autre,
car pour former la colonne double sur le centre de la ligne,
il faudrait mêler les régiments, et, dans ce cas, si l'ennemi
se présentait avant qu'elle fût rétablie, on pourrait essuyer
un échec.

---

(1) Sans intervertir toutes les subdivisions comme le propose le capitaine Nolan, il serait facile de passer d'une colonne double régulièrement formée à une colonne simple également en ordre naturel, en arrêtant les subdivisions de gauche, portant en avant celles de droite, puis
les faisant obliquer à gauche et arrêter successivement (*Note du trad.*)

(2) Au lieu de faire demi-tour par subdivision, on peut exécuter la
contre-marche et ensuite déployer en ordre naturel, ce qui évite de bouleverser l'ordre des subdivisions.   (*Note du traducteur.*)

En sortant du défilé, après avoir formé en bataille la colonne de tête, on pourrait avoir besoin d'établir sur la même ligne à droite ou à gauche la colonne suivante, ce qui ne pourrait avoir lieu si elle était composée de deux moitiés de régiments différents (1).

On doit toujours se proposer de former promptement la ligne de bataille, puisque la conséquence finale de tout mouvement est de pouvoir charger; par suite, il faut tendre à perdre le moins de temps possible, toute perte de temps diminuant les chances de succès.

Pendant qu'on traverse un défilé, il est impossible de donner des ordres relativement à la formation à effectuer à la sortie, car cela dépend des dispositions de l'ennemi.

La formation, autant que possible, doit être parallèle à la ligne d'attaque; mais les circonstances ne s'y prêtent pas toujours; le terrain peut être mauvais; cependant le commandant n'a pas le temps de réfléchir; il faut qu'il charge de suite pour essayer de tenir le débouché du défilé libre pour les colonnes suivantes. Cela peut aisément se faire si les régiments se suivent, chacun formant une colonne double distincte, le colonel en tête avec les deux majors à sa droite et à sa gauche, devant le front de leurs ailes respectives. Quelque part que l'ennemi se présente, on peut s'y porter sans désordre et lui faire face, et, si on est repoussé, le ralliement s'exécute sans difficulté (2).

(1) Les régiments ne sont pas nécessairement mêlés en formant la colonne double sur le centre de toute la ligne, parce qu'il est possible de choisir pour base le centre d'un régiment ou l'intervalle entre deux régiments. Dans le premier cas, le régiment de base se trouverait tout entier en colonne double, et les autres sont en colonnes simples contiguës; dans le second cas, tous les régiments sont en colonnes simples marchant deux à deux à même hauteur.   (*Note du traducteur.*)

(2) L'ordonnance française du 6 décembre 1829 conseille de passer le défilé en une seule colonne double ou en plusieurs colonnes simples. Il est facile d'imaginer cependant qu'en plusieurs circonstances, il serait avantageux de le passer comme le propose l'auteur anglais, en plusieurs

Il est excessivement important de se rallier promptement, et, pour cette raison, c'est une faute de ne pas établir une grande différence entre les uniformes des régiments. Dans quelques régiments prussiens chaque escadron à des revers différents ; et, dans l'armée danoise, on distingue les escadrons par un signe placé sur la poitrine : cela falicite le ralliement devant l'ennemi.

Que ce soit par la couleur de l'habit, par des revers, par des signes particuliers, peu importe. Je regarde comme indispensable de varier les uniformes de notre cavalerie, de façon à pouvoir reconnaître de loin le régiment auquel on appartient (1).

Colonnes serrées. Les colonnes serrées s'emploient particulièrement pour réunir des troupes et des réserves : les former proche de l'ennemi serait dangereux, puisqu'elles ne peuvent faire face vers leurs flancs, et qu'ainsi elles sont sans défense sur leur droite et sur leur gauche. Si la tête d'une colonne serrée se trouvait attaquée en même temps que ses flancs, cette colonne serait détruite, car elle ne pourrait se déployer (2).

colonnes doubles successives, formées chacune d'un régiment entier. Ce serait peut-être particulièrement le cas, si l'on ne connaissait pas très-bien les dispositions de l'ennemi et les obstacles du terrain au débouché, car alors les colonnes successives, bien dans la main, pourraient se former de la manière et du côté les plus convenables, au fur et à mesure qu'elles seraient passées et sans se gêner les unes les autres, beaucoup mieux que des colonnes simples ou qu'une seule colonne double trop longue.   (*Note du traducteur.*)

(1) Dans un combat de nuit, en 1814, les chasseurs de la garde française et des dragons bavarrois se trouvèrent mêlés, et quoiqu'on distinguât un peu les objets, on ne reconnaissait pas facilement la nationalité des cavaliers qu'on avait près de soi, de sorte qu'avant de donner un coup de sabre, il fallait poser la question : *Bist-du Baïern?* ou *Es-tu Français?* Cela prouve que non-seulement les uniformes d'une même arme, mais encore ceux des armées étrangères, doivent se distinguer les uns des autres.   (*Note du traducteur.*)

(2) Il n'est pas exact de dire qu'une colonne serrée ne peut se déployer

Ainsi, en approchant de l'ennemi dans un pays coupé où on peut craindre des surprises, il faut prendre les distances et former des colonnes simples ou doubles.

La seule occasion où une colonne serrée est très-avantageuse, c'est quand un régiment surpris en colonne avec distance se trouve coupé de ses troupes de soutien par des forces supérieures, il doit alors former une masse compacte, se lancer ainsi sur l'ennemi et faire une trouée pour rejoindre les siens.

Des régiments de cavalerie légère ont usé avec succès de l'ordre en colonne serrée, contre des lignes de grosse cavalerie qui les chargeaient, leur but étant de rompre la ligne opposée, d'y mettre du désordre et de déterminer une mêlée. Pour cela, ils formaient la colonne serrée au galop, se précipitaient ensuite sur le centre de l'ennemi, évitaient ainsi un choc général, ouvraient une brèche, se répandaient sur les flancs et les derrières de leurs adversaires, se mêlaient avec eux et les attaquaient corps à corps.

La cavalerie peut sans inconvénients marcher en colonne serrée, si ses flancs sont couverts et si son déploiement est protégé par une puissante artillerie, mais jamais dans d'autres circonstances (1).

Le front d'une colonne serrée peut être de deux *troupes*

face au flanc ; elle peut le faire par la queue, par la tête, ou en prenant les distances ; seulement ces moyens sont moins prompts qu'un déploiement face en avant. Si une colonne serrée est attaquée de front et de flanc, à la fois, il est évident qu'elle est fort compromise, cependant elle ne l'est guères plus qu'une colonne simple en pareil cas, puisque le premier escadron peut charger de suite en ligne en avant, et les autres en colonne par peloton vers le flanc menacé ; tandis qu'une colonne simple n'aurait peut-être pas le temps de présenter en avant à l'ennemi plus que la subdivision de tête, qui serait généralement insuffisante. Ce n'est que la colonne double qui est toujours prête à se défendre de front et de flanc.   (*Note du traducteur.*)

(1) Une colonne serrée se déploie sans grand danger quand même elle

l'une à côté de l'autre, séparées par un intervalle de douze pas (1). On peut former la colonne serrée sur un escadron extrême ou sur un escadron central. Dans le premier cas, tous les escadrons passent en arrière de celui qui sert de base; dans le second, les escadrons de droite se portent en avant, les escadrons de gauche passent en arrière de celui qui sert de base (2).

Quelque soit le nombre de régiments composant une colonne serrée, si le commandant en chef veut déployer vers la droite, il commande : *Déployez vers la droite.* Tout le monde marche vers la droite par *trois*, excepté l'escadron de tête qui sert de base.

Si le général veut déployer sur une ligne centrale, en portant plus d'escadrons d'un côté que de l'autre, soit, de trois régiments, deux à droite et un à gauche, il commande : *Sur le second régiment , déployez vers la droite.* L'escadron de tête du 2ᵉ régiment sert de base, *donc* tous les escadrons placés derrière lui marchent vers la droite (le côté indiqué) par trois. Le premier régiment placé en avant de la base doit marcher par trois vers le côté opposé à celui qui est indiqué, c'est-à-dire vers la gauche. Ainsi la règle générale est que tous les escadrons placés derrière celui qui sert de base aillent du côté désigné dans le commandement, et que les escadrons placés en avant de la base aillent de l'autre côté.

n'est pas protégée par une forte artillerie et qu'elle n'a que quelques pièces avec elle, pourvu qu'elle adopte le déploiement en échelons.
(*Note du traducteur.*)

(1) Il faut donner à la colonne serrée le plus grand front possible, autrement ses avantages ne compensent pas ses inconvénients
(*Note du traducteur.*)

(2) L'auteur, qui veut que l'escadron de base soit toujours en tête de la colonne dans les formations sur les ailes, n'a pas pensé que souvent le terrain ne permet pas d'agir ainsi, et que s'il faut se porter en avant après la formation, on gagne dans cette direction toute la profondeur de la colonne, en procédant contrairement à son principe, ce qui est quelquefois très-utile, quand le temps presse par exemple. (*Note du trad.*)

Si le général voulait avoir deux régiments à gauche et
un à droite, il commanderait : *Sur le second régiment, déployez vers la gauche.* D'après la règle, tous les escadrons
qui suivent le premier du second régiment marcheraient
vers la gauche par trois, tandis que le régiment de tête
ferait le mouvement en sens opposé.

Au moyen de ces conventions, le commandant en chef
n'a pas à s'inquiéter de la manière dont la colonne est
formée pour la dérouler n'importe dans quel sens (1).

Lorsqu'une colonne serrée de plusieurs régiments doit
faire face en arrière, il faut faire exécuter la contre-marche par rang dans chaque troupe, car il serait trop
long de prendre les distances et de faire ensuite un demi-tour, mais s'il n'y a qu'un régiment, on fait prendre entre
les troupes distance suffisante, on leur fait faire demi-tour et ensuite serrer de nouveau en masse. La contre-marche est un de ces mouvements qu'il ne faut jamais
employer près de l'ennemi (2).

Il faut se garder de former des colonnes serrées trop
profondes, il vaut mieux en former plusieurs qu'on tient

(1) Les moyens proposés par l'auteur pour déployer vers la droite
ou vers la gauche ne laissent pas de doute dans l'esprit, quant au côté
ou le déploiement doit avoir lieu ; mais comme on est souvent exposé
au feu, en pareille circonstance, il est mauvais d'employer une marche
de flanc par numéros (par trois). La marche de flanc par subdivisions est
bien préférable. En France, pour des escadrons de soixante-quatre files,
les mouvements par sections seraient plus rapides que ceux par pelo-tons.   (*Note du traducteur.*)

(2) La contre-marche s'exécute par rang en Angleterre ; quoique plus
longue que la contre-marche de la cavalerie française, elle est toujours
bien plus rapide que les trois mouvements indiqués par l'auteur pour
faire face en arrière, savoir prendre les distances, converser et serrer en
masse. C'est donc toujours par la contre-marche qu'une colonne serrée
doit faire face en arrière, à moins qu'on ne craigne pas d'inverser les
subdivisions et de faire faire demi-tour par pelotons, ou sections. En tous
cas, la contre-marche n'est pas aussi dangereuse devant l'ennemi que le
dit le capitaine Nolan.   (*Note du traducteur.*)

à intervalle de déploiement, en échelons ou en échiquier, et qu'on peut transformer en colonnes doubles en prenant distance suffisante entre les subdivisions.

Échelons et colonnes simples contiguës à distance entière. Les combinaisons dont les échelons et les colonnes contiguës à distance entière, sont susceptibles, peuvent simplifier beaucoup les évolutions et en rendre plusieurs inutiles, mais les échelons ou colonnes ne doivent pas être moindres qu'un demi-régiment.

Les changements de position par trois ou par la marche oblique des troupes ne sont pas sans inconvénients. Ces mouvements sont toujours critiques pour la cavalerie, et d'autant plus qu'ils se font sur un terrain plus étendu. Aussi on évite souvent le danger en amenant les colonnes en ordre serré jusque sur la ligne où elles doivent être établies. On peut aussi combiner les échelons et les colonnes contiguës doubles et simples, qui ont la propriété d'être mises promptement en bataille de tous les côtés (1).

Les changements de front s'exécutent d'après les principes prescrits dans l'ordonnance de Sa Majesté la reine.

Marche en bataille. Les règles pour la marche en bataille sont généralement considérées comme simples; cependant, il me semble que les précautions qu'on prend pour asurer la direction ne sont pas suffisantes.

Toutes les manœuvres ont pour but d'arriver à une

(1) Ce que l'auteur appelle changement de position, s'appelle en France changement de direction, avec cette différence que chez nous la nouvelle direction s'appuie toujours sur l'ancienne, tandis qu'en Angleterre les deux lignes sont souvent assez éloignées l'une de l'autre; chez nous aussi les deux lignes sont invariablement perpendiculaires entre elles, tandis que chez nos voisins, elles peuvent faire un angle quelconque; enfin nos colonnes serrées seules exécutent des changements de direction, mais en Angleterre, toutes les colonnes possibles changent de position, et pour cela les subdivisions se portent jusqu'à la nouvelle direction, chacune par une marche de flanc; ou bien elles conversent, afin de présenter en marchant un système échelonné parallèle à la direction choisie, puis conversent de nouveau pour se placer perpendiculairement à cette direction.

(*Note du traducteur.*)

marche en bataille, et quand la troupe est formée et lancée en avant, s'il se présente quelque circonstance obligeant à modifier la direction, il est également dangereux de s'arrêter ou d'incliner à droite ou à gauche en marchant; si on joint à cela la difficulté d'entendre les commandements, surtout sous le feu, et souvent l'impossibilité d'apercevoir, des extrémités de la ligne, la base du mouvement, à cause des plis de terrain, ou parce qu'elle se trouve confondu dans l'alignement général, on comprend la difficulté de faire converser une ligne de cavalerie pour la tourner parallèlement à l'ennemi. Je suis donc d'avis qu'il faudrait rendre les changements de direction sensibles pour tout le monde, indépendamment des commandements. Cela pourrait se faire très-simplement. L'adjudant se porterait à vingt-cinq ou cinquante pas (suivant l'étendue de la ligne) en avant du centre; les deux guides principaux voisins des *troupes* centrales se placeraient à sa droite et à sa gauche, à cinq pas de lui, afin de former un groupe visible, présenteraient le sabre et serviraient de *base*.

L'adjudant (qui se tient habituellement près du colonel) connaîtrait le point sur lequel il aurait à se diriger; il serait responsable de l'allure.

Les deux *troupes* centrales conserveraient toujours leur intervalle exactement derrière la *base*, et se conformeraient à ses mouvements, les autres s'aligneraient vers le centre.

Quand le colonel voudrait faire changer de direction, il en avertirait l'adjudant et lui donnerait ses instructions; celui-ci, avec les deux guides principaux du centre, converserait dans la nouvelle direction, l'indiquant du sabre jusqu'à ce que toute la ligne s'y fût conformée.

Les *troupes* du côté de l'aile marchante augmenteraient l'allure, celles de l'autre côté ralentiraient.

. Si la charge sonnait, la *base* passerait au pas jusqu'à ce qu'elle fût rejointe par le reste de la ligne.

Il ne convient pas que ce soit au colonel ou aux officiers d'état-major à diriger le mouvement, parce que leurs soins sont plus utiles d'un autre côté ; il faut qu'ils observent les mouvements de l'ennemi et surveillent la troupe.

Les majors doivent marcher aux deux extrémités, sur le prolongement de la *base*, et indiquer aussi du sabre, de même que tous les officiers, la nouvelle direction.

En suivant les règles ci-dessus et celles ci-après, une ligne pourra exécuter un changement de direction sans commandement. Supposons qu'elle soit au trot : la *base* fait un demi-à droite.

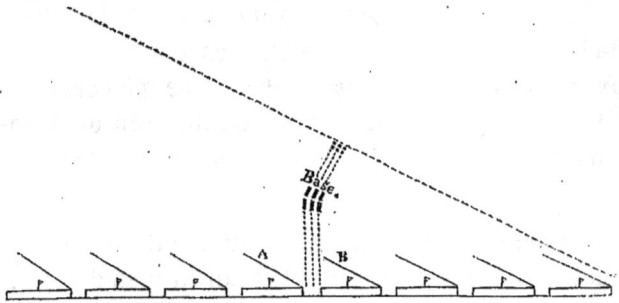

Toutes les *troupes* font comme la *base* un demi-à droite ; celles qui sont à la droite du centre passent au pas.

La *troupe A* conserve l'allure primitive, le trot ; toutes celles qui sont à sa gauche prennent le galop, jusqu'à ce qu'elles soient sur l'alignement de *A*, et se remettent au trot successivement.

La *troupe B* et toutes celles qui sont à sa droite restent au pas jusqu'à ce que la *troupe A* arrive à leur hauteur, alors elles reprennent le trot.

Si la ligne était au pas, les *troupes* placées à droite du centre s'arrêteraient, celles placées à la gauche de *A* prendraient le trot, et tout se passerait du reste conformément au paragraphe précédent (1).

Dans la marche en bataille, c'est la direction générale de la ligne, et non l'alignement parfait de l'ensemble, qui est la chose capitale. Pourvu que les chevaux soient exactement dirigés sur le point à attaquer, peu importe que quelques escadrons soient un peu plus en avant, un peu plus en arrière. Veillez à l'alignement le plus que vous pourrez, mais ne lui sacrifiez pas la direction convenable.

(1) Dans quelques cavaleries européennes, on fait exécuter des conversions en marchant sur un front fort étendue, six escadrons par exemple, et en suivant les mêmes principes que pour un seul escadron ; le mouvement se fait très-bien. Cependant si on le trouve trop difficile, et qu'on veuille le décomposer, au lieu de procéder comme l'indique l'auteur, il semble qu'il vaudrait mieux commander dans chaque escadron un quart d'à droite, ou un demi-à droite, ou trois quarts d'à droite ; la ligne se trouverait en échelons, puis on commanderait : *escadrons* ou *échelons en ligne,* — *au trot* ou *au galop;* tous les échelons exécuteraient simultanément ce dernier mouvement, prenant successivement l'alignement de l'escadron qui servirait de base.

CHAPITRE X.

TACTIQUE DE LA CAVALERIE.

> Bien monter à cheval et être habile à manier le
> sabre sont les deux points capitaux de la tactique
> de la cavalerie.
>
> Général DE BRACK.

Règles généra- I. Dans toutes vos formations, ayez toujours votre front
les. et vos flancs parfaitement découverts, à moins que les obstacles qui s'y trouvent, tels que bois, jardins, haies, etc.,
ne soient occupés par vos propres troupes.

II. Si vous avez une position à défendre, établissez-vous
en arrière de cette position.

III. N'attaquez jamais sans avoir une partie de votre
monde en réserve.

IV. Préférez les formations profondes aux formations
étendues. Si vous disposez de grands corps de cavalerie,
attaquez avec le quart de vos forces; protégez vos flancs,
poursuivez vos succès, ou parez aux revers avec le
reste (1).

V. Cachez vos mouvements quand la nature du terrain
le permet; dans le cas contraire, efforcez-vous de surprendre l'ennemi par la rapidité de vos manœuvres.

VI. Ne vous retirez jamais devant l'ennemi en faisant

---

(1) Sans doute, si l'auteur avait quatre régiments, il en déploierait un
en avant en première ligne, il en placerait un en arrière de la première
ligne, et il garderait les deux autres en colonne sur chaque flanc.

(*Note du traducteur.*)

demi-tour par trois; vos hommes vous fileraient dans la main, et vous ne pourriez aisément les arrêter (1).

VII. N'attaquez jamais avec plus de monde que n'en exige l'effet que vous voulez produire.

VIII. Si c'est possible, faites toujours reconnaître le terrain sur lequel vous devez charger, afin de vous assurer qu'il n'y a pas d'obstacle infranchissable (2).

IX. Tentez rarement des charges de cavalerie sur une grande échelle, contre des masses de troupes de toutes armes, à moins qu'elles n'aient été préalablement ébranlées par le feu de votre artillerie (3).

X. Guettez le moment favorable pour l'attaque et tâchez de le saisir s'il se présente.

XI. N'engagez pas tout d'abord votre cavalerie, dès le commencement de la bataille.

XII. C'est sur les flancs de l'ennemi qu'il faut surtout faire jouer la cavalerie.

Trois de ces règles, savoir : la troisième, la quatrième et la sixième, furent négligées par le brigadier Pope à la bataille de Chillianwalla.

(1) Dans le demi-tour par trois (ou par quatre), chaque cavalier, agissant pour ainsi dire isolément, ne s'arrête pas lorsqu'il a fait face en arrière, continue son mouvement individuel et, obéissant à la peur, prend le galop, tandis que si une fraction constituée, un peloton, par exemple, conversant tout d'une pièce sous le contrôle d'un chef responsable, qui a l'œil sur son monde pendant la durée du mouvement, se trouve encore devant le premier rang lorsqu'il a tourné le dos à l'ennemi et le maintient de fait et d'exemple, cette fraction ne peut guère s'abandonner à la fuite. (*Note du t.*)

(2) Ce précepte est fort utile : aussi, dans les marches en colonne, le guide de la tête, et, dans les marches en bataille, le guide placé devant la droite ou la gauche de chaque escadron, devraient marcher à trente ou quarante pas en avant, pour indiquer à temps les obstacles infranchissables qu'on ne voit quelquefois que de très-près, tels que ressauts ou chemins creux en plaine, marais dans les prairies, etc. (*Note du traducteur.*)

(3) Agir contrairement à cette règle serait se conduire comme un joueur qui exposerait d'un seul coup toute sa fortune contre un adversaire dont il ignorerait et l'habileté et les ressources. (*Note du traducteur.*)

Règle III. Il n'avait pas de réserve.

Règle IV. Il forma ses quatre régiments sur une seule ligne.

Règle VI. La ligne fit demi-tour par trois, et ne put être arrêtée une fois qu'elle eût tourné le dos.

Cavalerie contre cavalerie. La position la plus délicate dans laquelle puisse se trouver un officier, est celle où il a à commander de la cavalerie contre de la cavalerie, car la plus légère faute peut être punie sur-le-champ, et le moindre revers est suivi de conséquences désastreuses.

En agissant contre d'autres armes, un échec n'est pas irréparable, parce que leurs mouvements sont lents comparativement.

Une cavalerie qui se laisse atteindre pendant l'exécution d'une formation, est généralement culbutée si l'ennemi sait profiter de l'occasion.

Evitez donc toute évolution, quand vous pouvez craindre d'être attaqué à l'improviste; marchez alors en ordre tel que vous puissiez être prêt immédiatement pour le combat; si vous êtes obligé de changer quelque chose à vos dispositions, faites-le vite et de manière que vous ayez toujours votre front libre, afin de pouvoir commencer à charger, si on tente quelque chose contre vous, pendant que vous achevez de vous préparer.

Quand la nature du terrain s'oppose à ce que vous marchiez déployé, avancez en colonnes peu profondes, susceptibles de se former rapidement et tout à coup sur le point où vous voulez donner; mais, pour exécuter un mouvement de cette nature, il faut de l'habileté, de la confiance en soi ou être soutenu par de l'artillerie (1).

Un officier de cavalerie doit savoir masquer ses inten-

---

(1) Des colonnes doubles d'un demi-régiment chacune, présentant un front de division, seraient particulièrement avantageuses en ce cas, à cause de la rapidité de leurs déploiements dans tous les sens, et de la facilité de les faire mouvoir même en pays coupé. (*Note du traducteur.*)

tions et présenter de suite un front respectable en toutes circonstances ; car rarement on rencontre l'ennemi exactement dans la position où on pensait le trouver, et il ne vous donnera pas souvent l'occasion de mettre à exécution un plan préconçu. Le plus léger mouvement de sa part oblige à en faire la contre-partie, et cela sans *hésitation*.

Mesurez bien les distances, et n'entreprenez jamais un mouvement que vous ne soyez certain de le finir entièrement, sous peine d'encourir une défaite, si vous n'avez pas le temps de l'achever.

Je dois faire remarquer ici qu'il faut exercer continuellement les officiers et les soldats à bien apprécier les distances. Un homme qui en a l'habitude peut, d'un seul coup d'œil, mesurer très-approximativement l'espace compris entre deux points, tandis qu'un autre commettrait des erreurs grossières.

Dans les écoles militaires françaises, l'appréciation des distances à l'œil est une des parties régulières de l'enseignement des jeunes officiers. Il devrait en être de même chez nous, et cependant il ne paraît pas qu'on y ait seulement pensé. Chez l'officier de cavalerie, l'œil est le plus important des organes, et tout doit être mis en œuvre pour développer ses facultés et sa puissance (1).

Marcher en colonne avec distance entière sur une ligne parallèle à celle de l'ennemi, et se former en bataille par

(1) L'auteur a trop bonne opinion des écoles militaires françaises. L'appréciation des distances à l'œil est peut-être recommandée, mais elle ne fait pas l'objet d'une étude régulière. D'ailleurs la faculté d'apprécier les distances du regard se perd promptement si elle n'est pas entretenue par une pratique constante, et c'est dans les régiments qu'il faudrait l'exiger. Il est vrai qu'une bonne vue est très-essentielle chez un officier de cavalerie qui en trouve tous les jours l'application, cependant elle n'est point prise en considération lors du classement des élèves sortant des écoles militaires, et on met bien au-dessus d'elle des connaissances en mathématiques qui ne serviront jamais.   (*Note du traducteur.*)

une conversion de chaque subdivision, est un mouvement
simple qui réussit quelquefois ; mais il n'est pas toujours
sans danger, parce qu'il expose vos flancs. En pareil cas,
si l'ennemi s'approche, vous faites converser autant de
subdivisions qu'il en faut pour le tenir en échec, et les subdivisions de la queue, marchant derrière la ligne, vont se
former successivement au delà des premières, ou bien,
pendant que celles-ci chargent, se prolongent sur une
ligne qui leur est parallèle, conversent à leur tour, puis
forment une seconde ligne.

Le chef d'une cavalerie qui marche au combat doit désigner quelques officiers ou sous-officiers bien montés
pour précéder la colonne et reconnaître le terrain sur lequel il est probable que l'action s'engagera.

Si l'ennemi est en vue, ces officiers galopent droit à lui,
s'en approchent aussi près que possible sans courir risque
d'être enlevés, et remarquent toutes les particularités capables d'aider au succès ou de prévenir un revers.

Couvrez vos mouvements et protégez vos flancs par un
rideau de tirailleurs, que vous renforcez suivant les circonstances, si vous êtes proche de l'ennemi, et observez-le
lui-même à l'abri de ce rideau. Les officiers qui sont avec
les tirailleurs doivent bien prendre garde aux flancs et ne
se laisser cacher aucune entreprise favorisée par des obstacles naturels, tels que villages, haies, etc. — Ce fut par
un manque de précaution de ce genre que la cavalerie
française fut défaite par celle des Autrichiens, à Wurzbourg.
L'archiduc Charles envoya quatorze escadrons de hussards
pour tourner un village, pendant que les Français chargeaient les cuirassiers. Les hussards laissèrent l'ennemi
dépasser le village, puis, fondant tout à coup sur ses derrières, le mirent en déroute.

Si vous avez l'ordre d'attaquer, prenez l'initiative, et si
vous pouvez craindre d'être débordé, ayant affaire à des

forces supérieures, placez des troupes en arrière de vos flancs, afin qu'elles agissent suivant les circonstances. Après avoir pris cette précaution, et vous être fait soutenir par une réserve, prenez la charge résolûment, en profitant d'un moment favorable, tel que celui où l'ennemi change ses dispositions, est engagé sur un mauvais terrain, souffre du feu de votre artillerie, etc. (1).

L'ennemi essaiera peut-être de vous prendre en flanc et de vous entourer, mais, pendant qu'il étendra sa ligne à droite ou à gauche, à cet effet, il exposera son propre flanc et vos réserves pourront le prendre sur le fait et lui infliger une leçon.

« Une manœuvre, dit de Brack, qui est souvent suivie de succès, lorsque deux lignes s'observent mutuellement, est de lancer en avant un escadron en colonne tenu derrière un de vos flancs (ou l'escadron extrême lui-même), comme s'il voulait tourner l'ennemi. Celui-ci rompt en colonne pour s'opposer et pour parer à un pareil danger; alors faites sonner la charge et précipitez-vous sur lui. Cette manœuvre est l'art de la guerre en miniature. »

Un bel exemple de solidité et de résolution, conforme aussi aux règles précédentes, fut donné à Blenheim (1704), par un régiment de cavalerie anglaise, les carabiniers, au commencement de l'affaire, juste après la grande attaque sur le Blenheim, que notre infanterie n'emporta pas à la

---

(1) C'est un précepte des plus salutaires de ne jamais s'avancer contre l'ennemi sans avoir des réserves sur ses flancs et ses derrières. Si on n'est pas assez fort pour présenter un front suffisant, il vaut mieux user de stratagèmes que d'exposer tout son monde en une seule ligne. Avec de vieux soldats, on peut les mettre sur un rang et en faire deux lignes, ou multiplier les intervalles en séparant deux subdivisions habituellement réunies dans l'ordre en bataille. Ces ruses ne sont pas faciles à reconnaître de loin, elles peuvent en imposer et faire croire à des forces doubles.

(*Note du traducteur.*)

vérité, mais qu'elle coupa de la ligne française en occupant le terrain au delà, rendant ainsi inutile un gros corps d'infanterie ennemie enfermé dans le village.

« Le duc de Malborough, dit *Kane*, ayant ainsi assuré son flanc, ordonna au colonel *Palmes* de passer le ruisseau avec trois escadrons. Cet officier, ne rencontrant pas de résistance, se porta en avant du marais, et laissa derrière [lui un espace suffisant pour établir nos lignes. Le duc suivit *Palmes ;* les moulins furent attaqués, mais ceux qui étaient dedans y mirent le feu et se retirèrent. L'infantérie et la cavalerie que le duc avait avec lui (pas plus de dix escadrons et de douze bataillons) passèrent comme ils purent et se formèrent à mesure qu'ils furent de l'autre côté. *Tallard*, pendant tout ce temps, comme un homme infatué de son mérite, regardait tranquillement, sans permettre qu'on nous envoyât une balle ou un boulet. Seulement, quand il vit que *Palmes* approchait, il ordonna à cinq escadrons (quelques-uns disent sept) de marcher contre lui, de le culbuter et de revenir. L'officier qui commandait cette troupe, voyant qu'il nous débordait, détacha ses deux escadrons extrêmes avec mission de gagner nos flancs, puis de converser et de les attaquer ; mais *Palmes* s'apercevant de ce mouvement, fit mettre en potence l'escadron de droite, commandé par le major *Oldfield*, l'escadron de gauche commandé par *Creed*, les lança contre les escadrons français qui cherchaient à le tourner, et, ne doutant pas qu'ils ne les défissent, leur prescrivit de rabattre ensuite sur les autres, pour les prendre en flanc, pendant que lui-même les chargerait de front. Tout se passa comme il l'avait prévu, avec perte, il est vrai, de quelques braves, entre autres de Creed ; de telle sorte que ces trois escadrons en repoussèrent cinq ou sept. Ce fut le premier acte du drame ; il se passa de bonne heure et donna au duc le loisir de former ses lignes. »

Avec un gros corps de cavalerie, il est difficile de gagner

le flanc de l'ennemi, mais avec de faibles détachements, le cas s'en présente souvent. Si l'ennemi vous fournit une bonne occasion de l'attaquer, profitez-en ; n'en attendez pas une meilleure.

Si la cavalerie ennemie a un fossé, un chemin creux ou autre obstacle à traverser, laissez-la tenter le passage sans l'inquiéter, puis tombez dessus avant qu'elle se soit remise en ordre et qu'elle ait repris le galop (1).

Une seule charge suffit rarement pour décider le sort d'un combat de cavalerie ; l'avantage reste ordinairement à celui qui peut faire intervenir le dernier des réserves de troupes fraîches.

Les grands corps de cavalerie sont généralement formés sur trois lignes : la première, la seconde et la réserve. Maintenant, supposons que la seconde ligne soit déployée conformément au système actuel, avec des intervalles de douze pas entre les escadrons, et que la première, forte de mille à douze cents chevaux et soutenue par de l'artillerie légère, soit culbutée et poursuivie par l'ennemi. On aura beau crier après les fuyards, on ne les détournera pas de la ligne droite, la plus sûre et la plus courte ; on ne les déterminera pas à se diriger vers les flancs, et il ne sera aucunement possible de les faire écouler assez vite, avec leurs canons et leurs caissons, à travers les intervalles étroits de la seconde ligne. Celle-ci ne pourra s'avancer tant que son front ne sera pas dégagé et, voyant l'ennemi prêt à se ruer sur elle, sans avoir elle-même carrière pour charger, elle tournera probablement le dos comme la première (2).

(1) Un simple fossé peut mettre une ligne de cavalerie dans un grand désordre, si on n'a pas habitué les cavaliers à sauter par escadron, si on est obligé de ralentir afin de le passer en descendant dedans puis de remonter de l'autre côté, ou enfin si le second rang, trop près du premier pour se préparer en temps utile à sauter, tombe au milieu. Cette dernière considération est une de celles que mettent en avant les tacticiens qui veulent former la cavalerie sur un seul rang.   (*Note du traducteur.*)

(2) L'auteur ne parle que de trois lignes placées les unes derrière les

Nous voudrions donc que la première ligne fût seule déployée, et que la seconde ligne fût formée en colonnes doubles, les deux colonnes extrêmes débordant la première ligne ; chaque colonne dégagerait facilement son front pour se faire jour à travers les fuyards, et si l'ennemi ne s'arrêtait pas, on détacherait contre lui les dernières *troupes* de chaque colonne, qui, le prenant par derrière, lui feraient éprouver de grandes pertes (1).

Toutes les colonnes agiraient au moment opportun, selon les circonstances qui s'offriraient à elles, attendu qu'on ne pourrait, dans une telle confusion, espérer un effort simultané de leur part.

Les réserves placées en colonnes en arrière du centre, seraient dans la position la plus convenable pour détacher des renforts où besoin serait.

Si la première ligne réussit dans l'attaque, la seconde ligne, lorsqu'elle est en colonne, se trouve toute prête pour passer dans les intervalles de la précédente et poursuivre son succès, tandis que si elle était déployée elle devrait rompre d'abord en colonnes, ce qui ferait perdre du temps.

Si la première ligne n'est pas assez forte pour attaquer l'ennemi, la réserve se réunit à la seconde ligne, et toutes deux se déploient et s'avancent ensemble ; la première se retire ensuite en arrière par leurs intervalles, et devient la réserve.

autres. Quelques tacticiens en veulent souvent quatre, toutes déployées et peu éloignées les unes des autres ; ils ont alors de véritables colonnes serrées d'un grand front, semblables à ces colonnes de plusieurs bataillons déployés les uns derrière les autres, dont on fit usage en plusieurs occasions dans les guerres de Napoléon 1er, et dont on se trouva mal, particulièrement en Espagne. On ne devrait jamais avoir plus de trois lignes, dont deux au plus déployées et à trois ou quatre cents mètres les unes des autres, afin que le désordre d'une ligne ne réagît pas sur la suivante.

(Note du traducteur.)

(1) L'auteur demande peut-être d'une manière trop absolue que la seconde ligne soit toujours en plusieurs colonnes doubles, dont deux débordent les

La difficulté de marcher sur une seule ligne très-étendue et le danger d'être repoussé sur tous les points à la fois, ont fait imaginer l'ordre en échelons qui a souvent de grands avantages.

Les échelons doivent être employés particulièrement à la sortie d'un défilé pour soutenir des troupes déjà engagées ou défaites, ou pour attaquer, sans perdre de temps et sans attendre que toutes les forces soient sur la même ligne, un ennemi déjà ébranlé par le feu de votre infanterie ou de votre artillerie (1).

Les échelons ne doivent pas être moindres qu'un demi-régiment, autrement ils ne produiraient pas un effort suffisant. D'ailleurs ils peuvent se trouver en ordre déployé, en colonnes simples ou doubles, selon les circonstances, de manière à être bien dans la main du commandant en chef (2).

flancs de la première ligne. Dans quelques cas, il vaudrait peut-être mieux n'avoir qu'une seule colonne, et la placer derrière le centre de la première ligne, par exemple si l'on n'avait pas un très-grand front à occuper, et si les flancs étaient couverts soit par des obstacles, soit par de l'infanterie. Quelquefois, on pourrait encore déployer d'avance la seconde ligne, par exemple, pour masquer d'abord des troupes redoutées par d'autres troupes peu redoutables; celles-ci mettraient l'ennemi en confiance, jusqu'au moment où on les ferait passer en arrière, en les rompant en colonnes partielles. (*Note du t.*)

(1) Pour comprendre la dernière partie de ce paragraphe, il faut supposer qu'une colonne serrée de cavalerie débouche par un des intervalles d'une première ligne d'infanterie, qui a déjà ébranlé l'ennemi, et que cette colonne se déploie en échelons, le premier échelon chargeant de suite, sans attendre les autres qui chargent successivement, au fur et à mesure qu'ils font face en avant. (*Note du traducteur.*)

(2) Il faut observer ici qu'un régiment, selon le système proposé par l'auteur, ne se composerait souvent que de six *troupes*, séparées par des intervalles de douze mètres et n'ayant que vingt-cinq files chacune, et qu'en formant les échelons d'une seule *troupe*, par analogie avec ce qui se pratique en France, où on les forme habituellement d'un escadron, ces échelons seraient en effet trop petits. Nos échelons d'un escadron sont un peu faibles, mais la distance qui les sépare n'étant pas grande, il y a une rapidité très-avantageuse dans la succession des efforts, et si l'un des échelons est repoussé, cela n'influe pas d'une manière aussi fâcheuse sur l'en-

Quelques-uns des avantages de l'ordre en échelons sont les suivants :

Vous pouvez charger dès que l'ennemi vous en donne l'occasion, sans attendre que toutes vos forces soient à même hauteur ;

Vous pouvez attaquer une aile ou un point quelconque de la ligne opposée, sans engager tout votre monde à la fois, et sans exposer vos flancs, puisque l'échelon suivant protége le précédent ;

Si le premier échelon est défait, le second le soutient, et si au contraire il est victorieux, vous êtes presque assuré du succès général, parce qu'en se rabattant sur le flanc et les derrières de l'ennemi, pendant que vos autres échelons le chargent de front, il le met en désordre.

Après une charge heureuse, ralliez-vous en avant; les traîneurs vous rejoindront pendant que vous marcherez. Si vous vous ralliez en arrière, vous perdez du temps, puisque vous faites faire à une partie de vos hommes deux fois le même chemin.

Après le ralliement, attaquez de suite le flanc mis en l'air par la déroute de l'ennemi que vous aviez en front.

Le général Boussard, à la bataille de Llerida, chargea, avec le 13e de cuirassiers, la cavalerie espagnole qui se trouvait à la gauche de la ligne, la mit en déroute, puis, obliquant à gauche, tomba résolûment sur l'infanterie, l'enfonça aussi et lui prit cinq mille six cents hommes.

Deux cavaleries qui se chargent se joignent rarement à toute vitesse; l'une tourne ordinairement le dos avant le choc, sans que ni rupture, ni confusion ne soient produites dans ses rangs.

semble de la charge, que s'il avait un grand front. En résumé, on peut dire que les avantages des petits échelons compensent leurs inconvénients, que c'est l'inverse pour les grands échelons, et que, suivant les cas qui se présenteront, un chef habile emploiera tantôt les premiers, tantôt les seconds.   (Note du traducteur.)

Le fait est que chaque cavalier, en voyant s'approcher au galop la ligne opposée, est persuadé que s'il se heurte, à cette allure, contre son vis-à-vis, tous les deux rouleront à terre avec les membres brisés (1).

Et pour frapper son adversaire il faut le serrer de près ; mais alors il y a autant de chances pour recevoir un coup de lui que pour lui en donner un.

De là, donc, répugance naturelle à s'aborder. Combien de fois a-t-on vu l'infanterie croiser réellement la baïonnette ? Quelques auteurs disent *jamais!* Quand aux cavaliers, à moins qu'ils ne se sentent habiles à manier leurs chevaux et leurs armes, qu'ils n'aient confiance en celles-ci, ils ne pénétreront pas franchement dans les rangs ennemis.

On cite un exemple de deux lignes se chargeant et montrant de l'hésitation au même instant.

C'était dans notre retraite de Burgos, en Espagne. Trois escadrons de chasseurs français chargèrent quelques escadrons de notre arrière-garde. Ceux-ci s'avancèrent au galop à leur rencontre ; puis tout-à-coup, au moment de se joindre, les deux lignes s'arrétêrent court. On se regarda un instant en silence ; enfin, un Français frappa l'Anglais qui se trouvait devant lui : ce fut un signal auquel les deux troupes opposées se mêlèrent ; le colonel des chasseurs fut tué ; presque tous ses officiers furent blessés, et les Français se retirèrent avec une perte énorme.

Les flancs de chaque *troupe* doivent être fermés par des officiers, car c'est généralement par les flancs que les hommes commencent à faire demi-tour (2).

(1) Le fait suivant s'est passé à Metz, en 1839. Deux cavaliers lancés au galop dans le polygone, venant à la rencontre l'un de l'autre, n'eurent pas le temps ou l'adresse de se détourner, et se choquèrent. Les chevaux furent tués et les cavaliers projetés en l'air retombèrent tout meurtris à plusieurs pas de leur montures.   (*Note du traducteur.*)

(2) De bons sous-officiers aux ailes des escadrons empêcheront tout aussi bien le demi-tour que des officiers. Ceux-ci sont plus utiles devant le front

C'est avec de la cavalerie réunie en grand corps qu'on peut frapper un coup décisif, mais les obstacles naturels, aussi bien que la difficulté de déboucher à travers les lignes d'infanterie, s'opposent à ce qu'elle soit engagée ainsi en masse.

Aujourd'hui, on ne cherche plus les plaines unies pour livrer bataille, et, même dans les pays coupés, la cavalerie doit appuyer les autres armes : il importe donc, pour être prêt à toutes les éventualités, de la partager en plusieurs corps plus ou moins considérables, et de les répartir selon les besoins. On a souvent attaché un régiment de cavalerie à chaque division d'infanterie, pour lui servir de soutien et poursuivre un succès (1).

Après avoir pourvu aux exigences particulières, on rassemble tout ce qui reste de cavalerie et on le tient en réserve, soit derrière le centre, soit sur les deux flancs, en seconde ligne (2).

de la troupe qu'à l'extrémité du rang où on ne les voit pas, et où leur exemple est perdu pour les hommes. (*Note du traducteur.*)

(1) A moins qu'une division d'infanterie n'agisse isolément, auquel cas il est bon de lui donner un régiment de cavalerie, c'est un mauvais système d'éparpiller la cavalerie sur un champ de bataille. La vraie réserve d'une armée est sa cavalerie, soit pour profiter d'une victoire en poursuivant l'ennemi, soit pour couvrir la retraite après une défaite. (*Note du trad.*)

(2) Dans une retraite, on met souvent un gros corps de cavalerie à l'arrière-garde; il se trouve en première ligne, contrairement au principe posé par l'auteur, toutes les fois qu'on prend position pour arrêter l'ennemi. Il faut remarquer qu'en pareil cas on est en ordre de bataille renversé, qu'on continue une partie déjà perdue, que la cavalerie joue son rôle de réserve, et qu'elle ne doit tenir que le temps nécessaire pour laisser filer les autres troupes. On place aussi quelquefois à l'avant-garde ou en première ligne de grands corps de cavalerie, mais cela ne se fait que dans les guerres d'invasion, lorsque le pays offre de grandes ressources en fourrages, que l'ennemi n'a que de mauvaises troupes, peu d'artillerie, et qu'il faut l'effrayer en avançant rapidement. Une telle circonstance est analogue à celle qui se présente lorsqu'on poursuit une armée battue. (*Note du traducteur.*)

La cavalerie doit agir d'une façon toute indépendante
des autres armes, dès qu'elle est lancée à la charge. Le feu
de l'infanterie et de l'artillerie peuvent lui préparer la voie
avant et pendant l'attaque, mais il ne faut pas que rien
gène ou retarde sa marche. Tenez-la en arrière jusqu'au
moment opportun, puis, une fois lâchée, que ce soit pour
combattre.

La bataille de Möckern, livrée le 16 octobre 1813, offre
un exemple frappant des résultats que peut obtenir un petit
corps de cavalerie bien commandé et mené à la charge au
moment favorable.

Bataille
de Möckern.

Cette bataille, si glorieuse pour le corps du général
Yorck, le fut aussi particulièrement pour le colonel Sohr
qui, pendant que la mort pleuvait à ses côtés, attendit sans
broncher que l'occasion se présentât d'agir, puis, alors,
s'élançant sur l'ennemi avec la plus grande bravoure, fit
pencher la balance en faveur des alliés et enchaîna la victoire aux étendards prussiens.

Le village de Möckern avait été chaudement disputé de
la part des Français, et quoique les Prussiens l'eussent à la
fin emporté, ils ne pouvaient pas en déboucher, arrêtés
qu'ils étaient par de puissantes batteries établies sur des
hauteurs situées au delà.

Une batterie de quinze canons de gros calibre causait un
affreux ravage jusqu'au milieu du village, et de part et
d'autre des troupes fraîches s'avançaient pour continuer
le combat, tant qu'à la fin il ne restait plus aux Prussiens
qu'une seule brigade commandée par le colonel Steinmetz.
Le général Yorck la fit intervenir, et elle rétablit assez
bien les affaires pour que les Prussiens pussent conserver
Möckern et occuper le terrain à droite; mais ils n'obtenaient pas un avantage décisif.

Qu'y avait-il à faire? Les seules troupes qui n'eussent
point encore donné étaient la cavalerie de réserve, sous
les ordres du général Fürgass, en position à Wahren, mais

il eût été mal à propos de les engager contre un ennemi non encore ébranlé.

Sohr, qui avait été détaché dès le commencement de l'affaire avec trois escadrons de hussards afin de couvrir le flanc droit de l'infanterie, se tenait en colonne dans un pli de terrain pour éviter le feu de l'artillerie ennemie, dont les obus, à la fin, l'obligèrent de déloger et de se porter un peu à gauche de la route.

A ce moment, les Français chassèrent de nouveau une partie de l'infanterie prussienne hors du village et s'établirent en force dans les maisons et les jardins.

Le général Yorck se dirigea vers Sohr et lui dit : « Si la cavalerie ne tente quelque chose à présent, la journée est perdue ! Avancez, monsieur, et chargez ! » Sohr fit observer qu'il n'avait pas de réserve pour le recueillir en cas de revers, le reste de la cavalerie étant encore en arrière du centre. Un aide de camp fut envoyé pour la chercher, et, en s'en allant, le général ordonna à Sohr de faire en sorte que l'infanterie conservât son terrain jusqu'à l'arrivée de la cavalerie. Pendant qu'il cherchait ce qu'il devait faire dans ce but, le major Schuck revint lui dire de charger. Sohr répondit : « Dites au général que j'attends un moment favorable ; qu'il me laisse libre de le choisir, et quand je l'aurai trouvé, je lui promets, sur mon honneur de soldat, de charger et de charger à fond. »

Les Français s'étaient déjà approchés au point qu'une attaque à la baïonnette contre l'infanterie prussienne était imminente, et enveloppés dans des nuages de fumée, ils avançaient toujours en faisant feu. Sohr pouvait seulement juger par le sifflement des balles s'il était assez près ; il passa dans les intervalles de la ligne en retraite, se forma en bataille, et, après trois hurras, s'élança contre l'ennemi, le culbuta, le dispersa et le poursuivit jusque dans ses batteries, enlevant six canons dans cette première charge.

La cavalerie française se porta au secours de son infanterie, mais un régiment de lanciers de la réserve prussienne, qui arrivait en même temps, la culbuta, et pendant
qu'il la suivait pour l'empêcher de se rallier, les hussards
attaquèrent l'infanterie formée en carrés pour les recevoir.
en enfoncèrent trois successivement, prirent neuf pièces
de canon, puis, se joignant aux lanciers, menèrent l'ennemi
battant jusqu'à Leipzig, lui infligeant une perte énorme en
tués, blessés et prisonniers.

Il faut qu'un officier qui commande de la cavalerie sache
d'avance ce qu'il veut faire ; et, une fois son plan conçu, il
doit l'exécuter avec énergie et résolution, car sans cette
dernière condition, sous des chefs vacillants dans leurs
projets, il n'y a rien à attendre de bon de la cavalerie,
quelque brave qu'elle soit d'ailleurs.

Celui qui commande ne restera pas près de sa troupe,
mais se portera en avant afin de surveiller la marche des
événements et être prêt à saisir le moment propice pour
lancer sa cavalerie et pour se garder de toute surprise :
dans les deux cas, à moins d'ordres contraires, il agira de
lui-même et sans hésitation.

Les réserves doivent être placées hors de vue et à l'abri
du feu, mais à portée de soutenir un premier succès,
parce que, sans elles, il ne faut pas penser à continuer
longtemps une poursuite, une poignée de troupes fraîches
suffisant pour arrêter des chevaux harassés, culbuter les
vainqueurs et changer la victoire en défaite.

En règle générale, n'engagez pas trop tôt votre cavalerie, à moins d'une bonne occasion dont vous profitez de
votre mieux. Tenez-la sous la main pour décider la journée,
regagner le terrain perdu, couvrir une retraite, reprendre
de l'artillerie, etc. Pour tout effort vigoureux, des hommes
et des chevaux frais sont absolument nécessaires (1).

(1) Gardez-vous de ces mouvements inutiles, de ces marches en avant, à
droite, à gauche, en retraite, de ces ploiements et de ces déploiements, sans

Attaque et dé-
fense des po-
sitions.

Avant d'attaquer une position, concentrez sur le point
que vous voulez particulièrement charger, les feux d'autant de pièces d'artillerie que vous pourrez en réunir, et
placez vos batteries de telle sorte qu'elles puissent jouer
même pendant que vous avancez. Si vous échouez, retirez-vous de manière que l'artillerie puisse vous protéger
efficacement.

Si vous avez, au contraire, à repousser une attaque semblable à celle décrite dans le paragraphe précédent, tenez
une partie de votre cavalerie disposée pour charger de
front l'ennemi, mais de façon à permettre à votre infanterie et à votre artillerie de tirer jusqu'au dernier moment;
placez le reste de votre cavalerie dans une position qui permette de le prendre en flanc; attendez que votre adversaire
ait souffert, en avançant, des projectiles qu'on lui envoie;
tombez alors sur lui en front et en flanc. Si vous le cul-
butez, suivez-le, ne lui laissez pas le temps de se reformer, entrez pêle-mêle avec lui au cœur de sa position,
et semez-y la confusion. Pendant ce temps, votre seconde ligne vous soutient de près; vous envoyez des
détachements contre toutes les batteries que vous voyez
dirigées sur vous; et enfin vos réserves s'approchent lentement, afin de couvrir votre retraite en cas d'accident.

Jeter de la cavalerie contre le front d'une position réussit, quand l'ennemi est déjà démoralisé par des défaites précédentes ou par d'autres causes; mais, agir ainsi en toutes
circonstances, c'est beaucoup s'exposer, surtout si on peut
craindre de rencontrer devant soi une cavalerie vigoureuse. Si l'attaque échoue, on risque d'entraîner l'armée
entière dans sa défaite. Cependant, il est quelquefois nécessaire de tenter un semblable effort. Par exemple, à la

bataille d'Eylau, le corps d'Augereau, formé en colonnes
et soutenu par une puissante artillerie, s'avançait contre

fin qui fatiguent beaucoup votre cavalerie, et qui la rendent incapable de
charger quand le moment en est venu.   *(Note du traducteur.)*

le front de la position des Russes. Augereau, ses deux généraux de divisions et plusieurs autres officiers généraux
furent blessés; quelques régiments furent presque détruits
par le feu des Russes et leurs charges de cavalerie et d'infanterie. La perte totale de ce corps (le 7e) était imminente; elle ne fut prévenue que par l'ordre donné à propos
de faire marcher la cavalerie française. Napoléon la lança
en avant, sous Murat et Bessières, afin de dégager Augereau, et d'attaquer le centre russe; soixante-dix escadrons,
la fleur de l'armée française, exécutèrent une charge en
bataille des plus remarquables, et renversèrent successivement deux lignes d'infanterie russe; mais la cavalerie
de réserve des Russes, consistant en cent escadrons, tomba
sur les escadrons français, un peu désunis par leur succès,
et les ramena en désordre, pendant que l'infanterie se reformait.

A Waterloo, toutes les attaques de la cavalerie française
contre le centre [de notre position furent repoussées. Ces
attaques étaient précédées d'un feu terrible d'artillerie;
elles furent répétées avec la plus grande obstination; cependant, elles n'obtinrent pas le moindre succès partiel
pendant toute la bataille et causèrent des pertes énormes
aux Français (1).

Quand vous êtes le plus fort en cavalerie, vous ferez
bien de l'employer sur les flancs de l'ennemi; autrement,

(1) Sur le centre de l'armée alliée étaient des batteries formidables, et le
terrain était détrempé par la pluie; les Français avaient à charger en montant, ce qui est très-désavantageux, et devant eux se trouvaient d'excellentes
troupes; malgré ces circonstances fâcheuses, ils avaient fait tant de mal à
l'ennemi, qu'il allait battre en retraite quand Blücher arriva. Ce qui précède
est pour rendre hommage à la valeur de la cavalerie française; mais l'auteur a raison quand il entend implicitement que Napoléon eut tort de faire
exécuter des charges de cavalerie, dès le commencement de la journée,
contre le front de la position des Anglais, avant qu'ils eussent été suffisamment ébranlés par le feu dirigé contre eux.   (*Note du traducteur.*)

gardez-la sous la protection de votre infanterie et de votre artillerie, prête à agir, si l'occasion s'en présente.

Quand on peut distraire un corps de cavalerie et de l'artillerie, il faut les envoyer tourner la position de l'ennemi, afin de tomber sur ses derrières; mais seulement si leur marche peut être cachée par un rideau ou pli de terrain, à moins qu'on ait l'intention de faire une fausse attaque, du côté où on veut attirer les réserves qu'on aurait à craindre ailleurs. Dans ce dernier cas, il vaut mieux les diriger droit sur le flanc où ils doivent agir; car s'ils essayaient d'un mouvement tournant, lorsqu'ils arriveraient à portée des derrières de l'ennemi, celui-ci, qui les aurait vu venir, aurait fait ses dispositions pour les recevoir, et en fin de compte, ils auraient seulement perdu du temps.

Si on réussit à tourner l'ennemi, sans qu'il s'en aperçoive, il faut attaquer de suite sa cavalerie; quant à son infanterie, si elle est préparée à se défendre, il faut la battre d'abord avec de l'artillerie à cheval, pour assurer le résultat de la charge (1).

Une cavalerie en réserve derrière la crête d'une colline, sur laquelle monte l'ennemi, doit, si c'est possible, être formée en bataille avant qu'il l'aperçoive, afin d'être prête à tomber sur lui dès qu'il est en vue.

Poursuite d'une armée vaincue.

Après la défaite d'une armée, la cavalerie du côté victorieux doit agir en corps, dirigeant ses efforts contre les masses de l'ennemi qui offrent encore de la consistance, sans s'amuser à combattre les petits détachements qui ont pris position pour se défendre, et qui deviendront certainement plus tard la proie de l'infanterie. Il faut passer

(1) Aujourd'hui, plus que par le passé, puisque l'infanterie a des fusils d'une longue portée, ne la faites jamais charger par de la cavalerie sans l'avoir préalablement ébranlée par un feu d'artillerie, à moins qu'on ne débouche tout à coup près d'elle, de telle sorte qu'elle n'ait qu'une ou deux décharges à envoyer.　　　　　(*Note du traducteur.*)

outre, couper la ligne de retraite, et empêcher à tout prix que l'ordre ne puisse se rétablir dans le parti vaincu (1).

En 1796, à la bataille de Roveredo, par une attaque bien concertée, Napoléon avait jeté l'armée autrichienne en désordre à travers le défilé de Calliano ; un de ses aides de camp, Lemarois, suivi de cinquante chasseurs, se précipita pêle-mêle avec les fuyards, et gagnant la sortie du défilé, leur coupa ainsi la retraite et permit à la cavalerie française de faire plusieurs milliers de prisonniers (2).

L'artillerie à cheval n'est pas seulement un puissant auxiliaire de la cavalerie dans l'attaque, elle lui sert encore de soutien et la protège à l'heure du danger et dans une défaite. Elle peut la suivre lorsque celle-ci s'avance, et par son feu destructeur, elle prépare la victoire. Elle déloge l'ennemi de positions où le sabre ne pourrait l'atteindre, et fait de terribles ravages dans les masses d'infanterie impénétrables aux cavaliers. Elle arrête les vainqueurs et donne le temps aux siens de se reformer sous la protection des projectiles.

Artillerie à cheval avec la cavalerie.

Elle est d'un grand secours à la cavalerie pour passer les défilés en face de l'ennemi, pour défendre un terrain coupé contre des forces supérieures, et dans mille autres circonstances.

L'artillerie à cheval doit se placer de manière à ne pas gêner les formations projetées de la cavalerie, et se tenir toujours à portée d'appuyer ces formations.

(1) Le principe posé par l'auteur de ne faire poursuivre une armée battue que par des corps entiers de cavalerie, ne doit pas s'entendre d'une manière absolue. Si l'ennemi bat en retraite méthodiquement, il ne faut agir contre lui qu'en masses et avec certaines précautions ; mais s'il est en désordre, il faut lancer hardiment contre lui des détachements précédés de fourrageurs qui le pressent vivement, lui tirent des coups de pistolet et de mousqueton dans les reins, l'inquiètent et ne lui laissent pas le temps de se reconnaître.   (*Note du traducteur.*)

(2) Cet exemple prouve qu'en certaines circonstances il ne faut pas craindre de lancer à la poursuite d'une armée en retraite de faibles détachements, qui suffisent pour amener de grands résultats.

Il est bon que l'artillerie soit sur les deux flancs, ou cachée derrière les subdivisions extrêmes, dans les marches
en ligne en avant. Dans certains cas, il faut la tenir toute
sur un flanc ; par exemple, dans celui où on déploie une
colonne par un mouvement successif des subdivisions ;
alors, placée près de la subdivision qui sert de base, elle
tire de toutes ses pièces jusqu'à ce que la cavalerie, ayant
treminé sa formation, soit prête à charger.

Quand il n'y a qu'une *troupe* d'artillerie (1), il ne faut
pas fractionner un si petit nombre de pièces sans une nécessité absolue.

L'artillerie à cheval peut toujours se porter à deux ou
trois cents mètres sur le front ou le flanc de la cavalerie
pour ouvrir le feu et être assez en sûreté, mais elle ne doit
pas s'aventurer plus loin sans escorte (2).

Il faut laisser au commandant de l'artillerie, autant que
faire se peut, le soin de choisir lui-même ses positions et
le moment d'ouvrir le feu. Les officiers étrangers à cette
arme ne connaissent pas assez sa portée et ses effets pour
intervenir utilement, et ils pourraient faire dépenser beaucoup de munitions en pure perte.

(1) La *troupe* d'artillerie anglaise est de trois ou quatre pièces.

(*Note de l'auteur.*)

(2) Il serait peut-être imprudent à de l'artillerie à cheval de s'aventurer, sans escorte, aussi loin que le dit l'auteur, en présence d'une cavalerie entreprenante. L'artillerie à cheval a moins de solidité que l'artillerie montée ; si elle est chargée vigoureusement et qu'elle n'ait pas de
soutien assez proche, elle est obligée de fuir, et peut porter le désordre
jusqu'au milieu des troupes qui l'appuient, tandis que des canonniers à
pied, se jetant entre les roues de leurs voitures, s'y défendant à coups
de mousqueton et de baïonnette, pourraient très-bien laisser approcher
l'ennemi sans s'en inquiéter beaucoup, et attendre le secours qu'on ne
manquerait pas de leur envoyer lorsqu'on les verrait attaqués. L'artillerie
à cheval fera donc bien de ne se porter qu'à cent mètres en avant de la
cavalerie à laquelle elle est attachée, à moins qu'elle ne soit certaine de
n'avoir que de l'infanterie devant elle.

(*Note du traducteur.*)

Si la cavalerie est culbutée, l'artillerie à cheval doit se porter en arrière aussi rapidement que possible, car dans le premier moment, où amis et ennemis sont pêle-mêle, elle tenterait sans succès d'agir ; dès qu'elle trouve une bonne position , elle met en batterie pour arrêter les vainqueurs.

Quand la cavalerie ennemie est postée en ordre de bataille, attendant que vous veniez l'attaquer, et que son artillerie est à deux ou trois cents mètres en avant de son front, envoyez la vôtre à huit cents ou mille mètres, afin de chercher à démonter ses pièces avec des boulets; mais si ses escadrons se décident à marcher contre vous, changez de projectiles et de but, dès qu'ils sont à portée de mitraille, et tirez contre eux, car c'est une règle pour l'artillerie de toujours faire feu contre l'ennemi le plus dangereux au moment actuel.

Si on se retire, il faut en prévenir l'officier d'artillerie, afin qu'il puisse choisir des positions et prendre avantage de toutes les circonstances favorables qui peuvent s'offrir en pareil cas. La cavalerie tient l'ennemi en échec, jusqu'à ce que les pièces soient en batterie ; alors elle se porte en arrière sous leur protection, puis se reforme pour leur permettre de se retirer à leur tour, et ainsi de suite, alternativement, l'artillerie étant en position quand la cavalerie est en mouvement, et celle-ci s'arrêtant quand l'artillerie doit faire retraite (1).

Quand les troupes qui battent en retraite le font en bon

(1) Ces mouvements alternatifs s'exécutent très-facilement, si la cavalerie a soin de former deux lignes à demi-distance l'une de l'autre ; l'artillerie, placée sur une aile ou sur les deux ailes de la première ligne, tire jusqu'à ce que cette ligne ait traversé la seconde, puis elle se retire au galop et va se reformer en batterie à hauteur de la première ligne devenue seconde ; elle ouvre de nouveau son feu dès qu'elle le peut, et le continue jusqu'à ce que la ligne qui était la plus rapprochée de l'ennemi se soit portée à son tour en arrière, et ainsi de suite. On peut répartir l'artillerie entre les deux lignes de cavalerie, en ayant soin

ordre, elles ne peuvent guères être serrées de près par l'ennemi, car il est obligé à certaines précautions indispensables qui lui font perdre du temps, tandis qu'elles peuvent en gagner en détruisant les ponts, créant des obstacles, etc.

Dans une poursuite, l'artillerie à cheval du parti vainqueur suit de près, sans trop épuiser ses attelages, car, dans le premier moment, elle n'a rien à faire, à cause du pêle-mêle où on se trouve d'abord; mais aussitôt que l'ennemi se rallie ou qu'il présente des troupes fraîches, elle doit se porter en avant pour l'ébranler par son feu, tandis que la cavalerie s'arrête pour la soutenir.

Il n'est pas absolument nécessaire de faire accompagner l'artillerie quand elle ne s'éloigne pas à plus trois cents mètres du corps de cavalerie auquel elle est attachée; mais, au delà de cette distance, il faut lui donner deux *troupes* de soutien pour deux *troupes* (quatre à huit pièces) d'artillerie (1). L'escorte protége les flancs et les derrières des pièces, qui protégent elles-mêmes leur front par leur feu. Elle ne se place pas tout à fait derrière les pièces, mais à droite ou à gauche, ou sur les deux flancs et en arrière, toujours sur le flanc extérieur, s'il y a déjà des troupes sur le flanc intérieur, et, quand on le peut, il faut qu'elle soit à l'abri du feu et de la vue de l'ennemi. Quand l'escorte ne peut s'abriter contre les projectiles, l'officier qui la commande doit la faire changer de place de temps en temps, afin d'éviter qu'elle serve de but.

L'escorte est-elle insuffisante pour repousser une attaque subite, la *troupe* voisine ou l'escadron voisin doit voler à son secours sans attendre d'ordres, et il faut en-

de la mettre aux deux flancs opposés; alors chaque fraction d'artillerie se retire et fait front avec la ligne à laquelle elle est attachée.

(*Note du traducteur.*)

(1) Cette distance de trois cents mètres est dangereuse, comme cela a déjà été dit. (*Note du traducteur.*)

courager, en toutes circonstances, le mutuel appui entre la cavalerie et l'artillerie à cheval (1).

Ces remarques sur l'artillerie à cheval ont simplement pour but de donner une idée générale de la manière dont les deux armes se soutiennent l'une l'autre, et de faire comprendre que leur emploi, habilement combiné doit donner de grands résultats à la guerre.

L'attaque en fourrageurs peut être utilement pratiquée en plusieurs circonstances. Si, en marchant contre l'en- *Attaque en fourrageurs.*
nemi, on le voit tourner le dos, il faut lancer quelques *troupes* en fourrageurs, parce que les chevaux seront moins gênés que dans le rang, que les cavaliers en pourront tirer meilleur parti, ainsi que de leurs armes, et qu'ils feront plus de mal que s'ils agissaient en masse.

On attaque avantageusement l'artillerie en fourrageurs et avec très-peu de monde ; pour cela on marche droit sur les pièces jusqu'à portée de mitraille, alors on lâche la bride et on galope à toute vitesse, en s'ouvrant par le centre et tournant autour des ailes de la batterie. Les canonniers sont obligés de changer la direction de leur tir et de perdre du temps, et, s'ils ne voient pas le mouvement, tant à cause de la fumée qu'à cause de la poussière, ils continuent à faire feu en avant, tandis que les fourrageurs sont hors d'atteinte et qu'ils arrivent sur eux. Pendant ce temps, la réserve suit de façon à charger l'escorte et à assurer la possession des pièces.

Les moments les plus favorables pour attaquer sont ceux où on ôte et remet l'avant-train ; quelques secondes de gagnées sont d'une grande importance pour l'assaillant, qui doit aller ventre à terre, dès que le signal est donné (1).

Si après avoir pris une batterie, on voit une force supé-

(1) Ce principe de laisser un capitaine agir sans ordres, est peut-être conforme à l'esprit et à l'éducation des Anglais ; mais, en France, il ne vaudrait rien, et aucun officier ne doit bouger sans ordre de son chef immédiat.   (*Note du traducteur.*)

(1) En quinze secondes, on fait cent mètres.   (*Note du traducteur.*)

rieure s'avancer à son secours, il faut lui faire le plus de mal possible, en sabrant les conducteurs, coupant les traits, etc. ; puis on se retire au galop.

Reconnais-
sances.
Les reconnaissances comptent parmi les opérations les plus difficiles de la guerre ; elles ont pour but de recueillir des informations suffisamment exactes sur l'ennemi, avant de l'attaquer. Je vais essayer de donner une esquisse de ce que la cavalerie a à faire, lorsqu'elle est employée à un service de ce genre ; mais je ne traiterai point la question à fond, car je sortirais des limites dans lesquelles cet ouvrage doit se renfermer.

Règles géné-
rales pour les
reconnais-
sances.
1⁰ Avancez rapidement et évitez tout engagement qui peut retarder votre marche ;

2⁰ Chassez les avant-postes de l'ennemi et portez-vous droit sur le point à reconnaître, vous retirant ensuite aussi vite que vous êtes venu ;

3⁰ A moins d'une occasion très-favorable de surpren-dre un parti ennemi, ne tentez aucune attaque : ce n'est pas là votre but ;

4⁰ Si l'ennemi se tient sur votre chemin, aucun danger ne doit vous engager à vous détourner ;

5⁰ Ayez soin que des détachements se trouvent sur vo-tre ligne de retraite pour vous soutenir, et que les défilés et ponts, par lesquels vous devez revenir, soient gardés par de l'infanterie (1).

Il est souvent nécessaire que les partis envoyés en re-connaissance soient très-forts, afin qu'ils puissent s'avan-cer suffisamment près de l'ennemi, et le forcer à laisser voir ce qu'il veut cacher ; comme aussi afin qu'ils puissent

(1) Souvent le général, qui envoie en reconnaissance, ignore les cir-constances du chemin à suivre et ne peut faire occuper à temps les obs-tacles par de l'infanterie ; il est alors préférable de donner assez de cavaliers à l'officier chargé de la mission, pour qu'il en puisse laisser aux ponts, défilés, etc. Ces cavaliers doivent être armés du fusil ou du mousqueton, afin de pouvoir défendre ces positions à la manière de l'in-fanterie. *(Note du traducteur.)*

détacher des patrouilles dans différentes directions, sans trop s'affaiblir et courir risque d'être ramenés sans s'être acquittés de leur mission. Mais il est très-difficile de poser une règle qui détermine la force de ces partis.

Une armée de soixante ou soixante-dix mille hommes, qui marche en colonnes, près de l'ennemi, et qui est faible en cavalerie, est obligé de couvrir le flanc d'un corps par un second corps, le flanc de celui-ci, par un troisième, etc.; de sorte que l'armée est souvent éparpillée sur une grande étendue de terrain, et qu'un mouvement hardi, de la part de l'ennemi, peut la détruire en détail.

On disperse plus aisément des troupes qu'on ne les rassemble; quand elles sont réunies, elles ont peu à craindre, et deux ou trois mille chevaux, détachés sur les flancs et la tête de l'armée, pendant qu'elle avance en masse, suffiront pour pourvoir à tout le service des reconnaissances et découvrir ce qu'il faut savoir de la force et des projets de l'ennemi.

La cavalerie chargée de cette mission doit précéder les colonnes, ne pas marcher réunie, mais s'étendre l'espace de plusieurs milles, dans toutes les directions; de cette manière, rien n'échappe à ses investigations.

Elle doit pénétrer partout, examiner tout, sans oublier que combattre est un moyen et non un but pour elle; cependant, quand il faut absolument culbuter l'ennemi, pour découvrir ce qu'il veut cacher, aucun danger ne doit l'arrêter.

Par exemple, si l'ennemi est en force, derrière un pli de terrain, et s'il a des tirailleurs pour empêcher qu'on ne vienne le reconnaître, il faut les chasser à tout prix, ou avoir des cavaliers ou officiers bien montés, qui, pendant l'attaque, pénétreront parmi eux, et s'avanceront assez pour découvrir ce qu'il faut voir, après quoi ils rejoindront leur corps. Un dragon qui a un bon cheval ne doit pas craindre plusieurs adversaires en plaine.

CHAPITRE XI.

MARCHES. — CAMPS. — BIVOUACS. — AVANT-POSTES. —
TIRAILLEURS.

Marches.

Dans les dernières grandes guerres d'Europe, il n'était
pas rare de voir la cavalerie arriver sur les champs de bataille déjà ruinée, réduite de moitié, avant d'avoir essuyé
un seul coup de fusil, et ayant le reste de ses chevaux
dans un état pitoyable, tout à fait impropre au service.

Cela provenait tant du manque et de la mauvaise qualité des fourrages que du fait d'avoir négligé de mettre
les chevaux en haleine : ceux-ci, mal gouvernés au départ,
dépérissaient bientôt ; il leur était impossible de se refaire
en route, et ils mouraient par centaines (1).

Il est bien connu que ni l'homme ni le cheval ne peuvent supporter de grandes fatigues sans souffrir énormé-
ment, s'ils n'y ont pas été habitués progressivement. Il faut
donc les faire peu à peu au travail de guerre.

Faire marcher ensemble de gros corps de cavalerie,
longtemps avant qu'ils ne soient appelés à jouer leur rôle
sur un champ de bataille, est une faute. — Dans de tels

(1) Qui n'a pas fait la guerre ne peut se faire une idée des soins et de
l'attention qu'exigent les chevaux en marche si on veut les empêcher de se
blesser et de dépérir; et cependant, sans ces soins, sans une bonne selle,
sans une nourriture abondante, sans la précaution de ne pas trop charger
le cheval, on verra la plus belle cavalerie fondre en un clin d'œil. En 1846,
un escadron de chasseurs de France, nouvellement arrivé en Afrique, offrit ce spectacle, qu'au bout de trente-cinq jours passés en expédition, il
ne restait que sept chevaux montés de quatre-vingt-douze, et on n'avait
pas essuyé un coup de fusil.   (Note du traducteur.)

corps les hommes ont de grandes distances à parcourir, pour aller chercher, le soir, leurs logements ou leurs cantonnements, pour se rassembler le lendemain matin. Il est difficile de se procurer de bons fourrages en suffisante quantité. Les maladies sévissent facilement parmi les agglomérations de chevaux ; la contagion se répand au loin et cause d'affreux ravages. — Les à-coups, les temps d'arrêts, l'allongement et le rétrécissement successifs des colonnes ont de bien plus graves inconvénients, quand elles sont profondes, que lorsqu'elles ont une longueur médiocre. Toutes ces causes contribuent puissamment à ruiner une cavalerie (1).

Je suis convaincu qu'en observant quelques règles très-simples, on réduirait beaucoup ces pertes énormes et que la majeure partie des hommes et des chevaux serait susceptible d'entrer en ligne, un jour de bataille.

Si vous êtes en garnison, après avoir mis vos chevaux peu à peu en haleine, par un travail bien réglé, ou leur avoir fait faire des promenades de plus en plus longues chaque jour, commencez votre route en vous échelonnant par petits corps, à vingt-quatre heures d'intervalle les uns des autres. Si vous quittez des cantonnements, faites d'abord de petites journées, et augmentez graduellement les distances à parcourir : vous serez de cette manière bientôt en état de réunir votre cavalerie par des marches forcées, et si votre armée est victorieuse, vous aurez sous la main une force capable de poursuivre les vaincus jusqu'à ce qu'ils tombent entre vos mains.

Tant que le contraire n'est pas indispensable, laissez votre cavalerie en corps séparés, si vous voulez que vos chevaux vivent bien, soient gras et puissent vous servir à l'heure du danger.

---

(1) Tant qu'on n'est pas près de l'ennemi, il faut faire marcher la cavalerie sur des routes parallèles, afin d'obvier aux inconvénients signalés par l'auteur, lorsqu'on la tient réunie en trop grandes masses. (*N. du trad.*)

Quand un régiment de cavalerie est en marche, en colonne avec distance, le chef de chaque subdivision (*troupe*
ou escadron) doit faire prendre une allure franche et régulière, sans imiter la queue de la subdivision précédente
lorsqu'elle ralentit ou accélère par à-coups, parce que, de
proche en proche, la réaction de ces fautes peut ou arrêter
la dernière subdivision ou la forcer de doubler l'allure.

Prenez un trot de six ou sept milles (deux lieues métriques et demie) à l'heure ; permettez aux hommes de s'enlever sur les étriers (trot à l'anglaise), et allez au pas aux
montées et aux descentes. Vous arrivez plus tôt au gîte ; vos
chevaux seront mieux pansés et mieux soignés, et ils auront plus de temps pour se reposer (1).

Si vous faites toute la route au pas, les chevaux restent
sellés plus longtemps qu'il n'est nécessaire ; les hommes
se fatiguent, s'ennuient, s'abandonnent sur leur selle et
les chevaux se blessent (2).

La lenteur dans la marche lasse réellement beaucoup
plus les hommes et les chevaux qu'un trot franc. Faites
faire à un cavalier quinze à vingt milles de suite, sans
lui permettre de trotter ou de galoper, et demandez-lui ce
qu'il éprouve en mettant pied à terre. Le cheval lui-même se

(1) Au lieu de régler le trot à la vitesse de deux lieues et demie à l'heure,
qui est celle d'un petit trot, il vaudrait mieux prescrire de faire toujours
deux lieues à l'heure, tant au pas qu'au trot, parce que l'important est de
rester peu de temps en route. C'est surtout aux descentes qu'il faut aller
au pas, on peut trotter aux montées peu rapides.   (*N. du traduct.*)

(2) Les blessures sont causées par l'appui de la selle et par le frottement :
celui-ci dépend du temps et du poids, celui-là ne dépend que du poids. La
vitesse de l'allure n'augmente pas le poids, elle diminue la durée du frottement, et souvent aussi son intensité, pourvu que rien ne ballote. Il est
donc important d'aller rapidement pour éviter les blessures ; toutes les fois
qu'un corps de cavalerie n'est pas astreint à subordonner sa marche à celle
d'une autre arme, il devrait parcourir une étape ordinaire de six à sept lieues
en trois heures au plus, haltes comprises. Lorsqu'on trotte, il faut le faire
franchement, un petit trot ne vaut jamais rien.   (*Note du traducteur.*)

ruine particulièrement par la durée prolongée de la charge sur son dos, restât-il tout le temps au repos.

La cavalerie est fréquemment obligée de subordonner sa vitesse à celle des autres armes; mais, dans les autres cas, elle doit trotter, afin de laisser les chevaux sellés le moins de temps possible.

Avant de vous mettre en route, examinez bien la ferrure, et, en toutes circonstances, quel que soit le but de la marche, prenez les précautions militaires convenables.

L'ordre de marche doit être tel qu'on puisse passer facilement à l'ordre en bataille.

Toute troupe en marche doit se faire précéder par une avant-garde, destinée à couvrir le front de la colonne, avertir à temps du danger et prévenir les surprises. *Avant-garde.*

La force et la distance de l'avant-garde, par rapport au corps principal, dépendent de la condition qu'il faut toujours que celui-ci ait le temps de faire ses dispositions avant que l'ennemi ne tombe sur lui.

En guerre, ayez toujours soin de vous procurer un guide, par force, si cela est nécessaire (1).

Envoyez sans cesse des patrouilles et des éclaireurs en avant et sur les flancs, pour découvrir les embûches de l'ennemi, fouiller les côtés de la route, les fermes, les bois et tout ce qui pourrait cacher des troupes. Assurez vos flancs avant d'entrer dans un défilé, en occupant les hauteurs ou autres positions qui les avoisinent.

Quand on marche à l'ennemi, pour l'attaquer, la vraie mission de l'avant-garde est de reconnaître ses positions, en chassant ses avant-postes, les suivant de près et les forçant à laisser voir derrière eux.

L'arrière-garde couvre la queue de la colonne, fait re- *Arrière-garde.*

---

(1) Si le pays ne vous est pas parfaitement connu dans tous les sens, à vous et à vos officiers, prenez toujours un guide, car vous pouvez avoir à changer de direction, ou vous trouver en telles circonstances qu'une carte ou des renseignements ne suffisent plus. (*Note du traducteur.*)

15

joindre les traîneurs et les empêche de s'arrêter pour piller. La place du commandant de l'arrière-garde est avec la fraction qui est la plus éloignée du corps principal (1).

Lorsqu'on se retire, le rôle de l'arrière-garde est de la plus haute importance, et l'officier qui la commande doit avoir de l'expérience et un grand mérite, puisque c'est lui qui peut empêcher la retraite de dégénérer en déroute. Il doit s'arrêter sur toutes les positions où il est possible de tenir et les défendre; ne jamais occuper l'entrée des défilés, toujours leur débouché, au contraire; c'est de là qu'il s'opposera avantageusement à l'ennemi (2).

Camps.

Les officiers de cavalerie sont souvent employés à tracer des camps à la guerre. Je vais essayer de leur donner une idée de cette partie de l'art militaire, qui est traitée à fond dans divers auteurs, tels que lord Frédéric Fitz-Clarence (*Manuel du service des avant-postes*); — L.-B. Lovell, major général (*Des avant-postes et des patrouilles*); —Van-Arentschildt, lieutenant-colonel (*Des avant-postes et des patrouilles*); etc., etc.

Règles générales pour camper.

Un camp a pour objet :

1° De faire tenir beaucoup de troupes dans un espace proportionnellement étroit;

(1) Dans les marches de nuit, il faut à l'extrême arrière-garde un officier d'un zèle, d'une activité et d'une intelligence rares, ayant près de lui des officiers ou cavaliers bien montés, qui aillent prévenir promptement de tout ce qui est de nature à arrêter ou retarder la marche de la colonne, pendant que lui-même prend, autant qu'il est en son pouvoir, les dispositions nécessitées par les circonstances. (*Note du traducteur.*)

(2) Une arrière-garde de cavalerie, contrairement à ce que dit l'auteur, ne doit pas toujours occuper le débouché d'un défilé; elle est souvent obligée, par sa composition, la nature des lieux et d'autres considérations, de prendre position à l'entrée, s'il est plus facile d'y arrêter l'ennemi qu'à la sortie; mais lorsque le corps principal est passé et que l'ennemi serre de près, l'arrière-garde, après avoir franchi le défilé à son tour, cherche une bonne position de l'autre côté et tâche d'en profiter, afin de faire des charges susceptibles de retarder la poursuite. (*Note du traducteur.*)

2º De leur y donner autant de repos et de bien-être que possible;

3º De leur permettre de prendre les armes sans perdre de temps (1).

Pour satisfaire à ces conditions, on range des tentes ou des barraques, suivant certaines règles, qui économisent l'étendue du terrain, facilitent aux soldats l'accomplissement de leurs devoirs, sans confusion à l'intérieur, et donnent les moyens de sortir promptement.

Il faut établir le front de bandière sur les points culminants, ou sur la crête des hauteurs, donner au camp des abords découverts, assurer ses flancs, rendre son parcours facile de la droite à la gauche, de la tête à la queue, et avoir soin que l'eau et le bois se trouvent à proximité.

Dans le voisinage de l'ennemi, on campe autant que possible en ordre de bataille, et de telle sorte qu'on soit promptement sous les armes. Lorsque les circonstances n'exigent pas impérieusement de prendre ces précautions, on ne s'attache qu'au bien-être des hommes. Il y a donc deux sortes de camps en campagne : les camps de combat et les camps de marche, suivant la présence ou l'absence de l'ennemi.

Les tentes ne sont plus guère usitées en Europe que pour les camps d'instruction.

On a depuis longtemps cessé d'en emporter à la guerre, parce qu'elles retardent les mouvements des armées par la multiplicité des bagages, et aussi parce que, dans un pays autant habité que l'est cette partie du monde, on trouve presque partout des abris ou des moyens d'en construire.

Le maréchal Oudinot a introduit parmi les troupes françaises une espèce de tentes qui s'établissent sur les fusils et les baïonnettes, se tendent et se plient en un moment; mais elles n'offrent qu'un couvert insuffisant contre la

(1) L'auteur s'occupe ici de l'établissement des camps seulement au point de vue matériel et intérieur, et non à celui de leur objet extérieur. (*N. du trad.*)

pluie et le vent, et ajoutent beaucoup à la charge du soldat (1).

Les bivouacs ont cet avantage que les troupes, ainsi que les avant-postes, sont en un clin d'œil sous les armes ; mais ils ont l'inconvénient d'exposer les hommes au plein air de la nuit, au froid, à l'humidité, et de détruire promptement leur santé.

Dans un camp, l'étendue du front de bandière est calculée d'après le nombre des régiments ou des escadrons.

Dans les pays montueux, on divise quelquefois le camp par une vallée étroite qui sert d'intervalle. Cette division n'a pas d'inconvénient quant à la sûreté, puisque les deux portions du camp sont fortes, chacune dans sa position respective, et qu'elles se protégent l'une l'autre.

La cavalerie et l'infanterie campent soit en ligne, soit en colonne. L'infanterie met ses armes en faisceaux sur le front de bandière ; la cavalerie met ses chevaux au piquet sur des rangs soit parallèles, soit perpendiculaires à ce front (2).

La cavalerie ne doit jamais camper en première ligne, mais en seconde ou en troisième ligne, soit derrière le centre, soit derrière les ailes de l'infanterie, de manière

(1) L'auteur veut parler sans doute des tentes dont se sont servies les troupes employées au siége de Rome, sous le commandement du général Oudinot. Ces tentes, d'un usage universel dans l'armée d'Afrique, se composent de carrés de toile fort légers et portés par les soldats. Chaque soldat a son carré et son bâton. On forme, au moyen de plusieurs carrés, une tente sous laquelle on est passablement à l'abri.

(Note du traducteur.)

(2) On ne peut toujours, à la guerre, suivre les règles établies dans les livres ; ainsi, on ne peut camper partout en ordre de bataille et donner au front de bandière l'étendue des troupes déployées. Il arrive souvent, par exemple, lorsqu'on n'a à sa disposition qu'un terrain resserré entre des obstacles qui couvrent les flancs, qu'on fait camper certains corps, particulièrement la cavalerie, en colonne à demi-distance ; on met alors les officiers sur un flanc et les cuisines sur l'autre.

(Note du traducteur.)

qu'en cas d'alerte, elle ait le temps de se préparer et de se porter au secours des troupes attaquées (1).

L'artillerie des brigades campe au centre des brigades auxquelles elle est attachée; celle de réserve campe derrière le centre de la seconde ligne. On doit prendre de grandes précautions pour empêcher le feu de se mettre aux munitions.

Les canonniers s'établissent à cinquante mètres de leurs voitures, et placent des sentinelles pour veiller à la sûreté des caissons, etc., etc.

Les parcs de réserve, de vivres, etc., sont rangés derrière l'armée sur une ou deux lignes, et gardés par des postes et des sentinelles.

Tout camp a des postes extérieurs et intérieurs pour assurer la tranquillité et le repos de la plus grande partie des troupes. On prend en outre toutes les mesures convenables pour les ressources en eau, bois, vivres, pour la propreté, et pour éloigner les mendiants, vagabonds et femmes de mauvaise vie.

Lorsqu'on n'a pour objet que de concentrer des masses de troupes, afin de les exercer, il faut asseoir le camp dans un lieu où l'on soit à portée de toutes les nécessités de la vie, afin d'épargner aux hommes des fatigues inutiles. *Camps en temps de paix.*

Evitez les terrains humides, sablonneux, marécageux; choisissez ceux qui sont en pente pour permettre l'écoulement des eaux et des immondices. Recherchez le voisinage des villages, bois, rivières ou ruisseaux, afin d'avoir facilement de la paille, du bois, de l'eau.

Ne souffrez pas qu'on se baigne, ni qu'on lave du linge dans le courant où on puise de l'eau, si ce n'est en aval.

Dans les camps d'exercice, on fait ordinairement usage de tentes.

(1) Ce principe est encore trop absolu. Quelquefois, la cavalerie est seule, ou se trouve obligée, par des circonstances particulières, à camper en première ligne; il faut alors la couvrir par un bon système de postes extérieurs, composés d'hommes à pied pourvus d'armes à feu.

(Note du traducteur.)

Camps de marche.

On observe, pour les camps de marche, les mêmes règles que pour ceux d'exercice, excepté qu'au lieu de tentes on bivouaque simplement, ou bien l'on s'abrite comme on peut sous des branches d'arbres ou des huttes de chaume, de roseau, etc.

Les officiers qui marquent l'emplacement dé ces sortes de camps doivent y faire trouver les vivres, les fourrages, le bois et la paille, afin d'éviter que les hommes soient obligés d'aller au loin chercher tous ces objets, et de façon qu'ils puissent faire de suite leur cuisine et leurs arrangements pour la nuit.

Camps de combat.

Les camps de combat ne sont pas toujours placés dans des conditions analogues à celles qui ont été énumérées pour les autres camps. Ainsi, il faut, avant tout, établir ceux-là sur des hauteurs où ils ne soient pas dominés, tandis que pour ceux-ci on peut choisir la proximité des cours d'eau, les vallées ayant naturellement une population plus nombreuse, étant mieux cultivées et offrant plus de ressources.

Les camps de combat sont subordonnés à la ligne d'opérations et aux intentions du commandant en chef; toutes les considérations sont sacrifiées à celles qui sont purement stratégiques.

L'assiette doit être essentiellement militaire. Pour choisir la position, on envoie des officiers expérimentés qui vont en avant avec une escorte, et qui observent les règles suivantes:

1°. Les flancs doivent être appuyés à des montagnes, ravins, cours d'eau, villages, etc.;

2° Le front de bandière doit être découvert jusqu'à portée de canon;

3° Aucun obstacle, comme eau, chemin creux, bois, etc., ne doit gêner la circulation dans l'intérieur du camp, ou favoriser une embuscade ou une attaque à l'extérieur;

4° Le terrain doit avoir une étendue et une profon-

deur suffisantes pour contenir facilement les troupes sur
deux ou trois lignes, avec les parcs et l'artillerie;

5° Le sol doit être sec; l'eau et le bois doivent être sous
la main.

Quoique cela soit souvent utile, il n'est pas toujours
possible de retrancher un camp à cause du manque de
temps pour construire des ouvrages réguliers. On se contente de barricader les chemins et les approches, d'y créer
des obstacles, et on prend toutes les précautions capables
d'arrêter l'ennemi, jusqu'à ce qu'on soit sous les armes.
Afin de pouvoir préparer les défenses accessoires nécessaires, il faut, autant que possible, arriver de bonne heure
sur la position : ceci est une règle de laquelle il ne faut
s'écarter que lorsque les circonstances obligent impérieusement à le faire.

Les hommes et les bêtes souffrent beaucoup, si l'on
ne peut occuper le camp qu'à la nuit. On ne sait où
aller, ni où trouver sa place; on est obligé d'aller à l'eau,
au bois, aux distributions, lorsqu'on devrait dormir pour
se préparer aux fatigues du lendemain. Les chevaux ne
reçoivent leur nourriture que fort tard, ce dont ils souffrent encore plus que de longues marches (1).

Deux sous-officiers et un cavalier par *troupes* sont en- Tracé du camp.
voyés en avant, avec un officier, qui porte la situation du
régiment et reçoit du chef d'état-major l'indication de
l'emplacement destiné au corps.

La manière ordinaire de camper consiste à rompre les
escadrons en *colonnes*, par *troupes*, en arrière de la ligne

(1) Il est très-difficile, comme le dit l'auteur, de camper de nuit. Quand
il n'est pas possible de faire autrement, il faut bien cependant se résoudre à
cette extrémité. En pareil cas, si on n'a pas trop à redouter d'être attaqué,
surtout par de l'artillerie, il vaut mieux camper en colonnes serrées parallèles, sans les déployer préalablement, et donner au camp plus de profondeur et moins d'étendue. On perd ainsi moins de temps et on trouve mieux
sa place, que si l'on formait les troupes en bataille, au fur et à mesure de
leur arrivée.   (*Note du traducteur.*)

de bataille, et à établir les files de tentes ou barraques perpendiculairement au front de bandière (1). Si on plaçait les tentes sur des lignes parallèles à ce front, il faudrait une étendue double de celle occupée par le régiment en bataille, à cause des intervalles nécessaires entre les chevaux, afin de pouvoir les panser, les seller, etc. On doit donc éviter d'employer ce dernier mode, toutes les fois que la disposition du terrain le permet.

En traçant le camp d'un régiment, on a soin de donner au front de bandière exactement la longueur de l'ordre en bataille. Quant à la profondeur des lignes de tentes, elle est proportionnée à la dimension des tentes et à la force numérique des *troupes* (2).

L'officier doit mesurer toutes les lignes au pas et marquer les extrémités avec des fanions.

On compte un mètre par cheval, monté en ordre de bataille, et quatre pieds par cheval au piquet (3).

Ainsi, un régiment de quatre escadrons, de cent soixante chevaux chacun, occupe, en bataille, $4 \cdot \frac{160}{2} + 3 \cdot \frac{160}{4}$ c'est-à-dire quatre fronts d'escadrons, plus trois intervalles d'un quart de front d'escadron l'un. (*Figure* 3) (4).

(1) En France, le règlement sur le service de campagne fait camper la cavalerie en avant de la ligne sur laquelle le régiment est formé, au lieu de la faire camper en arrière de cette ligne comme l'infanterie, probablement parce que l'ordonnance du 6 décembre 1829 ne donne pas implicitement le moyen de rompre en colonne par division en arrière du front. Ce moyen est facile à trouver : il n'y a qu'à faire exécuter les trois quarts d'une circonférence entière à chaque division.   (*Note du traducteur.*)

(2) La profondeur des lignes de tentes ne doit point dépendre, pour la cavalerie, des dimensions des tentes, mais uniquement du nombre des chevaux.   (*Note du traducteur.*)

(3) Quatre pieds ne suffisent pas pour un cheval au piquet; il faut compter, comme l'auteur le disait dans un paragraphe précédent, un espace double de celui qu'il occupe en bataille.   (*Note du traducteur.*)

(4) La figure 3 indique que les chevaux sont placés sur un seul rang, par division comme en France, avec cette différence, que chez nous les

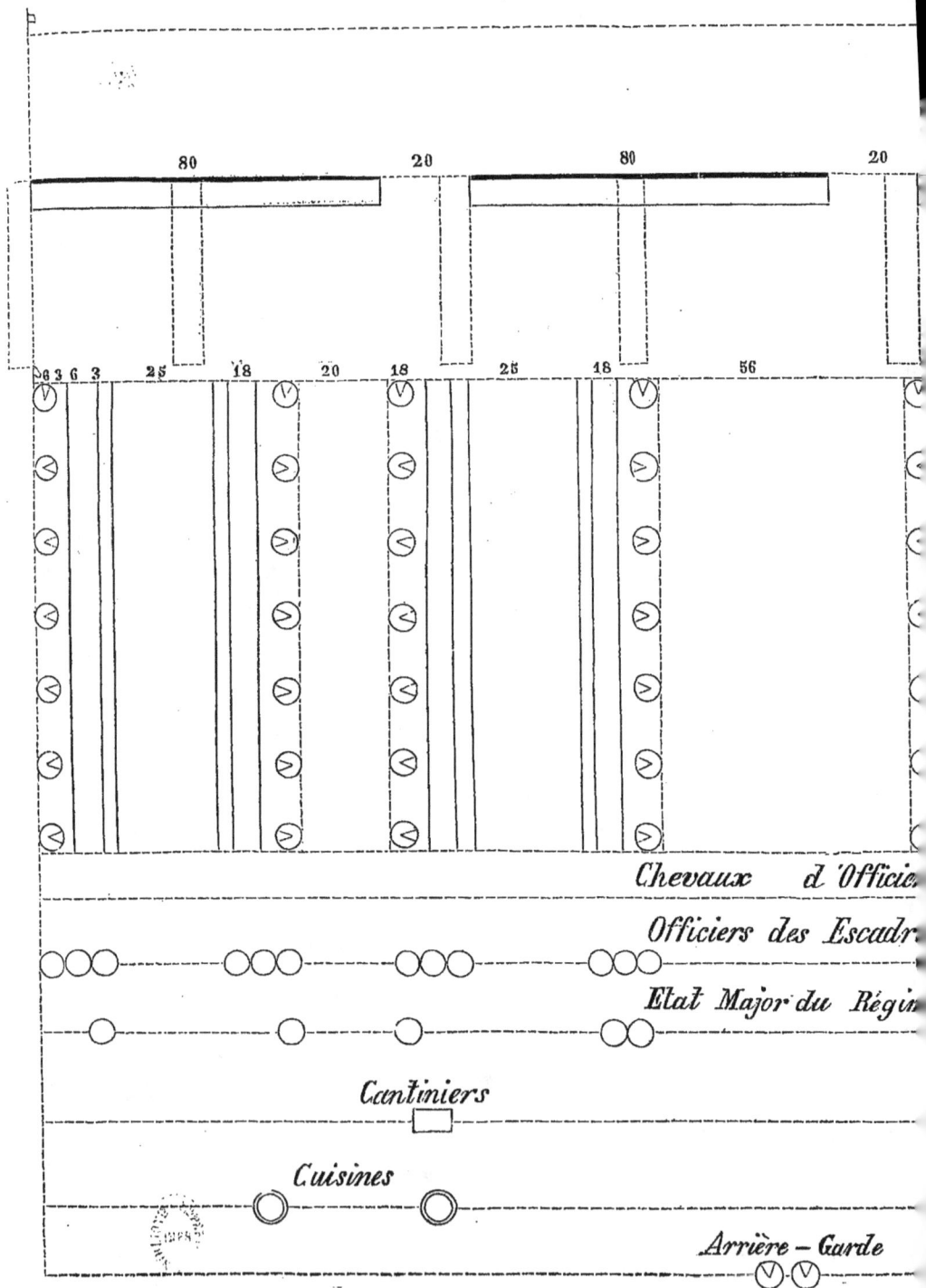

(Fig. 3.) Front total : 380 mètres. — CAMP D'UN RÉGIMENT I

80   20   80   20

6 3 6 3   25   18   20   18   25   18   56

Chevaux   d'Officie

Officiers des Escadr

Etat Major du Régin

Cantiniers

Cuisines

Arrière – Garde

CAVALERIE DE QUATRE ESCADRONS, — en tout : 640 chevaux.

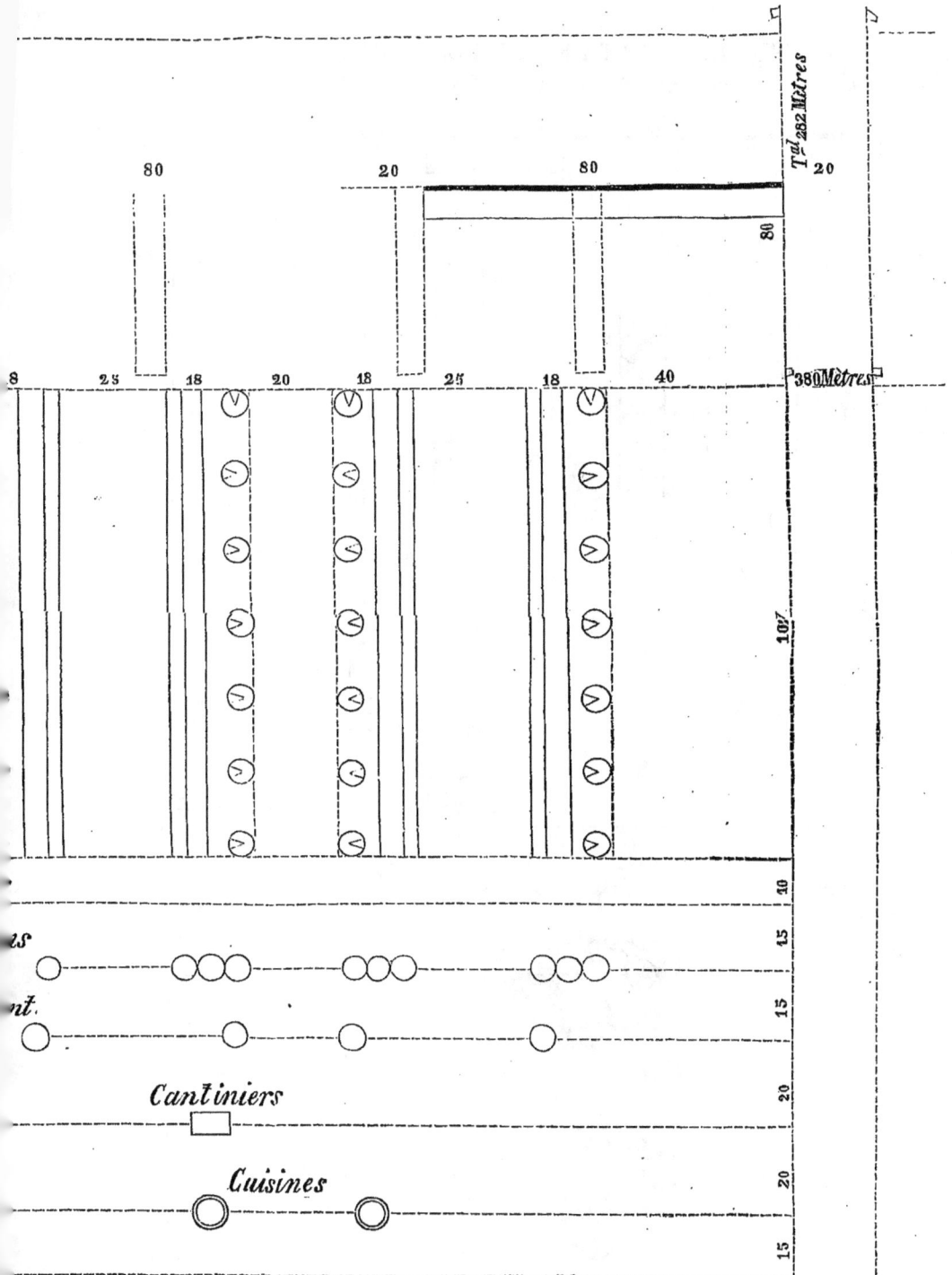

Cantiniers

Cuisines

Camp du régiment voisin

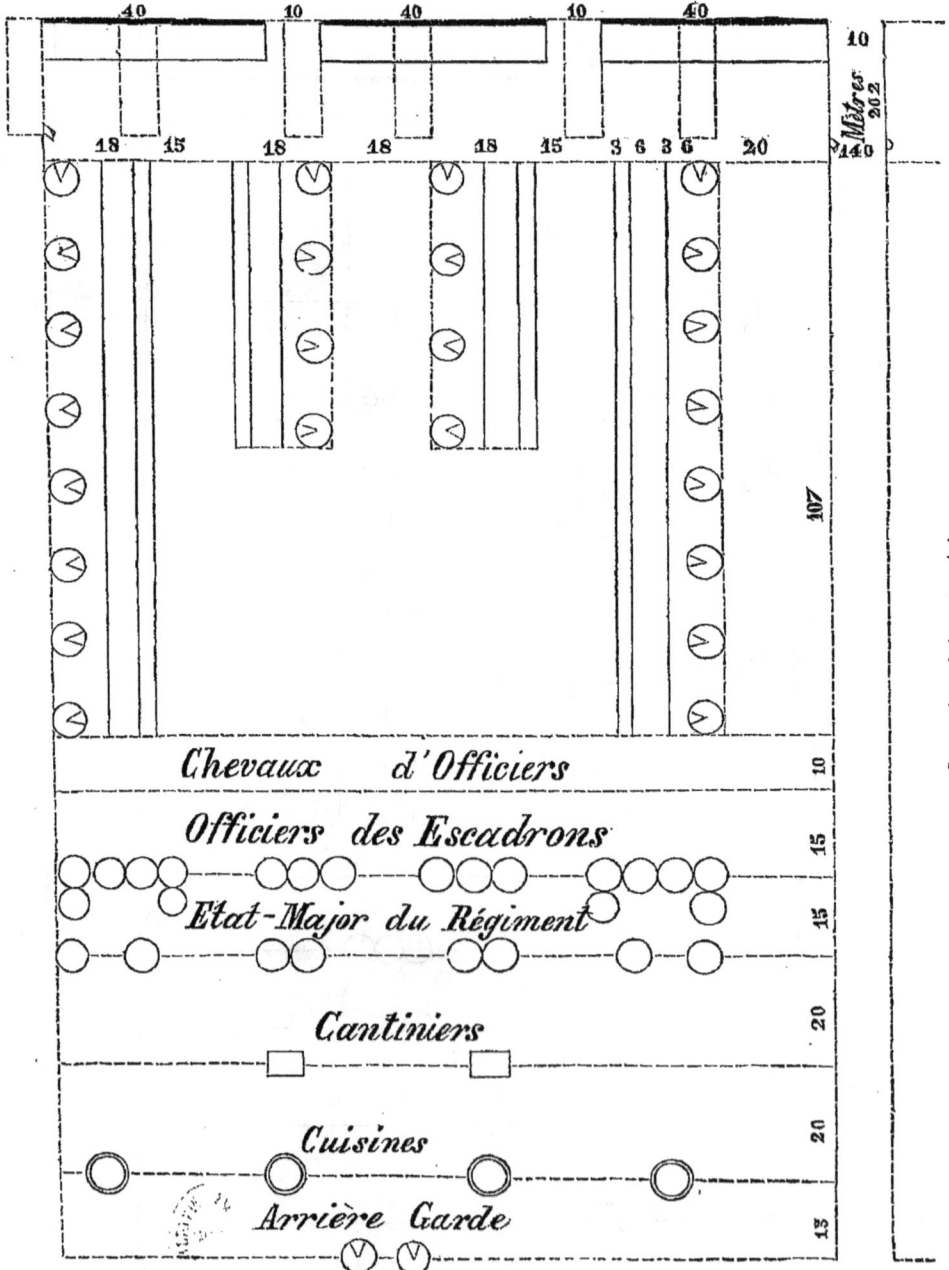

(Fig. 4.)

CAMP D'UN RÉGIMENT DE CAVALERIE DE TROIS ESCADRONS,
— en tout 240 chevaux. — Front total : 140 mètres.

(Fig. 5.)

CAMP D'UN RÉGIMENT DE QUATRE ESCADRONS établi en arrière du front de bandière.

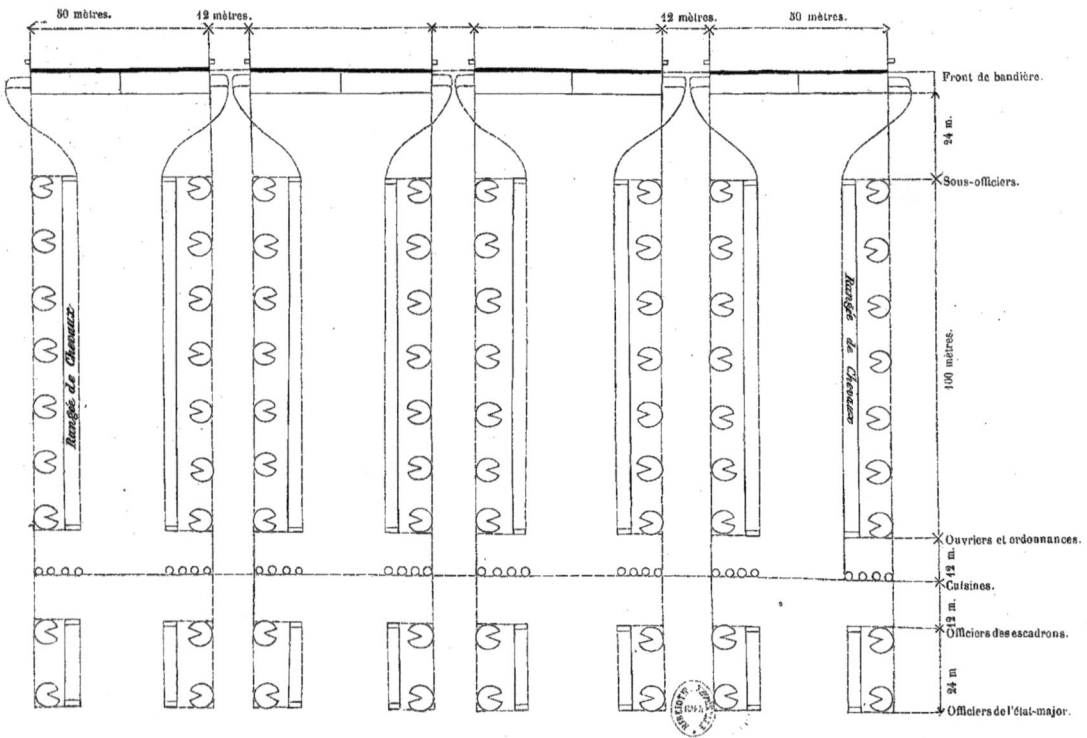

Quand les *troupes* sont faibles, ce qu'il y a de mieux est de placer les chevaux sur un seul rang par escadron, à l'exception de l'escadron du milieu, si les escadrons sont en nombre impair (Voy. *Figure* 4).

Lorsque l'officier chargé de tracer le camp s'est acquitté de ce service, il va à la rencontre du régiment et le conduit sur l'emplacement qui doit lui servir de front de bandière. C'est là qu'on se réunit en cas d'alerte. On se forme en bataille sur cet emplacement, après quoi on rompt en colonne par *troupe* ou par escadron, en arrière du front, puis on se forme sur un rang, par le flanc qui était intérieur; chaque cheval du second rang est placé à côté de son chef de file.

Quand on bivouaque, on prend les mêmes dispositions préliminaires que pour camper. Aussitôt qu'on a mis pied à terre, on attache son cheval, on place derrière lui son sabre et son mousqueton, on accroche le ceinturon dans la poignée du sabre, on étend sa selle toute paquetée, près de ses armes, et on s'appuie contre elle pour dormir. Ces précautions sont nécessaires, parce qu'en cas d'alerte de nuit, on ne saurait trouver facilement son cheval, ses ar-

Bivouacs.

tentes et les chevaux sont tous tournés dans le même sens, tandis qu'en Angleterre, dans chaque escadron, les deux rangs de tentes se font face et qu'ils comprennent entre eux les deux rangs de chevaux qui se tournent le dos.

Le système anglais semble préférable au système français, parce que les chevaux de chaque escadron sont enfermés entre les tentes des hommes et que les officiers de semaine, en se plaçant entre lesｆdeux rangs de chevaux, peuvent d'un coup d'œil surveiller le service. Il serait aussi peut-être plus rationnel de placer la grande rue de l'escadron comme la grande rue de la compagnie d'infanterie, c'est-à-dire entre ses deux files de tentes, et non entre sa seconde file et la première de l'escadron voisin. Pour cela, au lieu de rompre en colonne par un même mouvement de conversion à droite de chaque division, on pourrait rompre les divisions impaires par file à droite, les divisions paires par file à gauche, et on les ferait changer de direction pour les établir perpendiculairement au front de bandière. (*Voy.* Figure 5.)

(Note du traducteur.)

mes, sa selle, si on n'avait un ordre méthodique pour placer le tout (1).

Tout ce qui concerne le bivouac est d'une importance
vitale. Quelques officiers ont perdu la moitié des chevaux
sous leurs ordres pour n'avoir pas su choisir leur terrain.
De Brack dit : « De deux chefs de détachements, à peu près
égaux de mérite, mais dont l'un aura un talent particulier
pour bien établir ses bivouacs, tandis que l'autre n'y
apportera qu'une attention ordinaire, le premier, à la fin
de la campagne, présentera un corps nombreux et bien
monté, et le second n'aura plus que quelques chevaux à
demi morts de faim. »

Tous les abris doivent avoir leur ouverture du côté des
chevaux, afin que les hommes aient toujours les yeux sur
eux. Il faut que les armes à feu soient placées assez loin
des chevaux, dès qu'on a mis pied à terre, pour qu'ils ne
puissent les atteindre en se roulant.

Avant-postes. Les avant-postes ont un double but : veiller à la sûreté
de l'armée et observer les mouvements de l'ennemi. S'il
y a un corps entier formant une avant-garde spéciale, ils
sont placés extérieurement à ce corps ; dans le cas contraire, ils sont établis immédiatement en avant des positions occupées par l'armée.

(1) Les chasseurs d'Afrique et les spahis de l'armée française ne suivent
point pour camper ou bivouaquer les principes tracés par le règlement sur
le service en campagne. Lorsque cette cavalerie campe avec de l'infanterie,
si on lui donne une place dans l'intérieur du camp, elle s'établit en colonne
à demi-distance, par escadrons ou divisions, suivant la profondeur et la largeur du terrain qui lui est destiné. Toutes les fois que la cavalerie, seule
ou avec l'infanterie, doit occuper une des faces extérieures du camp, elle reste
en ordre de bataille sur une ligne droite ou brisée, selon les circonstances.
Lorsqu'elle campe en colonne, les chevaux sont placés sur deux rangs,
avec douze pas de distance de tête à tête. Dans ce cas, les cavaliers couchent devant leurs chevaux pour les surveiller. Quand la cavalerie est sur
un côté extérieur du camp, les chevaux sont placés sur un rang, face en
dehors, et les cavaliers couchent derrière, afin que si on monte à cheval
par alerte ou autrement, sans lever tout à fait le camp, on n'ait pas à dé-
ranger les abris des hommes pour sortir.   (Note du traducteur.)

Lorsque les avant-postes sont éloignés, et que derrière eux se trouvent des positions intéressantes à garder, soit pour qu'ils s'y arrêtent au cas où ils seraient obligés de se replier, soit pour permettre à l'armée de se maintenir contre l'ennemi, c'est à celle-ci et non à ceux-là de les faire occuper.

La nécessité des avant-postes est aussi indispensable à un grand corps qu'à un simple détachement, afin que, grâce à la vigilance d'un petit nombre d'hommes, les autres puissent se reposer et pourvoir à leurs besoins, etc. On ne négligera donc jamais d'établir, autour de toute position, une chaîne de gardes extérieures, qui la garantissent de surprise, préviennent des mouvements que l'ennemi fait dans son propre camp, et l'arrêtent assez longtemps, s'il vient attaquer, pour qu'on puisse se préparer à la défense.

Les avant-postes sont donc placés et composés de telle sorte qu'ils voient bien et qu'ils soient en état de résister momentanément à des forces supérieures.

On forme une première chaîne composée de védettes, lesquelles peuvent surveiller tous les chemins qui viennent du côté de l'ennemi. Ces védettes sont fournies par une seconde chaîne formée de petits postes ; ceux-ci sont soutenus par des grand'gardes, et enfin, au besoin, des réserves lient les grand'gardes au corps principal.

En cas d'attaque, l'important est de gagner du temps ; il faut donc que les réserves soient assez fortes pour retarder l'ennemi et couvrir les approches du camp.

La composition des avant-postes varie en raison de la nature du terrain. Pour une armée entière, il faut qu'ils comprennent des troupes légères de toutes armes, artillerie à cheval, cavalerie, infanterie. Dans les pays coupés, on emploie davantage d'infanterie ; dans les pays de plaine, c'est la cavalerie qui doit prédominer. Dans les uns et les autres, la cavalerie envoie des patrouilles au loin, en avant et sur

les flancs, et occupe les grandes routes. Des védettes placées au loin peuvent se retirer au galop, tandis que des
sentinelles d'infanterie seraient coupées et prises.

Les réserves sont composées d'infanterie, de cavalerie et
d'artillerie.

L'éloignement des avant-postes entre eux dépend de la
force de l'armée, de la nature du pays et d'autres circonstances; mais il est si facile de tourner un détachement, un
régiment, même une brigade ou une division, qu'il importe
de ne pas interrompre la chaîne et de la faire régner tout
autour du camp.

Quand les habitants du théâtre des opérations sont hos-
tiles, il arrive souvent que des armées entières sont attaquées par derrière; il faut donc toujours être sur ses gardes
de tous côtés, excepté ceux qui sont protégés par des obstacles infranchissables; quant à ceux qui sont entièrement
nus et découverts, on envoie de fortes patrouilles de cavalerie qui explorent au loin le pays.

La distance des avant-postes au corps principal varie
aussi en raison des circonstances, particulièrement celle
de la force de ce corps; plus il est faible, moins cette distance est grande; pour une armée, elle peut être de dix
à douze kilomètres; pour une division, une brigade, un régiment, elle diminue progressivement.

Par exemple, si les védettes sont à quatre milles du
camp, les réseves se trouvent à deux milles, les piquets
extérieurs sont à un mille, les grand'gardes à un demi-
mille, les petits postes à un quart de mille plus loin. Les
distances varient d'ailleurs avec la force des détachements (1).

(1) En France, on ne considère en général que les grand'gardes, les
petits postes et les védettes. Il est rare qu'on fasse soutenir les grand'-
gardes par des réserves extérieures, et que celles-ci aient des piquets en
avant d'elles. Chez nous, les piquets destinés à prendre les armes en cas
d'alerte se tiennent ordinairement dans l'intérieur du camp. (*N. du trad.*)

Pour de petits corps de troupes, les avant-postes sont ordinairement du tiers ou du quart de la force totale ; pour des corps plus considérables, ils ne sont que du cinquième ou du sixième.

Le nombre des hommes nécessaire pour composer les avant-postes dépend beaucoup de la nature du terrain. En plaine, une védette peut surveiller un grand espace. Dans un pays couvert de jardins, de buissons, de rangées d'arbres, de collines et d'autres obstacles qui interceptent la vue, il faut multiplier les petits postes et les védettes, et par suite avoir plus de monde sur pied.

En rase campagne, les védettes peuvent être éloignées de six cents à mille pas, car, à cette distance, elles se voient et entendent un coup de fusil.

Un régiment de trois cents chevaux, commandé pour fournir les avant-postes, en garderait cent en réserve et cinquante pour le piquet extérieur ; cent autres fourniraient les grand'gardes, et les cinquante restant composeraient les petits postes détachant en tout seize védettes. Celles-ci, à sept cents pas l'une de l'autre, permettent de couvrir une circonférence de onze mille deux cents pas, pour laquelle il faudrait mille fantassins (1).

Mais ce qui concerne les avant-postes est tellement subordonné aux circonstances, qu'on ne peut poser de règles fixes et qu'il faut laisser beaucoup de latitude à l'officier qui commande. Ainsi, les védettes sont placées quelquefois à de grandes distances et on s'en trouve bien,

(1) Seize védettes fournies par cinquante chevaux donneraient une védette sur trois ; ce serait une proportion suffisante à la rigueur pour les simples cavaliers ; mais si on admet qu'il faut un brigadier par petit poste, et que ce brigadier ne va pas en faction, la force de chaque poste détachant en moyenne deux védettes, devrait être de sept chevaux ; ce qui ferait en tout, pour huit petits postes, cinquante-six chevaux. Le calcul de l'auteur est donc à très-peu près exact. Les védettes réparties sur une circonférence de onze mille pas se trouveraient à environ trois mille pas du centre du camp.

(*Note du traducteur.*)

tandis que les sentinelles d'infanterie ne peuvent être posées généralement qu'à cent pas et quelquefois moins, surtout en pays couvert.

La nuit, il faut rapprocher les védettes comme les sentinelles (1).

Quand des troupes séjournent quelque temps dans le même camp, aux mesures de sûreté ordinaires on en ajoute d'autres qui consistent à fortifier les points occupés par les avant-postes, ou ceux qui peuvent leur servir en cas de retraite, tels que fermes, villages, ponts, défilés ; en un mot, on cherche à rendre les abords de la position aussi difficiles que possible (2).

Les avant-postes sont placés sous les ordres d'un officier spécialement désigné pour en surveiller le service. Il reçoit les rapports des chefs de postes, transmet et donne les consignes, s'assure qu'elles sont exécutées.

Après avoir essayé de donner une idée des avant-postes en général, je vais exposer ce qu'il y aurait à faire pour un escadron commandé pour fournir une grand'garde.

Supposons l'escadron en bataille et fort de quatre-vingt dix hommes. Le capitaine se fait remettre le contrôle nominatif, inspecte les munitions et les armes à feu, fait charger celles-ci, s'assure qu'on ait des fourrages et des vivres, se fait indiquer le nom du commandant supérieur des avant-postes, l'endroit où il faut envoyer les rapports ;

(1) La nuit, les védettes fixes doivent être rapprochées, surtout en pays coupés, mais on peut envoyer fort loin de petites patrouilles de trois ou quatre hommes à pied, lesquels, passant partout, ne faisant pas de bruit, et profitant du moindre obstacle pour se dissimuler au besoin, rendent de grands services et ne risquent presque pas d'être enlevés.

(*Note du traducteur.*)

(2) On ne doit fortifier le point occupé par un poste avancé qu'autant que ce poste a ordre de se maintenir sur son terrain en cas d'attaque, et que sa mission ne se borne pas à observer et à avertir, puis à se replier dès qu'on marche contre lui. Les avant-postes composés uniquement de cavalerie ne doivent presque jamais être retranchés. L'auteur oublie ici qu'il traite spécialement de cette arme. (*Note du traducteur.*)

enfin, il forme une avant-garde, une arrière-garde et désigne des flanqueurs, puis il se met en marche pour gagner le terrain à occuper.

Tout en cheminant, il se porte de temps en temps en avant, examine le pays, et note tous les points où il pourrait prendre position en cas d'attaque. Les positions où on ne peut agir que sur un petit front, et dont les flancs sont inaccessibles, peuvent être tenues par une troupe très-inférieure en nombre à l'ennemi, pourvu qu'elle soit déterminée à faire son devoir : tels sont un pont, un chemin à travers un bois épais, une chaussée au milieu d'un marais, etc.

En arrivant sur le terrain désigné, le commandant de l'escadron choisit un emplacement pour le gros de son détachement, près du chemin principal, et derrière quelque obstacle, comme un pont, un ravin, un bois, sous la protection duquel il puisse prendre ses dispositions en cas d'attaque.

Là, il divise sa troupe en trois parties égales de trente hommes chacune, et les numérote 1, 2, 3. La fraction n° 1 se porte en avant, et les deux autres fractions mettent pied à terre ; le n° 2 sert de piquet et se tient prêt à monter à cheval au premier signal ; le n° 3 débride et se repose. Un homme à pied est mis en sentinelle à quelques pas plus loin que le piquet, afin de voir tout ce qui se passe du côté de l'ennemi et d'en rendre compte.

La fraction n° 1 ayant marché jusqu'où doit être établi le poste avancé s'arrête, et le tiers des hommes sort pour fournir les védettes. Le nombre exact des védettes est déterminé par le chef du détachement, qui, se portant sur une éminence, examine les chemins et autres accidents du terrain qu'il faut surveiller, et indique aux sous-officiers les points précis où elles doivent être posées.—Ces premières dispositions prises, il fait un croquis des lieux environnants, y marque les routes, rivières, ponts, gués, marais, chemins creux, bois, villes, villages, ainsi que leurs distances relatives. Ayant acquis de cette manière une connaissance suffisante du pays, il donne de suite ses ordres au sous-officier qui commande le poste avancé, et lui fait connaître l'emplacement qu'il faudra faire prendre la nuit, tant à ce poste qu'aux védettes.

Ordinairement, il y a trois hommes pour entretenir une védette et quelques-uns en plus. Les védettes sont relevées de deux heures en deux heures, et les hommes supplémentaires sont employés, de temps en temps, à faire des patrouilles. Le poste avancé est relevé au bout de six heures par le n° 2, et va, pour se reposer, prendre la place du n° 3, qui devient piquet, et ainsi de suite.

La fraction qui est de piquet envoie des patrouilles sur les deux flancs pour communiquer avec les postes voisins et vers la chaîne des védettes, afin de s'assurer qu'elles sont relevées aux heures prescrites; enfin, avant le jour, on détache quelques hommes qui s'approchent de l'ennemi, montent sur une hauteur, et tâchent de découvrir ce qu'il va faire, au lever de l'aurore.

Si l'on croit nécessaire d'avoir plus d'un poste avancé au delà du piquet, en raison des embranchements de chemins, des collines qui interceptent la vue des védettes, ou d'autres circonstances, ce poste est subdivisé en d'autres plus petits, mais l'ensemble des précautions reste le même.

Règles générales pour le jour. Si le piquet est faible et si l'étendue du terrain à surveiller est grande, on le divise en deux parties qui se relèvent l'une l'autre, pour faire des patrouilles successivement.

Les repas des chevaux ont lieu par division, savoir : une heure après le retour de la patrouille du matin, à midi, et une heure avant la nuit. Quand les hommes vont à l'abreuvoir, ils doivent brider et emporter tous leurs effets avec eux (1).

On interdit d'une manière absolue aux cavaliers de se rendre aux maisons ou villages des alentours.

Le but principal des védettes est d'annoncer l'arrivée de l'ennemi ; il faut donc les placer de façon qu'elles embrassent le plus grand champ de vision possible.

On n'a pas besoin ainsi d'en avoir un très-grand nombre, et cela ménage les hommes et les chevaux.

En temps de brouillards et la nuit, il faut rapprocher les védettes et les faire descendre des points culminants à mi-côte ou dans les vallées. Règles générales pour la nuit.

Quand une védette aperçoit quelque chose d'extraordinaire du côté de l'ennemi, elle décrit un cercle au pas. L'officier ou le sous-officier du poste se porte au galop vers elle, pour savoir ce dont il s'agit, puis il fait son rapport au commandant de la grand'garde.

Si une védette voit l'ennemi s'avancer, mais s'il est encore loin, elle tourne en cercle au trot, et l'officier seul va encore près d'elle. Si l'ennemi approche, par exemple s'il est à un mille, elle tourne au galop, alors le poste entier monte à cheval et se porte à la védette.

Si l'ennemi est très-près, la védette fait feu pour avertir et se replie.

Tout étranger, ou déserteur, doit s'arrêter à quelque distance d'une védette, poser les armes à terre, puis s'avancer vers elle.

(1) Le moment de l'abreuvoir et des repas est souvent celui que l'ennemi choisit pour attaquer; il faut donc alors se tenir particulièrement sur ses gardes. Il est d'une grande importance de brider et de seller vite : toute modification dans le harnachement, qui abrégera ces opérations, méritera d'être prise en sérieuse considération. Les Cosaques sellent, brident et montent a cheval en *une* minute; le plus leste de nos cavaliers, avec le harnachement complet, ne pourrait faire la même chose en moins de huit minutes, temps suffisant pour permettre à un parti ennemi de parcourir douze cents mètres au trot et au galop, et de tomber sur un poste qui aurait dessellé. *(Note du traducteur.)*

S'il y a plusieurs personnes, la védette leur ordonne d'arrêter, et fait signe au poste qui envoie quelques cavaliers pour les recevoir.

Il ne faut pas placer les piquets sur un pont ou une chaussée, à moins que les réserves ne soient près de là ; ni les établir à portée de fusil d'un couvert, comme par exemple la lisière d'un bois, ou dans un chemin creux ou défilé qui ne soit point occupé par derrière ; mais on doit chercher à les dérober à la vue de l'ennemi (1).

Si on n'a pas un nombre de cavaliers suffisant pour organiser régulièrement une triple chaîne d'avant-postes, il faut se contenter de petits postes et de védettes, et supprimer les grand'gardes et piquets (2).

Si l'ennemi est près, on n'allumera pas de feux. Aussitôt que les védettes ne pourront plus s'apercevoir, elles prendront leur emplacement de nuit. Que cet emplacement soit assez éloigné des chutes d'eau, moulins et autres objets qui font du bruit ; car, dans l'obscurité, il faut compter plutôt sur l'ouïe que sur la vue pour savoir ce qui se passe.

Lorsqu'on peut craindre une attaque, la moitié de chaque poste doit être à cheval et se porter en avant, en cas d'alerte, afin de donner à l'autre moitié le temps de monter à cheval.

(1) En France, le règlement sur le service en campagne indique seulement que les grand-gardes peuvent, dans certains cas, avoir des postes intermédiaires entre elles et les petits postes, mais il ne fait pas mention des piquets dans la même acception que l'auteur. Nos grand'gardes n'ayant pas de piquets, sont obligées de laisser tous les chevaux bridés, habituellement du moins, et de tenir les hommes éveillés, ce qui est très fatiguant. Le système anglais consistant à faire reposer la moitié de la grand'garde, proprement dite, sous la protection de l'autre moitié, dénommée *piquet*, et placée un peu plus près de l'ennemi, semble meilleur que le nôtre.

(*Note du traducteur.*)

(2) Si on supprime les grand'gardes, il faut naturellement que les petits postes soient assez rapprochés du camp pour pouvoir être soutenus au besoin par les piquets intérieurs. (*Note du traducteur.*)

La nuit, on rapproche les védettes des postes et on les
relève d'heure en heure, ce qui est facile en même temps
qu'on fait les patrouilles. Lorsqu'une partie d'un poste
reste à cheval, on ne met point de sentinelle devant les
armes.

Les védettes doubles sont très-utiles, parce que si elles
s'aperçoivent de quelque chose, l'une va rendre compte,
tandis que l'autre reste en observation. On les fait descendre des hauteurs et éminences, et on les place sur
les chemins en deçà des gués, ponts, ravins. S'il fait clair
de lune, il faut les placer à l'ombre d'un arbre ou d'un
buisson. Si elles entendent un bruit suspect, une védette
se détache et va rendre compte. Elles ne doivent permettre
à personne, déserteur ou autre, de s'approcher trop près;
elles font mettre pied à terre et attendre que le brigadier
de pose ou une patrouille passe pour recevoir les gens qui
se présentent.

Si elles sont attaquées et repoussées, les védettes ne
doivent pas se retirer droit sur leur poste, mais se diriger
quelques centaines de pas à sa droite ou à sa gauche. Les
postes et piquets ont ainsi le temps d'attaquer l'ennemi en
flanc et par derrière.

Ne tiraillez pas la nuit; tenez ferme dans toutes les positions où vous pourrez le faire, et donnez l'alarme à coups
de pistolet et de mousqueton.

Faites-vous remettre les consignes écrites et inscrivez
les ordres qui ont été donnés verbalement. Copiez l'esquisse dessinée par l'officier que vous relevez; demandez à
qui il faut faire les rapports, et quelles précautions supplémentaires il serait à propos de prendre pour la sûreté
du poste.

Faites-vous montrer par les hommes de l'ancien poste
les chemins que vous ne connaissez pas, aussi bien que les
points où les védettes doivent être placées la nuit. Soyez
présent à la pose de vos védettes; écoutez les consignes

Relever
un poste.

qu'on leur donne, et priez le chef que vous relevez de vous accompagner dans cette tournée.

Toutes ces prescriptions veulent être particulièrement suivies, autrement les consignes originales se trouvent promptement dénaturées.

Tirailleurs. Le feu des tirailleurs de cavalerie, tel qu'on l'exécute actuellement, est presque sans effet. « Il est certain, dit War- « nery, que les hussards tiraillent quelquefois toute une « journée sans résultats. » Il est positif que dans la Péninsule, des partis de cavalerie ont combattu en tirailleurs les uns contre les autres pendant des heures entières sans tuer ni blesser personne.

Un homme qui poursuit ou qui est poursuivi en ligne droite, peut faire feu avec une certaine chance d'atteindre son but, mais s'il tourne en cercle, selon les prescriptions réglémentaires de nos tirailleurs, essayant d'arrêter un instant son cheval pour tirer, il manque toujours.

Cet état de choses veut être changé (1).

Dans un pays accidenté, faites mettre pied à terre à un homme sur deux ou trois, et qu'il ajuste son ennemi avec aplomb (2).

(1) On a trop négligé jusqu'à présent le feu des tirailleurs à cheval, et on s'expose à de graves mécomptes, comme à perdre beaucoup de monde, en certaines circonstances, si on n'habitue pas la cavalerie légère à bien se servir des armes à feu. C'est une erreur de croire qu'on ne peut bien tirer à cheval; les Circassiens et autres peuples prouvent le contraire. Les chevaux arabes s'accoutument si bien au feu que beaucoup s'arrêtent et baissent la tête dès qu'on met en joue, et alors ils restent aussi immobiles qu'on peut le désirer. Pourquoi donc en cet instant n'atteindrait-on pas son but? Si on veut se donner la peine de faire faire l'exercice des tirailleurs aussi souvent que les formations en bataille ou les déploiements de colonnes serrées, et armer nos cavaliers de bons fusils courts ou carabines, ils tireront bientôt à cheval aussi bien qu'ils le feraient à pied. Il faut admettre ou que le feu à cheval est inefficace et le supprimer, ou le perfectionner au point qu'il soit redoutable, et alors on ne manquera pas d'occasions d'en user avantageusement. *(Note du traducteur.)*

(2) Si on ne peut aller qu'au pas, si l'ennemi n'est pas entreprenant, si

En plaine, si vous avez à contenir l'ennemi pour l'empêcher d'approcher de vos colonnes, formez une ligne de tirailleurs, mais recommandez à vos hommes de ménager leurs munitions. S'il reste à une distance respectueuse, surveillez-le; s'il avance, chargez-le sabre en main et finissez-en avec lui (1).

La cavalerie des Sikhs a l'habitude de faire mettre pied à terre à un certain nombre d'hommes au milieu même du combat, et elle est ainsi plus redoutable que lorsque tout le monde est à cheval. Si vous courrez sur les hommes à pied, ceux qui sont montés vous chargent à leur tour, et si vous vous détournez contre ceux-ci, les autres tirent sur vous ou sur votre cheval.

N'y aurait-il pas un moyen facile de tenir le cheval du cavalier qui aurait mis pied à terre? Si la longe du licol avait un crochet, l'homme de droite pourrait accrocher le cheval de l'homme de gauche au sien propre, et conserver l'usage de ses deux bras, et s'il était attaqué, son côté faible se trouverait naturellement protégé.

Ce moyen n'offre aucun danger, et si l'ennemi est loin, il permet de faire un usage efficace de la carabine.

Dans un pays accidenté, un petit nombre de bons tireurs, à distance convenable, feraient éprouver des pertes considérables aux colonnes de grosse cavalerie, dont

vos hommes et vos chevaux sont peu dressés au tir à cheval, suivez le conseil de l'auteur, mais au lieu d'un cavalier sur deux ou trois, faites-en descendre deux sur trois.   (*Note du traducteur.*)

(1) Un cavalier doit toujours ménager ses cartouches, parce qu'il en a peu et qu'il n'est pas facile de les renouveler ; il faut donc en effet recommander aux cavaliers de ne tirer qu'à bon escient. Si les tirailleurs de l'ennemi sont timides, si votre but est de laisser filer vos colonnes sans vous arrêter le moins possible, tiraillez peu ; mais si vous voulez prendre quelque disposition offensive qui exige un peu de temps, ou cacher un mouvement que l'ennemi veut deviner ou voir, tiraillez beaucoup et tiraillez juste ; agissez encore de même contre une cavalerie irrégulière qui cherche à vous harasser en vous escarmouchant de près, et essaie de se faire charger, puis se disperse aussitôt.   (*Note du traducteur.*)

les pistolets seraient de peu de secours contre la carabine.

Il faudrait au moins exercer les hommes de la manière suivante, à l'école du peloton. Au signal pour commencer le feu, les cavaliers impairs appuieraient sur les cavaliers pairs pour prendre leurs chevaux : ces derniers cavaliers sauteraient à terre, la carabine à la main, et se porteraient à quelques pas en avant plus ou moins, suivant le terrain, et ouvriraient le feu en avançant ou en retraite, sur le flanc droit ou sur le flanc gauche, selon la sonnerie.

Ils seraient remplacés, au bout de quelque temps, par les cavaliers impairs, qui descenderaient à leur tour, et ainsi de suite.

En se retirant, il faut prendre avantage de tous les obstacles naturels qu'on rencontre et les occuper vite par des hommes de pied.

Ce n'est pas une chose facile de passer un simple fossé défendu à coups de fusil : l'ennemi sera obligé, en pareil cas, ou de vous déloger avec des hommes à pied, ou de tourner l'obstacle, ce qui vous permettra de lui faire subir des pertes et de continuer votre retraite.

En plaine, retirez-vous par rangs ayant alternativement le sabre en main, et quand l'ennemi vous serre de près, faites demi-tour et chargez.

Les pelotons doivent s'exercer l'un contre l'autre, s'avançant et se retirant tour à tour, défendant ou attaquant des ponts, des défilés, serrant les files pour être prêt à charger, les ouvrant pour tirailler, les cavaliers se chargeant enfin corps à corps en galopant en cercle, chacun laissant son adversaire à gauche, croisant le sabre, puis retournant à sa place (1).

Les troupes de soutien doivent toujours être à portée des tirailleurs.

(1) C'est entre tirailleurs et en fourrageurs qu'il faudrait beaucoup faire la petite guerre : en s'y prenant méthodiquement, elle serait très-instructive pour les hommes, et il serait facile d'éviter les accidents.

De Brack dit : « Les Cosaques en tirailleurs se groupent en avançant, mais s'éparpillent en se retirant.

« Nos tirailleurs font presque invariablement le contraire, quelles que soient les circonstances. Les Cosaques ont raison et nous avons tort. En fait, combien de fois n'avons-nous pas vu nos soldats, en se retirant, se presser les uns contre les autres, de façon à s'embarrasser et se priver mutuellement de l'usage de leurs armes ! Et ainsi, retardant encore davantage ceux de leurs camarades les plus mal montés, les laissant derrière eux pour leur servir de boucliers et être sabrés à leur place.

« Une masse confuse qui se retire, donne beau jeu contre elle-même pour deux raisons bien simples : la première, c'est qu'en pareil cas on se gêne réciproquement pour se défendre, et qu'on ne peut faire demi-tour ; la seconde, c'est que l'ennemi, qui n'a qu'un objet en vue, qui n'est pas harcelé sur ses flancs, se précipite en avant avec impétuosité sur une foule en désordre, incapable de résister, y pointe et y taille à plaisir, et la chasse aussi loin qu'il lui plaît.

De pareils inconvénients ne peuvent se produire dans une retraite où on observe les intervalles en marchant : chaque homme alors conserve toute sa liberté d'action ; il se trouve dans des conditions équivalentes à celles de l'ennemi, qui ne peut penser à se jeter tête baissée en avant, puisque ses flancs sont menacés, son attention éveillée

(1) En France, on pratique peu l'école des tirailleurs, même dans la cavalerie légère ; on y procède peu méthodiquement, de même qu'aux charges en fourrageurs : cependant ces deux manières de combattre bien exécutées donneraient d'immenses résultats. Elles conviennent au caractère du soldat français, qui est vif et intelligent, et s'il y était bien exercé, il y deviendrait très-redoutable, en même temps qu'il développerait son habileté à manier son cheval et ses armes ; et, on ne saurait trop le répéter, l'instruction individuelle est la base essentielle de toute bonne cavalerie : les manœuvres d'ensemble s'exécuteront toujours parfaitement dès que les hommes monteront bien à cheval. *(Note du traducteur.)*

par un danger aussi grand de son côté que de l'autre. Dans une retraite conduite ainsi, on n'est jamais serré de près ni accompagné bien loin. Les chevaux les moins vites se comportent aussi bien que les autres. On arrête l'ennemi quand il faut, et dès qu'on le juge nécessaire on fait demi-tour et on prend l'offensive. »

Polybe nous dit, dans sa description du passage de la Trebia : « Néanmoins, Sempronius fit sonner la retraite pour rappeler sa cavalerie, qui ne savait comment se comporter devant l'ennemi qu'elle avait en face d'elle. A la vérité, elle avait affaire aux Numides, dont la tactique consistait à se retirer éparpillés de tous côtés, puis à se retourner vigoureusement contre leurs adversaires au moment où ils s'y attendaient le moins (1). »

Régiment des gardes à cheval suédois.

A Stockholm, le 29 juin 1852, je vis le régiment des gardes à cheval suédois, commandé par le comte Stedingk, un beau corps en vérité, mais peut-être monté sur des chevaux trop petits. Il avait quatre escadrons d'environ soixante-dix chevaux chacun, partagé en trois divisions appelées *troupes*. Le commandant de l'escadron seul était devant le premier rang; il y avait un officier sur chaque flanc, et un en serre-file. Aucun guide particulier, aucun sous-officier ne se montrait hors des rangs.

Ils escarmouchèrent par escadron l'un contre l'autre, sonnant fréquemment la charge : à ce signal, les cavaliers mettant le sabre à la main, se portaient simultanément en avant, au galop, dans les deux partis, chacun tournant autour de son adversaire et croisant le fer avec lui; les réserves suivaient de près.

Lorsqu'on était en tirailleurs et que la charge sonnait, les hommes appuyaient sur le centre de leurs divisions

---

(1) C'est la tactique habituelle de toutes les cavaleries irrégulières, Circassiens, Numides, Cosaques, d'avoir l'air de fuir pour attirer l'ennemi au combat individuel. (*Note du traducteur.*)

respectives, et, après la charge, ils reprenaient leurs intervalles.

Le régiment passa à l'exercice à feu, puis aux manœuvres d'ensemble.

La cavalerie suédoise change de direction, en marchant
en colonne avec distance entière par escadron. Quand elle
forme la colonne serrée, c'est toujours en arrière de l'escadron désigné. Leur colonne avec distance entière est
généralement par escadrons. Ils rompent en avant par un
escadron quelconque, et quand ils se remettent en bataille,
chaque escadron reprend sa place primitive et naturelle,
en s'y rendant par le chemin le plus court.

Je fus surtout frappé du profond silence qui régnait dans
la troupe. Le commandement du colonel était suivi d'un simple avertissement de chaque commandant d'escadron seulement; la trompette sonnait, et le mouvement s'exécutait.
On n'entendait ni bruit, ni cris, ni tumulte. Au signal de
la halte, on s'arrêtait immobile. Après chaque mouvement
personne ne bougeait, n'appuyait, n'avançait, ne reculait,
ne parlait.

Dans les manœuvres, on employa les allures les plus
rapides. En se formant en bataille, les escadrons s'arrê-
taient un peu en arrière de l'alignement; le commandant
de l'escadron et les officiers placés aux ailes se portaient
sur l'alignement, puis les cavaliers venaient s'aligner sur
eux.

Les charges furent parfaites et exécutées à la plus
grande vitesse (je marchai avec le régiment pour en juger):
aucune ouverture ne se manifesta, ni aux ailes, ni ailleurs,
excepté dans la dernière charge, où il s'en fit une légère,
mais elle fut de suite bouchée en appuyant peu à peu. Il
n'y eut aucune rupture, et la halte se fit simultanément et
tout d'un coup, au signal. Au lieu de manteaux, ils avaient
une espèce de grande capote à manches avec laquelle ils

peuvent monter à cheval, combattre et faire n'importe quoi.

Pour la parade, ils avaient un petit galop rassemblé. En défilant par escadrons, les chevaux galopaient sur le pied droit ou gauche, selon que la personne à qui on rendait les honneurs se trouvait à droite ou à gauche.

C'est un des plus beaux régiments de cavalerie que j'aie vus.

Je termine ces remarques sur les tirailleurs, par l'extrait suivant d'une lettre d'un officier très-distingué de cavalerie étrangère :

« Durant une grande partie de la dernière guerre contre « les Français, je fus attaché aux Cosaques du Don. Ces « cavaliers étaient alors peu habitués à l'usage des armes « à feu ; mais en s'avançant vers l'Europe occidentale, ils « comprirent les avantages qu'elles pouvaient leur procu- « rer, particulièrement lorsqu'ils se trouvaient dans des « pays accidentés et difficiles ; et ils s'armèrent des fusils « de l'infanterie ennemie qu'ils ramassaient sur le champ « de bataille. Ils établirent parmi eux la pratique de « mettre pied à terre à tour de rôle, quand le terrain était « favorable et de tirailler ainsi contre l'ennemi. Je les vis, « de cette manière, battre de la cavalerie qui leur était « supérieure en nombre, et même de l'infanterie, quand « l'une ou l'autre de ces armes les attaquait par des tirail- « leurs. En pareil cas, les fantassins qui leur étaient op- « posés avaient peur des cavaliers montés suivant de « près leurs camarades, avec les chevaux en main. Quant « aux cavaliers qui avaient mis pied à terre, ils étaient tou- « jours prêts à sauter en selle d'un bond, et à se précipiter « sur l'ennemi, s'il fournissait l'occasion de le charger, « ou s'il était délogé de son couvert.

« *A cette manière de combattre en tirailleurs, j'attribue* « *entièrement les succès des Cosaques, pendant les campagnes* « *sur l'Elbe et sur le Rhin, et la supériorité incontestable*

« *qu'ils acquirent sur la cavalerie ennemie dans la guerre*
« *d'avant-postes et de détachements* (1).

« Signé : H. V. GANZAUGE.

« Capitaine au 2° régiment des Lanciers de la Garde Prussienne. »

(1) On ne saurait trop abonder dans le sens de l'auteur, qui prêche pour
armer la cavalerie de bonnes armes à feu, et pour qu'elle apprenne à s'en
servir efficacement. Frédéric-le-Grand a eu des hussards armés de carabines rayées, qui mirent pied à terre en plusieurs occasions, et délogèrent
de l'infanterie, même des grenadiers à couvert derrière des obstacles d'où
ils incommodaient beaucoup la cavalerie.

En 1843, à Sidi-Rachel, en Afrique, deux faibles escadrons de chasseurs
(que commandait le capitaine, aujourd'hui colonel *Favas*), entourés par
une nuée d'Arabes, se réfugièrent sur une éminence, mirent pied à terre,
formèrent une espèce de carré, se défendirent à coups de fusil, et purent
attendre ainsi l'arrivée de l'infanterie, qui les délivra. Une cavalerie, en
pareille circonstance, armée seulement du pistolet, eût certainement suc-
combé.

En raison de ce que le tir à cheval est très-difficile, il faudrait armer
les cavaliers de carabines rayées d'une grande justesse. Le pistolet n'ayant
presque aucune efficacité, on le retirerait à tous les corps armés de carabines,
et quant aux autres, on leur donnerait un petit tromblon chargé à chevrotines, pour faire feu seulement de très-près.   (*Note du traducteur.*)

CHAPITRE XII.

CHARGE, POURSUITE, RALLIEMENT.

> « ..... Une charge en ligne n'est réellement
> qu'une suite rapide de charges successives dont
> les braves forment les points saillants; ce sont
> ces causes qui rendent le succès des charges
> si incertain, et qui doivent faire éviter d'en
> entreprendre sur de grands fronts. »
>
> C. JACQUINOT DE PRESLE.

Charge.   La charge doit être décidée promptement, exécutée vigoureusement, et toujours poussée à fond au grand galop.

Le but à atteindre est de pénétrer à travers l'ennemi, d'y semer le désordre, puis de faire jouer le sabre pour le mettre en déconfiture.

De puissants chevaux lancés à toute vitesse, droit devant eux et alignés, manqueront rarement de faire la trouée désirable. De bons sabres, la bravoure et l'adresse individuelle feront le reste.

Les officiers ne doivent pas perdre de vue que, quoique victorieux, un corps de cavaliers aussi déterminés que possible, a besoin d'être arrêté en temps utile. Les chevaux peuvent être essoufflés, les hommes fatigués, les escadrons dispersés ; ils sont alors à la merci des premières troupes fraîches que l'ennemi fait avancer.

Les réserves doivent suivre de près pour achever la victoire, ou, en cas que la première ligne fasse demi-tour, ce qui arrive tôt ou tard, tomber sur l'ennemi et donner à cette première ligne le temps de se reformer.

Dans la première ligne, personne n'aura la pensée de faire demi-tour, aussi longtemps qu'on sentira les réserves sur ses talons pour pousser en avant (1) les cavaliers qui sont devant elles. Une fois la charge entamée, ne vous arrêtez pas, quelque supérieur en nombre que soit l'ennemi. Au fur et à mesure que votre première ligne gagne du terrain, les réserves, réparties en échelons, occupent successivement les positions que vous avez emportées (2).

Il faut attribuer d'innombrables revers à l'inobservation des règles précédentes, surtout celles relatives aux réserves.

Si vous attaquez une cavalerie qui se forme en marchant au-devant de vous, ménagez vos chevaux et vos ressources pour l'instant du choc. Trottez l'espace d'environ cent cinquante pas, sonnez ensuite le galop et immédiatement après sonnez la charge : de cette manière vous arrivez sur

(1) Les réserves ne doivent point être si près que semble l'indiquer ici l'auteur, autrement elles se ressentiraient trop du désordre qui viendrait à se manifester dans la première ligne, et ne pourraient être d'aucune utilité. Si on charge en colonne, la première subdivision est en effet poussée par les autres, parce qu'elle sent derrière elle une masse puissante et irrésistible, mais une simple seconde ligne placée même très-près de la première, n'empêche pas celle-ci de faire demi-tour. (*Note du traducteur.*)

(2) On ne doit pas s'arrêter une fois la charge commencée, ni faire demi-tour si on s'aperçoit que l'ennemi est très-supérieur en nombre, car alors on serait irrémissiblement perdu, tandis qu'avec de l'audace, en se précipitant résolûment sur lui, on peut avoir au moins un premier succès qui permette de faire ensuite une retraite passable. (*Note du traducteur.*)

l'ennemi sans que vos chevaux soient essoufflés et en bon ordre ; alors rien ne peut vous résister (1).

Si l'ennemi commence à galoper de loin, faites de même, car, à cette allure, deux lignes qui vont à la rencontre l'une de l'autre font rapidement disparaître la distance qui les sépare, et il importe que la plus grande vitesse soit de votre côté au moment du choc.

Quand l'artillerie entre en action ses chevaux se reposent, jusque-là on peut donc les presser de toute la vitesse possible : avec la cavalerie c'est l'inverse ; le moment où elle joint l'ennemi est celui où il faut le plus d'élan. Si vos chevaux sont essoufflés, vous êtes à peu près certain d'être renversé ; mais en admettant même que vous ayez un premier succès, il ne servirait de rien faute de pouvoir le poursuivre.

Dans un terrain gras, amenez vos cavaliers lentement aussi près que possible du point d'attaque.

Si l'ennemi est en colonne ou en train de se former, prenez de suite le galop et essayez de le culbuter avant qu'il n'ait achevé de se mettre en bataille.

Contre un carré d'infanterie, partez au galop de suite après la première décharge, mais ne laissez abandonner les chevaux à toute bride qu'à cinquante pas du carré (2).

(1) La charge ne doit pas sonner immédiatement après le galop; il suffit de parcourir à toute vitesse environ cinquante à soixante pas, et d'arriver sur l'ennemi avec la plus grande quantité de mouvement possible, sans que les chevaux soient essoufflés et sans qu'il en soit resté en arrière. C'est au commandant à juger de l'instant où il doit dire: *chargez !* il faut qu'il tienne compte de l'allure des troupes au-devant desquelles on marche, afin de ne faire son commandement ni trop tôt ni trop tard. Si l'ennemi est lui-même au galop, le moment favorable pour lancer les chevaux à toute bride est celui où il existe encore un espace de cent mètres entre les deux fronts qui vont se choquer; cet espace aura diminué de moitié quand on s'abordera. *(Note du traducteur.)*

(2) Contre un carré d'infanterie, il faut galoper de loin, afin de diminuer par la rapidité de la course le nombre des décharges. Quand même les

Des charges de cavalerie sur une large échelle, contre des masses de troupes de toutes armes, doivent être poussées avec la plus grande vitesse, sans laisser le temps à l'ennemi de se reconnaître.

On ne saurait indiquer de règles précises, relativement à la distance à laquelle il faut s'ébranler pour la charge ; tout dépend des circonstances. Si le terrain est favorable, si les chevaux sont en bon état, on peut commencer le galop de plus loin ; mais, invariablement, c'est lorsqu'on a encore cinquante pas à faire qu'il faut rendre la main et piquer de l'éperon, enfin charger réellement, car dans si peu d'espace, on ne laisse pas de chevaux, même mauvais, en arrière ; on n'a pas le temps de se désunir et on tombe sur l'ennemi avec tout l'effet désirable.

Si vous réussissez à culbuter la ligne que vous aviez devant vous, la vôtre propre est en désordre : la mêlée qui s'ensuit tourne cependant bientôt en une poursuite de votre part, et c'est alors que vous avez beau jeu contre ceux qui vous tournent le dos : quant au choc et à la mêlée, ils ne durent pas assez longtemps pour causer, soit d'un côté, soit de l'autre, de grandes pertes en hommes et chevaux.

Si un défilé se trouve sur la ligne de retraite de l'ennemi, il faut que quelques officiers et hommes bien montés s'y ruent pour y arrêter les fuyards et les faire prisonniers.

La poursuite doit être effectuée avec la plus grande vigueur. Chaque cavalier s'attache à un ennemi, et malheur à celui qui est mal monté ou dont le cheval n'a pas la force de l'emporter loin des atteintes du vainqueur !

En pareil cas, il est difficile de faire revenir les hommes : l'excitation du combat les rend fous et ils n'ont en tête que

Poursuite et ralliement.

chevaux seraient un peu essoufflés en arrivant dans le carré, l'effet attendu n'en serait pas moins produit, et sans risque, si on avait une réserve à portée de soi.   *(Note du traducteur.)*

de sabrer les infortunés qui courent devant eux. Vous essaieriez en vain d'arrêter le carnage ; contentez-vous à veiller à la sûreté de vos soldats au moyen de vos réserves, jusqu'à ce que l'ennemi ait disparu. Ralliez-vous seulement alors ; si vous tentiez de le faire plus tôt et de continuer la poursuite avec vos réserves, vous donneriez à ceux que vous avez battu le temps de faire le passage en retraite de leur seconde ligne et de se reformer.

Ralliez-vous dans l'ordre où l'on était en commençant l'attaque. Chaque *troupe* se rallie pour son compte, et ensuite se rend à sa place dès qu'elle est formée.

Si l'ennemi a une seconde ligne derrière la première, poussez celle-ci sur l'autre, sans lui donner le temps de chercher les intervalles, et précipitez-vous pêle-mêle avec les fuyards : vous êtes certain de causer ainsi le plus complet désordre dans les deux lignes, sinon, vos réserves sont là pour agir d'après les circonstances.

Si la seconde ligne de l'ennemi se trouve formée en arrière pour vous prendre en flanc, ralliez-vous le plus vite que vous pourrez, et, avec vos réserves, chargez-la sans hésitation.

Le temps ici est l'élément le plus important du succès, et chaque *troupe*, dès qu'elle est ralliée, doit être menée de suite contre l'ennemi. Attaquez en échelons, successivement ou n'importe comment, la chose essentielle étant de culbuter la seconde ligne avant que la première ne se soit reformée.

Une fois qu'une ligne de cavalerie a été précipitée sur l'ennemi, tout commandement du chef cesse nécessairement, pendant quelques minutes, d'être entendu. Les cavaliers de chaque *troupe* doivent avoir les yeux sur leur capitaine, et concentrer leurs efforts autour de lui ; à cet effet, les officiers placés sur les flancs tâchent de les contenir et de les empêcher de perdre leurs rangs. Le capitaine doit agir avec sa *troupe*, sans hésiter, selon l'occasion; il n'a pas d'ordre à attendre ni à rester immobile si l'ennemi est là (1).

(1) Un officier, de quelque grade qu'il soit, ne devrait jamais craindre d'engager sa responsabilité ni d'agir sans ordres ou contre des ordres, toutes les fois qu'il peut faire du mal à l'ennemi ou éviter un revers aux corps placés près de lui. A la bataille de Prague, Warnery avait été mis en seconde ligne avec cinq escadrons de hussards pour soutenir la gauche de l'infanterie, mais voyant que de longtemps il ne serait d'aucune utilité dans cette position, il n'hésita pas à la quitter pour se porter au secours de la cavalerie de l'aile gauche, qui était menacée d'être prise en flanc par une partie de la cavalerie autrichienne. Par ce mouvement hardi, et contraire aux instructions qu'il avait reçues, il contribua puissamment à la victoire.

17

CHAPITRE XIII.

DÉTACHEMENTS, DÉFILÉS, RIVIÈRES, POSTES RETRANCHÉS, SIÉGES.

Les événements, à la guerre, sont si variés, qu'il est impossible de donner des règles pour chaque cas particulier; cependant il est utile d'indiquer quelques principes généraux, dont l'application facilitera beaucoup l'exercice du commandement aux officiers envoyés en détachement.

Détachements. 1º — A moins d'être surpris, n'engagez jamais un combat sans avoir, au préalable, reconnu la force et les dispositions de l'ennemi.

2º — Ne vous retirez jamais sans avoir pris les précautions prescrites au paragraphe précédent.

Manquer au principe Nº 1, prouve de la témérité et un défaut de cervelle; manquer au principe Nº 2, prouve de la timidité et peu de courage!

Reconnaître un corps de cavalerie plus fort que celui qu'on commande, exige du jugement et de l'expérience, car cette opération n'est pas sans danger; mais quant à l'infanterie qui ne peut poursuivre, on ne risque rien en s'en approchant beaucoup.

3º — L'hésitation est toujours dangereuse; décidez-vous donc promptement dans un sens ou dans l'autre. Mieux vaut prendre un mauvais parti que de différer, parce qu'on s'expose à n'en pas prendre du tout, et qu'alors on est à la merci de son adversaire.

4° — Si vous pouvez surprendre l'ennemi, n'y manquez pas. Un stratagème vous mène souvent au but plus facilement et avec moins de pertes que la force ouverte (1).

5° — Une réserve, même faible, apparaissant au moment critique d'une charge, décidera généralement la victoire; en conséquence, quelque petit que soit votre détachement, tenez toujours quelques hommes en réserve, hors de vue de l'ennemi, si c'est possible : leur apparition soudaine et inattendue n'en aura alors que plus d'effet. (Au risque de me répéter et d'être ennuyeux, j'insiste sur ce point qui est d'une importance vitale.) Même, si vous êtes soutenu par de l'infanterie, derrière laquelle vous puissiez vous retirer en cas de défaite, assurez-vous une réserve, à moins que vous ayez tout à fait trop peu de monde, car il est probable que l'ennemi a pris une précaution de ce genre, et qu'il vous fera attaquer en queue ou en flanc, tandis qu'il vous occupera de front.

6° — Passez toujours rapidement un défilé. Quand vous êtes de l'autre côté, attaquez de suite avec la tête de colonne, afin de tenir le débouché libre pour les subdivisions suivantes.

Défilés.

Placez une réserve à l'entrée du défilé pour arrêter l'ennemi et couvrir la retraite, si on était obligé de revenir en arrière après avoir subi un échec au delà.

(1) Un des principes les plus difficiles à suivre, peut-être, et qui procure cependant les plus grands résultats, c'est de ne jamais tenter le sort des armes si on a un autre moyen d'atteindre son but. Quelque probabilité qu'on ait d'être victorieux, on peut être battu; un rien fait souvent tourner la chance.

Wellington, en Espagne, s'est montré fidèle à ce principe, et s'en est bien trouvé.

Malheur à l'officier général ou particulier qui expose son monde inutilement dans des affaires de détail, il peut arriver à cette triste fin de perdre la partie après une série de victoires.   (*Note du traducteur.*)

Ne prenez que la moitié de la largeur du défilé et côtoyez-en de près le côté gauche, afin de pouvoir vous retirer au besoin, et laisser à vos hommes le bras droit libre pour sabrer si l'ennemi voulait passer avec vous (1).

Avant de vous engager dans un défilé, faites-le reconnaître. Un lieu boisé, ou un défilé de peu d'étendue, est aisément reconnu par un cavalier de l'avant-garde qui galope au travers, suivi à quelque distance par un autre cavalier. Si rien ne s'y oppose, l'avant-garde passe à son tour au galop, et garde l'issue jusqu'à ce que le corps principal soit passé.

Quand un détachement de cavalerie, sans infanterie, n'a pas le choix, et se trouve obligé de passer un défilé qu'il sait occupé par l'ennemi, ce qu'il a de mieux à faire est de tenter le passage de nuit et au galop. Si une barricade a été élevée, l'avant-garde en donne avis et quelques hommes à pied s'efforcent de la détruire. Si l'obstacle n'est pas de nature à être franchi à cheval ou surmonté, on se retire promptement (2).

Quand un détachement de cavalerie est accompagné par de l'infanterie, celle-ci est employée à reconnaître le dé-

(1) Comme il importe avant tout de passer très-promptement un défilé, il n'est pas toujours bon d'en laisser la moitié libre. Il suffit de très-peu d'espace, à droite ou à gauche, pour faire la contre-marche, meilleur mouvement pour se retirer, qu'un demi-tour quelconque, surtout par trois ou par quatre; car devant l'ennemi, un demi-tour a l'inconvénient de faire courir les cavaliers en arrière, plus loin que ne le voudraient leurs chefs. Ce n'est que si le défilé est très-étroit, et que s'il ne donne passage qu'à deux ou quatre chevaux de front, qu'il faut en laisser la moitié libre; autrement on se contente de cinq ou six pas d'un côté ou de l'autre, et l'on traverse sur le plus grand front possible, particulièrement en colonne double.

(*Note du traducteur.*)

(2) Autant que possible, jamais on ne devrait envoyer en détachement de la cavalerie qui n'est pas armée du fusil, parce que si elle n'a pas d'infanterie avec elle, elle sera arrêtée souvent par des obstacles que peu d'hommes ayant mis pied à terre rendraient libres et praticables, en délogeant l'ennemi au moyen de quelques coups de feu.   (*Note du traducteur.*)

filé, car il serait dangereux à des cavaliers de s'y engager pour rencontrer des fantassins embusqués sur leurs flancs, hors des atteintes du sabre.

Quand un défilé est occupé par l'ennemi, l'infanterie essaie de forcer le passage, pendant que la cavalerie cherche à le tourner.

Si, en traversant un défilé, vous êtes attaqué à l'improviste, chargez sans hésiter : vous seriez perdu et sabré en faisant demi-tour, à cause de l'impossibilité de fuir sans désordre, tandis qu'en vous précipitant sur l'ennemi, vous avez un front égal au sien et vous pouvez vous frayer un passage (1).

Si vous avez de l'infanterie avec vous dans un défilé, et si vous rencontrez l'ennemi, envoyez l'infanterie sur ses flancs et chargez-le de front.

7º — Dans une poursuite, si vous atteignez l'ennemi à l'entrée d'un défilé, village, etc., où il a fait des dispositions pour vous recevoir, laissez quelques cavaliers chargés de l'observer, puis tournez l'obstacle en faisant un détour et coupez la retraite à votre adversaire (2).

8º — Attaquez vigoureusement et sans hésiter tout détachement laissé pour détruire un pont, une route, etc.

9º — En couvrant une retraite à travers un défilé, essayez d'arrêter la cavalerie ennemie en renversant des chariots ou créant d'autres obstacles, derrière lesquels quelques cavaliers à pied se placent pour les défendre à coups de feu.

Si vous n'avez pas d'obstacles matériels à élever à la

(1) Les défilés inattaquables de flanc sont très-favorables aux détachements et aux petites armées, puisque les têtes de colonnes seules peuvent agir, et que la supériorité de l'ennemi se trouve en grande partie paralysée par la nature du terrain. (*Note du traducteur.*)

(2) Il serait nécessaire ici que l'ennemi fût occupé par des tirailleurs, dont le rideau déroberait le mouvement tournant fait contre lui, et qui auraient l'air de vouloir le déloger à coups de fusil. (*Note du traducteur.*)

sortie du défilé, placez un détachement prêt à charger l'ennemi en front et en flanc au moment où il voudra déboucher.

Rivières. 10° — Les rivières ne doivent pas arrêter la cavalerie, à moins que les rives ne soient escarpées au point de ne pas permettre aux chevaux de prendre terre. Une multitude d'exemples attestent la possibilité de faire traverser à la nage et sans pertes les cours d'eau à la cavalerie. Ainsi, la nuit qui précéda la bataille de Hastembech, trois cents chevaux, avec autant de fantassins, furent détachés du camp du duc de Broglie et passèrent le Weser, les fantassins se tenant à la queue des chevaux. Le 3 septembre 1796, vingt-quatre escadrons de cuirassiers autrichiens, traversèrent à la nage le Mein, laissant le pont à l'infanterie.

Les chevaux doivent nager par rangs alignés parallèlement à la direction du courant. Il faut que les hommes regardent le bord opposé et non l'eau, autrement, sans y penser, ils se laisseraient aller à suivre le courant. Ils doivent se cramponner à la crinière, ne se servir que du bridon pour diriger l'animal, et tenir les rênes courtes et hautes, afin que le cheval ne s'y embarrasse pas les pieds en nageant.

Quand on a des bateaux à sa disposition et que l'ennemi n'est pas à proximité, il faut passer les effets, armes et harnachements dans ces bateaux, pour les conserver secs et permettre aux chevaux de nager plus aisément (1).

_____

(1) Ce n'est pas une chose si facile que le pense l'auteur, de faire traverser une rivière en nageant à de la cavalerie. Le cheval nage naturellement, comme tous les quadrupèdes, c'est-à-dire qu'en danger de périr dans l'eau, il sait faire quelques mouvements qui peuvent le sauver, mais ce n'est que par la pratique qu'il devient capable de passer des rivières : s'il n'est pas exercé à nager il se noie très-vite, même dans un faible courant. En Finlande, en Pologne, sur les bords du Volga, les chevaux sont parfaitement accoutumés à nager et traversent de grands espaces d'eau. En Afrique, en Arabie, où il n'y a que de petites rivières sans profondeur, souvent à sec pendant l'été, les che-

11⁰—En aucunes circonstances, il n'est permis à la cavalerie de se rendre en rase campagne; elle doit tenter de se frayer un passage à travers l'ennemi, ou, en se dispersant, éluder la poursuite (1).

Si vous attendez l'ennemi au passage d'une rivière, devant votre front, n'émiettez pas votre cavalerie le long des bords, mais concentrez-la à quelque distance de la rive sur plusieurs points, de façon à pouvoir la transporter rapidement avec son artillerie sur le lieu où il voudra forcer le passage.

Dans la défense des retranchements, on tient la cavalerie hors de portée du feu, et au moment où l'ennemi donne l'assaut, elle fait une sortie et charge en flanc, sortant par la droite et rentrant par la gauche ou l'inverse. Si cela n'est pas praticable, elle attend que l'ennemi soit entré, puis fond sur lui et le chasse. Elle se comporte de cette dernière manière quand les issues sont étroites et ne permettent de passer qu'à un cavalier à la fois, parce qu'elle

Postes retranchés.

vaux ne savent pas du tout nager, et se noient ordinairement dès qu'ils perdent pied.

Quelque bon nageur que soit un cheval, il faut, autant que possible, le débarrasser de son harnachement et de son cavalier, si on veut lui faire passer une rivière tant soit peu large et rapide. Si on n'a pas de bateaux pour mettre dedans les effets, on peut faire de petits radeaux de joncs, de roseaux ou de fascines, sur lesquels on place les vêtements, armes, etc., et que des hommes tirent derrière eux, en les amarrant à leurs corps par des cordes à fourrages. Les cavaliers doivent passer nus, montant seulement les chevaux les plus habiles à nager, et dirigeant les autres, à la queue desquels leurs maîtres se pendent par les mains. Les Tartares, les Polonais passent ainsi les rivières. Il faut bien se garder de mettre deux hommes sur un cheval qui nage. *(Note du traducteur.)*

(1) Cette pratique de se disperser pour fuir est très-usitée chez les Cosaques, qui ne craignent nullement de s'aventurer au loin sur les flancs et les derrières de l'ennemi, et s'échappent ensuite comme des oiseaux dans toutes les directions, dès qu'on fait mine de les poursuivre. En agissant ainsi, dans nos dernières guerres, ils nous ont fait une quantité énorme de prisonniers, et n'ont presque jamais perdu personne. *(Note du trad.)*

s'exposerait à être prise en flanc et à éprouver de grandes pertes en défilant par un (1).

Dans l'attaque des retranchements, la cavalerie reste masquée autant que possible derrière les colonnes d'infanterie, prête à tomber sur les sorties ou à profiter des moyens que peut lui offrir l'infanterie de pénétrer dans l'ouvrage. On l'envoie aussi tourner les retranchements ou concourir d'une manière quelconque à l'entreprise; mais on ne doit pas lui donner un rôle direct. Une division de cuirassiers français qui essaya d'emporter des retranchements à Wagram, fut presque détruite sans avoir réussi (2).

Siéges. — Dans un siége, la cavalerie sert particulièrement à l'investissement de la place attaquée en occupant tous les passages, tous les villages du voisinage, et en s'y maintenant jusqu'à l'arrivée de l'infanterie. Ensuite elle escorte les convois, fourrage dans les environs, etc.

Si la cavalerie se trouve dans une place assiégée, elle fait des sorties, des fourrages, concourt au service des canons, etc., puis, quand les ouvrages extérieurs sont pris, elle essaie de se retirer de la forteresse, dans une sortie de nuit par exemple, et cherche à se rendre utile ultérieurement en tombant sur les derrières de l'ennemi, ou porte ses services ailleurs.

(1) La cavalerie est fort mal employée à la défense des retranchements, parce qu'elle perd alors son caractère essentiellement offensif, qu'elle manque d'espace pour prendre carrière, et qu'elle a des issues trop étroites pour déboucher. On n'enferme donc de la cavalerie dans un poste retranché, que si cela a d'ailleurs quelque utilité extérieure, comme battre la campagne, fourrager, etc., puis elle sert naturellement à la défense si l'ouvrage est attaqué. (*Note du traducteur.*)

(2) L'auteur commet sans doute une erreur dans sa citation. Il veut plutôt parler de l'attaque d'une redoute russe, à la Moskowa, par la division Caulaincourt, redoute qui fut emportée, mais par la gorge, où elle ne présentait, selon toute probabilité, qu'un simple fossé franchissable par la cavalerie. (*Note du traducteur.*)

CHAPITRE XIV.

CAVALERIE CONTRE INFANTERIE.

« Zu allen zeiten, wo die kunst verfiel, verfiel
sic durch die künstler. »   SCHILLER.
« De tout temps, où l'art est tombé en décadence, il est tombé par la faute des artistes. »

J'ai déjà parlé, en quelques mots, de l'action de la cavalerie contre la cavalerie et l'artillerie. J'ai réservé, pour la
fin de mon ouvrage, l'action de la cavalerie contre l'infanterie, et je vais dire ce qu'elle a été et ce qu'elle sera. Je
n'affirmerai pas, avec le colonel Mitchell et d'autres écrivains militaires, que la cavalerie convenablement armée,
montée et conduite, enfoncera toujours les carrés, je me
contenterai d'avancer qu'elle *pourra* le faire fréquemment.
Que les officiers d'infanterie ne s'offensent pas de mon opinion; personne n'estime nos braves camarades à pied, tant
dans le service qu'en dehors du service, plus que moi :
s'ils trouvent que je vais trop loin, je les prie de m'excuser
en considérant que je suis officier de cavalerie.

La cavalerie est souvent réduite à jouer un rôle secondaire en campagne par suite de la mobilité introduite dans
les armées. L'infanterie n'est plus astreinte à choisir un
champ de bataille en plaine, propre à l'arrangement inva-
riable de ses légions comme dans l'antiquité, ou une position qui couvre son camp; plus légèrement armée et
équipée, elle change de place même au milieu du combat,

et se soustrait aux coups de la cavalerie en se réfugiant
derrière des haies, sur des hauteurs, ou en profitant d'autres obstacles du terrain.

Au lieu de former de longues lignes et des colonnes avec
distance entière, elle se meut en masses compactes et résistantes ou se forme en carrés se flanquant l'un l'autre
par des feux croisés, soutenus encore par de l'artillerie, et
brave souvent les attaques de la cavalerie. Mais se rirait-
elle des efforts de cette arme, dont l'approche, semblable
à celle de la tempête, suffisait jadis à la terrifier, si, réduite
à elle-même, elle était obligée de se mouvoir uniquement
en plaine?

Si l'artillerie et l'infanterie, en thèse générale, peuvent
défier les efforts de braves cavaliers, la cavalerie n'est
plus un complément indispensable d'une armée!

Pourquoi alors dépenser de si grosses sommes dans tous
les États de l'Europe pour entretenir une cavalerie qui s'é-
lève en moyenne au cinquième de la force publique, si
dorénavant son rôle se borne au service d'avant-postes,
de tirailleurs, d'ordonnances (1)?

Malheureusement, l'opinion générale chez nous est que
la cavalerie est impuissante à enfoncer des carrés d'infanterie.

Il ne faut pas attendre d'une troupe qu'elle accomplisse
un fait supposé impossible.

Si on laisse croire à la cavalerie qu'elle ne peut rompre
un carré, on lui attirera certainement de nouveaux échecs
semblables à ceux qu'elle a déjà subis en pareille rencontre.

Si l'infanterie était persuadée qu'elle ne peut tenir contre

(1) Alors même que la cavalerie n'aurait qu'un rôle secondaire, ce serait
encore un motif suffisant pour en entretenir; mais son importance est variable avec les circonstances, et, si elle n'a rien d'absolu, elle n'en est pas
moins bien appréciée. Un seul moment de la vie d'un peuple, où elle est
bien employée, suffit pour payer toutes les dépenses qu'elle a occasionnées
pendant un temps considérable.   (*Note du traducteur.*)

de l'artillerie, elle serait battue aux premiers coups de canon.

C'est le devoir des officiers, chargés d'instruire une troupe, de lui inculquer la confiance dans son efficacité propre, et de persuader aux soldats qu'ils sont invincibles dès qu'ils font bravement leur devoir.

Dans la guerre de sept ans, où la proportion de l'artillerie relativement aux autres armes excédait celle de nos jours, puisqu'à Leuthen, par exemple, Frédéric avait trente-trois à trente-quatre mille hommes et cent soixante-sept pièces de canon, c'est-à-dire cinq pièces par mille hommes, tandis que, dans les dernières campagnes, cette proportion n'était que de trois par mille hommes, ni la nombreuse artillerie, ni la tactique savante de l'infanterie ne purent arrêter la cavalerie d'alors.

Les nombreux perfectionnements apportés à l'artillerie sont à l'avantage de la cavalerie et ne diminuent point ses chances de succès (1).

L'infanterie ne peut aujourd'hui se mettre à l'abri des feux de l'artillerie légère dont le tir plus précis jettera bientôt le désordre au milieu d'elle et la livrera au sabre de la cavalerie (2).

L'artillerie à cheval peut se mouvoir avec autant de rapidité que la cavalerie et agir de concert avec elle là où

---

(1) Cette proposition de l'auteur n'est point vraie dans un sens absolu. *Oui*, si la cavalerie est soutenue par une artillerie légère active, habile et efficace; *non*, si c'est l'artillerie ennemie qui est douée de ces qualités, ou si elle les a à un degré supérieur. (*Note du traducteur.*)

(2) L'auteur commet ici une erreur profonde, qui pourrait être funeste à la cavalerie et à l'artillerie. Nous avons déjà parlé des progrès qu'a faits depuis peu le tir de l'infanterie, et ce progrès est loin d'être à son apogée et vulgarisé. Malheur à l'artillerie qui s'exposerait à cinq ou six cent mètres contre des tirailleurs invisibles; ses chevaux et ses canonniers pourraient être tués avant d'avoir utilement brûlé quelques gargousses. Malheur aussi à la cavalerie qui attaquerait un bon carré sans l'avoir préalablement fait ébranler par un feu nourri d'infanterie ou d'artillerie. (*Note du traducteur.*)

auparavant celle-ci eût été obligée d'agir seule. Avec une assistance aussi efficace (en toutes circonstances), la cavalerie est certainement plus formidable qu'avant et doit toujours détruire l'infanterie, quelque bonne et quelque éprouvée qu'elle soit; car en supposant que la cavalerie seule serait impuissante, l'artillerie écraserait par son feu les colonnes profondes, empêcherait les déploiements et ferait la partie belle au sabre de ses cavaliers, qui, aussi bien qu'elle, peuvent toujours se tenir hors de portée du feu de l'infanterie (1).

Donc, si la tactique perfectionnée de l'infanterie lui a donné des avantages sur la cavalerie, celle-ci a reconquis sa supériorité au moyen de l'artillerie qui, par son feu, fait naître les occasions favorables pour charger.

Il faut attaquer un carré d'infanterie avec un front plus étroit que la face sur laquelle on charge. Si vous débordez cette face, les cavaliers des ailes font demi-tour, et ceux du centre s'ouvrent et les suivent. Les officiers placés sur les flancs, doivent empêcher une semblable conduite (2).

En mettant les chevaux au grand galop et chargeant à fond, selon toute probabilité le carré succombera.

Des selles peuvent se vider, des chevaux peuvent être tués ou blessés, mais à moins d'avoir une balle dans la tête

(1) La cavalerie et l'artillerie ne peuvent, dans tous les cas, se soustraire au feu des tirailleurs, qui s'embusqueront souvent dans des obstacles d'où ils commenceront de loin une fusillade meurtrière sur l'ennemi, soit qu'il avance, soit qu'il recule. De ce que le tir perfectionné du fusil donne des avantages à l'infanterie, elle ne l'emportera pas toujours nécessairement sur la cavalerie qui pourra aussi profiter de ce tir : seulement la tactique va éprouver de grands changements : heureux le général qui le premier saura les deviner et les appliquer. (*Note du traducteur.*)

(2) Il y aurait peut-être plus de motifs pour faire charger la cavalerie sur un front débordant la face attaquée, que sur un front plus petit, sur lequel convergeraient les feux des ailes de cette face, et y causeraient de grandes pertes. Ce n'est pas parce que les ailes d'un escadron déborderont une face

ou les jambes brisées, un cheval, même blessé à mort, ne tombera pas et s'efforcera d'arriver avec les autres (1).

Quand le terrain ou d'autres circonstances s'y prêtent, un bon plan pour attaquer un carré est de faire charger deux *troupes* sur deux faces contiguës, pendant qu'une troisième se forme en arrière vis-à-vis l'angle de ces deux faces.

Les deux premières *troupes* attirent le feu des forces qu'elles menacent, et la troisième *troupe* se précipitant sur l'angle qui lui est opposé, arrive dans le carré avant qu'on s'y doute de son approche (2).

Une des manœuvres favorites du grand Frédéric, qu'il fit exécuter avec succès par Seydlitz à Zorndorf, par le maréchal Gesler à Strigau, par le général Luderitz à Kesseldorf, consistait à former une colonne serrée de cavalerie à quelque distance en avant d'une ligne de même

---

de carré, qu'elles feront demi-tour : au contraire, puisque recevant moins de coups directs, elles souffriront moins. (*Note du traducteur.*)

(1) Il faut qu'un cheval soit bien gravement blessé pour tomber sur le champ. A Strigau, un cheval sans cavalier, qui avait eu une jambe de derrière emportée par un boulet, rejoignit l'escadron, où il resta avec les autres pendant toute la bataille, bien que nous fussions plusieurs fois dispersés. A la sonnerie du ralliement il revenait toujours à la même place, sans doute celle qu'il occupait étant monté.

Une autre fois, à une manœuvre de parade simulant l'attaque de Breslau, le cheval d'un cuirassier tomba; le cuirassier le fit relever, remonta dessus, et, à trois cents pas plus loin, le cheval tomba mort. Le général Korkow, alors colonel du régiment, fit ouvrir cet animal, et l'on vit que le sabre du cuirassier lui avait percé le cœur. Ces faits prouvent qu'un cheval va loin, même gravement blessé, s'il n'a la cervelle traversée.—Warnery.—

(*Note de l'auteur.*)

(2) Les fantassins en carré tirent en effet droit devant eux, et si la troisième *troupe* a été d'abord bien défilée à leurs yeux, la fumée aidant, il pourra fort bien se faire qu'ils ne l'aperçoivent que trop tard.

(*Note du traducteur.*)

arme, et de les porter l'une et l'autre ensemble sur l'infanterie ennemie, pour l'attaquer au grand galop.

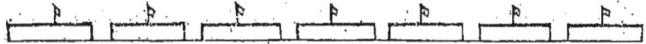

Quand la colonne réussissait à percer la ligne opposée les deux derniers escadrons conversaient successivement en sens opposé afin de la prendre en flanc et de la rouler, pendant que la cavalerie en ordre de bataille suivait pour tomber sur celle de l'ennemi, si elle s'avançait au secours de son infanterie. La cavalerie prussienne avait ordre de pousser des cris et de faire le plus de bruit possible, lorsqu'elle chargeait l'infanterie : c'était pour ne pas entendre le sifflement des balles ; mais lorsqu'elle attaquait de la cavalerie, elle gardait le plus profond silence, et tous les cavaliers, l'oreille tendue, étouffant jusqu'à leur respiration, attendaient le signal auquel ils se lançaient en masse sur l'ennemi.

Je vais donner maintenant quelques exemples de carrés enfoncés par la cavalerie.

A la bataille de Frauenstadt, les dragons suédois sabrèrent l'infanterie saxonne formée en carrés.

A Hohenfriedberg, le régiment de Baireuth (dragons), passa sur le corps à vingt et un bataillons d'infanterie, fit quatre mille prisonniers, enleva soixante-six drapeaux et cinq pièces de canon (1).

A Avesne-le-Sec, trois mille hommes d'infanterie française, soutenus par vingt pièces d'artillerie, se formèrent en carrés pour résister à quatre régiments de cavalerie autrichienne sous le prince de Lichtenstein et le comte de Belgarde, et furent renversés au premier choc. Deux mille hommes, cinq drapeaux, tous les canons tombèrent au pouvoir du vainqueur ; le reste des Français fut sabré, à l'exception de quelques centaines de fuyards qui atteignirent Cambrai et Bouchain.

A Villiers-en-Couche, quinze mille Français furent défaits par dix escadrons anglais et quatre escadrons autrichiens, desquels une partie dispersa la cavalerie ennemie, pendant que les autres enfonçaient les carrés, tuaient neuf cents hommes et enlevaient quatre cents prisonniers et cinq canons.

A Câteau-Cambresis, un régiment de cuirassiers autrichiens et neuf escadrons anglais, défirent le corps du général Chappuy, fort de vingt-sept mille hommes, lui faisant éprouver une perte de trois mille hommes, de vingt-deux canons et de vingt-neuf caissons.

Aux affaires d'Edesheim et de Kaiserlautern, le maréchal Blücher battit les Français, à la première avec deux régiments de cavalerie, et à la seconde avec quatre-vingts hussards contre six cents hommes qu'il tua, prit ou blessa tous, quoique préparés à le recevoir.

A Nordlingen, en 1800, lorsque la cavalerie autrichienne

(1) Il y avait alors plusieurs drapeaux par bataillon. Jadis, quand les compagnies étaient l'unité tactique, qu'elles comptaient quelquefois jusqu'à cinq cents hommes, chacune avait un drapeau. On a diminué le nombre des drapeaux depuis la fumée des armes à feu, qui empêchait de les voir. Ce n'était plus un signe de ralliement, et ils donnaient, en cas de défaite, trop de trophées à l'ennemi. *(Note du traducteur.)*

se retirait d'Ulm, elle enfonça et rompit trois régiments d'infanterie française de la division Montrichard.

A *Austerlitz*, la cavalerie russe enfonça les carrés de la brigade Schinner, division Vandamme, corps du maréchal Soult, et prit l'aigle du 4e de ligne.

A *Auerstadt*, le régiment prussien des dragons d'Irving détruisit un carré français ; celui-ci résista jusqu'à la fin et envoya à quinze pas une décharge qui jeta par terre neuf officiers et beaucoup de soldats ; mais les dragons ne s'arrêtèrent pas pour cela, et ils taillèrent l'ennemi en pièces (1).

A *Waltersdorf*, le 5 février 1807, la cavalerie française atteignit l'arrière-garde prussienne, consistant en cinq bataillons, dix escadrons et une batterie d'artillerie à cheval, la chargea, culbuta d'abord la cavalerie, puis, malgré une courageuse résistance, détruisit presque toute l'infanterie, à l'exception de quelques débris sauvés par une charge des hussards de Prittwitz.

A *Garci-Hernandez*, 23 juillet 1812, trois carrés français furent enfoncés par la légion royale allemande.

A *Goerde*, 16 septembre 1813, neuf mille Français, avec quinze pièces d'artillerie, postés partie en plaine, partie dans un terrain accidenté, après avoir bravé les attaques de la légion russo-allemande, furent chargés par le 3e Hussards hanovrien qui détruisit complétement ceux des carrés qui étaient en plaine, et prit leurs canons.

(1) L'auteur n'aurait point dû citer ici le combat d'Auerstadt, à l'appui de sa thèse, savoir que la cavalerie l'emporte généralement sur l'infanterie, car à cette bataille, où le corps du maréchal Davoust (infanterie) eut seul à supporter tout l'effort de l'ennemi qui avait là *vingt-cinq* beaux escadrons, aucun des carrés français ne fût réellement *détruit*, et si l'un d'eux souffrit et fut traversé, en fin de compte, cette magnifique cavalerie prussienne, encore pleine des souvenirs de Ziethen, Seydlitz et Warnery, se retira d'abord, à Auerstadt, devant les baïonnettes françaises, et finit, quelques jours après, par se rendre prisonnière presque tout entière, à la suite de la grande bataille d'Iéna.

A Hanau, 26 avril 1813, après la victoire remportée par les Français, la division Maison, forte de huit bataillons et de dix-huit canons, fut culbutée et prise par le colonel Dolfs à la tête de 20 escadrons prussiens.

Il est physiquement impossible à un fantassin de résister au choc d'un cheval lancé au galop, et il est prouvé par maint exemple que le cheval brave le feu et les baïonnettes.

Souvent le cheval sent la mauvaise volonté du cavalier à avancer et fait demi-tour, mais en cela il obéit à l'action de la bride (1).

Nous extrayons le passage suivant des *Observations sur l'art de la guerre*, par Berenhorst, écrivain militaire fort distingué, dont l'opinion est de quelque poids :

« Contre la cavalerie, c'est une règle pour l'infanterie de ne faire feu qu'au commandement et de ne pas commencer de trop loin. On admet que la cavalerie doit tourner ; mais tous les règlements sont muets sur ce qu'il y a à faire si elle ne tourne pas, lorsque les chevaux ont le nez sur les baïonnettes, après la dernière décharge.

« Pour mieux faire comprendre le sujet, nous allons calculer mathématiquement les chances d'une charge de cavalerie conduite selon les principes réglémentaires.

« Supposons un sixième de chevaux tués (il est inutile de parler des cavaliers), cela n'empêche pas le reste d'avancer : l'infanterie a tiré ; le second et le troisième rang chargent ou ont chargé leurs armes ; le premier rang a

---

(1) Il est bon que les officiers de cavalerie n'accordent pas au cheval plus de courage qu'il n'en a réellement, et qu'ils ne s'imaginent pas que leurs cavaliers mettent de la mauvaise volonté à marcher au feu, lorsque souvent ce sont les chevaux qui se défendent et veulent absolument faire demi-tour. Il n'est pas rare de trouver des chevaux parfaitement sages au bruit du canon et de la fusillade tant qu'ils sont loin et derrière, mais qui, comprenant le danger d'approcher par devant, résistent de toutes leurs forces si on veut les pousser sur un carré qui tire. On ne saurait donc trop exercer les chevaux à marcher directement contre des hommes faisant feu.　　　　*(Note du traducteur.)*

croisé la baïonnette, qui dépasse seulement de trois pieds
le coude de l'homme. Si dans cette position le fantassin
vise le cavalier, il ne peut l'atteindre, puisque celui-ci est à
trois pieds et demi du nez de son cheval qui le protége
d'ailleurs par sa tête et son cou.

« Si par impossible il peut toucher l'homme, il n'en est
pas moins écrasé par le cheval. Si c'est contre l'animal
que la baïonnette est dirigée, traversât-elle le cœur de
part en part, elle n'arrêterait pas l'impulsion de la masse,
laquelle renverserait tout ce qui se trouverait devant elle,
même en tombant.

« L'infanterie ne doit donc compter que sur son feu :
elle n'a le temps que de faire deux décharges, pas davantage, qui ne mettront point hors de combat plus d'un
sixième des chevaux.

« L'expérience prouve que l'effet de la fusillade est insi-
gnifiant au delà de 300 mètres, et, dans ce parcours, il
est impossible de tirer plus de deux coups.

« En admettant qu'on tire cinq coups par minute (1),
il faut douze secondes pour chaque décharge. Or, le cavalier parcourt six cents pas en trente secondes ou cent pas
en cinq secondes. Donc si le fantassin envoie son premier
coup de fusil à trois cents pas, et son second douze secondes plus tard, il ne lui reste que trois secondes pour recharger, et déjà le cavalier est sur lui (2).

« Un bataillon qui fait feu à soixante pas sans recharger,

(1) Nous sommes généreux, car on ne peut réellement tirer que quatre
fois. — Berenhorst.

(2) Il est très-désirable que le simple cavalier soit persuadé d'avance
que l'infanterie est incapable de lui résister, et pour le conserver dans
cette confiance, il ne faut jamais le faire charger sans mettre de son côté
les plus grandes chances de succès; il importe donc que les officiers ne
puisent pas d'illusions dans les traités didactiques, aussi ne peut-on
passer sous silence les erreurs qui sillonnent l'extrait de l'ouvrage de
Berenhorst.

D'abord, un cavalier au galop ne parcourt, en moyenne, que trois cent

est perdu, parce que à cette distance on peut fort bien manquer, particulièrement lorsque l'approche des chevaux au galop fait trembler le sol et inspire une terreur qui dérange les muscles : il vaudrait donc mieux ne tirer qu'à trente pas et croiser de suite la baïonnette. Alors l'infanterie se trouve encore dans la situation désespérée décrite plus haut, vu l'impuissance de l'homme à résister au choc du cheval.

« En théorie, l'avantage semblerait être du côté de l'infanterie; car si chaque file tirait juste et tuait les chevaux du premier rang, ceux du second rang trébucheraient, tomberaient aussi, et c'en serait fait de la charge; les cavaliers renversés sur le terrain parmi les chevaux morts et mourants n'auraient qu'à se relever et à se rendre.

« Dans les batailles des nations civilisées, entre les soldats trop prudents de l'Occident, la probabilité est qu'ils galoperont lentement, et qu'en approchant de l'ennemi au lieu de jouer de l'éperon, ils tireront sur les rênes et feront demi-tour par escadrons entiers (1).

« Pour la contre-partie, l'infanterie tirera trop tôt, tirera

cinquante pas, au plus quatre cents pas dans une minute, et non six cents en trente secondes; ensuite il n'est plus vrai (cela a déjà été dit dans une note, mais le sujet oblige aux répétitions) que le feu de l'infanterie ne commence à être efficace qu'à trois cents pas; il l'est ou peut l'être à huit cents pas; en troisième lieu, un soldat d'infanterie peut tirer dans une minute trois coups dont l'effet intégral causera une perte de chevaux supérieure au sixième de l'effectif de l'assaillant; enfin, les Prussiens ont, dès à présent, le fusil à aiguille, qui tire huit coups par minute; le fusil belge *Montigny* tire seize coups, et malgré les inconvénients attachés à cette grande vitesse de tir, comme ces inconvénients se traduisent presque tous en argent à dépenser, et comme des perfectionnements nouveaux peuvent les atténuer et les faire disparaître, il est probable, qu'en dépit de la résistance qu'on rencontre toujours lorsqu'il s'agit de progrès, l'usage des armes se chargeant par la culasse finira par se généraliser dans les armées : donc la cavalerie, plus que jamais, devra agir prudemment devant l'infanterie.

(*Note du traducteur.*)

(1) J'ai vu cela arriver souvent. — Berenhorst.

mal, perdra courage et quelquefois se mettra à tourbillonner. De sorte que, des deux côtés, les chances seront
égalisées.

« Le succès ou l'échec dépendra donc de ces circonstances imprévues comme il s'en rencontre si souvent à
la guerre et qui décident la victoire ou la défaite.

« En résumé, un examen bien attentif de la question la
fait résoudre à l'avantage des cavaliers. Le malheur est que
la cavalerie se prévaut rarement de sa supériorité :
Charles XII et Frédéric-le-Grand surent seuls l'utiliser
pour ce qu'elle vaut. »

A la bataille des Pyramides, plusieurs Mamelucks isolés
pénétrèrent dans les carrés français et sortirent de l'autre
côté. Si seulement vingt d'entre eux avaient pu faire de
même, tous ensemble, ils auraient enfoncé l'ennemi ; mais
ils épuisèrent leurs chevaux en efforts individuels, venant
l'un après l'autre se faire tuer sur les baïonnettes, tant
qu'à la fin leur ardeur se lassa de ces échecs multipliés,
et qu'ils s'enfuirent du champ de bataille.

Dans la poursuite, après la bataille de Salamanque, à
Garci-Hernandez, où la cavalerie anglaise (Légion Allemande) enfonça trois carrés français, cinq dragons chargèrent seuls un carré, y pénétrèrent, et deux d'entre eux
se frayèrent un chemin de l'autre côté (1).

(1) Des cavaliers en petit nombre qui pénétreraient dans un carré y seraient infailliblement tués par les réserves. Que sur cinq cavaliers emportés qui traversent un carré, deux se sauvent en forçant un passage sur la
face opposée, cela n'est pas impossible ; mais il n'est point inutile que les officiers de cavalerie sachent qu'on n'a pas toujours raison d'un carré parce
qu'on est entré dedans, et que pour l'attaque, il est prudent d'être suivi
d'une réserve. En Espagne, un régiment français, formé en carré et commandé par le colonel de Loverdo, mort général de division, fut d'abord enfoncé par des dragons anglais. Le colonel de Loverdo, sans se laisser dé-
concerter par ce premier succès de l'ennemi, mit pied à terre, fit faire face
par le troisième rang et ordonna le feu à ses soldats, qui tirant à la tête des
cavaliers entrés dans le carré, les tuèrent presque tous : à peine s'en échappa-
t-il quelques-uns. Vingt-cinq chevaux seulement, tenus en réserve et arrivant à propos, eussent fait probablement tourner l'avantage en faveur
des Anglais.   (Note du traducteur.)

A la bataille d'Aliwal, un escadron du 16ᵉ Lanciers, aux ordres du capitaine Pearson, passa à travers l'infanterie sikhe, à la suite de son intrépide commandant qui d'abord s'était élancé seul contre elle.

Le capitaine Bere, du même régiment, traversa également avec son escadron un carré sikh, et, parvenu de l'autre côté, fit demi-tour et le traversa de nouveau.

Quant à l'infanterie anglaise, elle résista invinciblement à la meilleure cavalerie de France, en maint combat sanglant, et marcha contre elle et au milieu d'elle aux Quatre-Bras, sous le général Picton.

L'infanterie sikhe ne manquait ni de valeur, ni de discipline, et elle aussi s'avança contre la cavalerie anglaise.

Quoi qu'il en soit, des carrés solides, tirant avec justesse, ont été renversés et détruits totalement par une poignée de braves cavaliers.

Nous citerons deux exemples qui contrastent avec les précédents, non que nous voulions faire penser que l'infanterie, par son courage et sa discipline, peut se tirer d'affaire, mais plutôt pour montrer que la mollesse de la cavalerie lui permet quelquefois de se sauver.

1º Dans la campagne de Russie, en 1812, cinquante voltigeurs du 33ᵉ de Ligne (Français) gravissaient une hauteur dont le sommet était occupé par de la cavalerie et de l'infanterie ennemies. L'armée française, arrêtée sous les murs de Mojaïck, regardait avec étonnement cette poignée d'hommes, qui, dispersés, à découvert sur la pente battue par les Russes, tiraillaient contre leur cavalerie. La conséquence qu'on pouvait craindre arriva : plusieurs escadrons s'avancèrent et bientôt entourèrent ces braves gens. Ils formèrent immédiatement le carré ; mais ils étaient si peu qu'en un instant ils disparurent aux yeux de leurs compatriotes. Une légère fumée qui cependant s'éleva du point où ils se trouvaient enfermés prolongea l'incertitude. L'anxiété la plus grande dura quelques moments, lorsque tout à coup, on vit la cavalerie s'ouvrir, puis se sauver à toute bride sous le feu de ce petit nombre de héros (1).

2° Au siége de Trichinopoli, en février 1753, une compagnie d'infanterie anglaise occupait un poste retranché, à quelque distance de la ville ; elle fut attaquée par un parti de cavaliers mahrattes et les défit en en tuant un grand nombre. Après avoir été relevée, elle retournait à son cantonnement et avait à traverser une plaine. Les Mahrattes l'attendaient et l'attaquèrent plusieurs fois ; toujours elle se formait en carré, et ne tirant qu'à bonne portée, elle couvrait la terre de cadavres d'hommes et de chevaux ; elle s'avançait ainsi, tenant en échec et bravant une cavalerie nombreuse.

Les Mahrattes ayant perdu beaucoup de monde, mais, pour cela même, déterminés à se venger, se formèrent sur deux rangs, assez éloignés l'un de l'autre, puis coururent sur les baïonnettes. Les Anglais visèrent avec sang-froid et les accueillirent par un feu si meurtrier, que tout le premier rang tomba. Les cavaliers du second rang, sautant par-dessus les morts, se précipitèrent comme des démons furieux au milieu du carré et tuèrent jusqu'au dernier homme du détachement.

Près d'Augsbourg, entre cette ville et Sulzbach, le 20e régiment d'infanterie légère (Français), formé en carré, repoussa deux charges de cavalerie autrichienne qui finit pourtant par l'enfoncer et le détruisit complétement.

(1) Incontestablement, ces cinquante voltigeurs étaient de braves et bons soldats commandés par un homme intrépide et avisé, mais s'ils réussirent à se tirer du danger où ils se trouvaient, c'est que la cavalerie russe s'y prit mal pour les attaquer, et crut qu'il suffirait de les envelopper pour les forcer à se rendre. Elle s'avança donc avec confiance, sans doute au pas ou au trot, et lorsqu'elle fut trop près pour pouvoir prendre carrière, l'officier français ouvrit le feu, et, dans la position des Russes, il en eût tué un très-grand nombre avant de succomber. Ceux-ci, surpris de tant d'audace, reculèrent devant les pertes qu'il eût fallu essuyer pour réduire les Français, et portèrent la honte des mauvaises dispositions de leur chef.

(Note du traducteur.)

A Rivoli, la cavalerie française fit un grand carnage de l'infanterie autrichienne.

A San Giovanni, les Cosaques attaquèrent l'infanterie française de la division Dombrowski et détruisirent plusieurs bataillons.

A Wertingen, en 1805, Murat, à la tête de trois divisions de cavalerie, surprit et défit le corps autrichien du général Auffenberg, fort de neuf bataillons et de quatre escadrons. L'infanterie était formée en carrés, et fit une vigoureuse résistance ; beaucoup d'hommes furent sabrés ; deux mille prisonniers, dont cinquante-deux officiers, huit canons et trois drapeaux tombèrent entre les mains des Français.

On trouverait encore beaucoup d'exemples à citer en faveur de la cavalerie, en se reportant aux batailles de Medellin, Cindad-Real, Margaleff, Todendorff. Les Français *disent* que leurs 7e et 9e régiments de chasseurs enfoncèrent *trois* carrés anglais à la bataille de Fuente de Oñoro (1).

Je vais finir mes citations en empruntant à l'histoire de la dernière guerre de Hongrie quelques épisodes qui prouveront que ni le feu perfectionné de l'artillerie, ni la longue portée du fusil d'infanterie ne peuvent sauver les carrés de la cavalerie, quand elle fait son devoir (2).

« Le 28 décembre 1848, à huit heures du matin, l'arrière-garde du général Görgey, consistant en deux bataillons d'infanterie et un détachement de hussards, fut attaqué par la brigade de cavalerie autrichienne du général Ottinger, laquelle, en dépit de plusieurs décharges, marcha résolûment sur les carrés, enfonça complétement le premier, formé du régiment de Prusse, détruisit en partie le

---

(1) Comme les écrivains anglais ne *nient* pas cette prétention des Français, il faut admettre qu'elle est vraie.   (*Note du traducteur.*)

(2) L'auteur ne fait pas attention qu'en 1848, les feux de l'artillerie et de l'infanterie étaient à peu près tels qu'à la fin du règne de Napoléon Ier.

(*Note du traducteur.*)

second, tuant ou blessant trois à quatre cents hommes, et faisant sept cents prisonniers, parmi lesquels se trouvait le major Szèl qui s'était défendu jusqu'à la fin, et avait reçu seize blessures avant d'être pris.

« A la bataille de Moor, le 30 décembre 1848, Perczel avait formé ses troupes sur la chaîne de hauteurs qui court perpendiculairement à la route de Moor, à douze ou quinze cents mètres en avant du bois, et placé ses canons en batterie de façon à battre les débouchés de la forêt.

« Il avait cinq mille hommes sous ses ordres, savoir : quatre bataillons, quatre escadrons et dix pièces d'artillerie. Son but était d'empêcher l'ennemi de sortir du bois, et de donner à Görgey le temps d'amener l'aile gauche (brigade Karger) de Csakvar, et d'attaquer ensuite en force.

«Les Autrichiens n'avaient d'abord qu'une brigade, qui fit de vigoureux mais vains efforts pour déboucher ; l'artillerie hongroise la refoulait toujours avec perte dans le bois. A deux heures cependant, une de leurs batteries s'établit sur une hauteur, à droite de la route, et fit beaucoup souffrir la gauche des Hongrois. Sur ces entrefaites, la brigade Ottinger (deux régiments) s'élança sur la position et balaya tout sur son passage. En un clin d'œil, notre brave infanterie fut rompue et mise en fuite sur la route de Stuhlweissenburg : une de nos batteries fut prise.

«Nos hussards (le régiment de Nicolas), au mépris de la mort, se jetèrent sur l'ennemi six fois plus nombreux qu'eux, et sauvèrent ce qu'ils purent du naufrage. Un combat désespéré corps à corps eut lieu, mais les braves enfants de la Pusta (prairies de la Hongrie) ne purent que dévouer assez leurs vies pour permettre au reste de l'infanterie et à quatre canons d'effectuer leur retraite ; ils laissèrent la moitié des leurs sur le champ de bataille, où nous perdîmes encore quatorze à quinze cents tués, blessés et prisonniers, plus six canons (1). »

(1) Klaptka, *Histoire de la guerre de Hongrie.*

Si la cavalerie (sans artillerie) a été repoussée plus d'une fois en chargeant un carré, il ne faut pas la ramener sur la même face, ni lui faire parcourir le même terrain à cause des cadavres des chevaux tués qui font comme un rempart à l'infanterie.

Examinons actuellement ce qu'a à faire un officier de cavalerie, chargé de soutenir de l'infanterie attaquée par une cavalerie nombreuse.

L'infanterie, formée en carrés ou en colonnes, appuiera ses flancs à des obstacles à proximité, dans lesquels elle détachera des flanqueurs chargés de tirer sur la cavalerie quand elle s'avancera.

Si les obstacles situés sur les flancs de l'infanterie dérobent la vue des mouvements de l'ennemi, on le fait observer par quelques cavaliers. La cavalerie, formée en petites colonnes dans les intervalles des carrés ou derrière ces intervalles, se tient prête à agir selon les circonstances. Si l'artillerie se met à battre en brèche les carrés, la cavalerie doit se tenir hors de portée ou hors de la direction des feux du canon, mais aussitôt que la cavalerie ennemie avance, elle en fait autant, et dès que l'infanterie a envoyé deux ou trois décharges ou repoussé une attaque, elle s'élance à travers les intervalles pour poursuivre, mais sans aller trop loin, puis elle revient prendre sa place pour recommencer la même manœuvre s'il est nécessaire (1).

Si le but qu'on se propose est de couvrir une retraite,

(1) L'infanterie étant formée en carrés obliques ou en carrés échelonnés, la cavalerie se tiendra en colonnes dans les secteurs sans feux. Chaque colonne cherchera autant que possible à protéger deux carrés à la fois, en se plaçant pour cela, si rien ne s'y oppose, sur la ligne ou en arrière de la ligne qui joint deux angles symétriques de ces carrés ; mais elle aura soin d'observer les mouvements de l'ennemi, de manière à être toujours préparée à le charger s'il fournit une bonne occasion à cet effet. Les carrés obliques, tous à la même hauteur, ne sont bons que si les flancs extrêmes de la ligne entière sont bien appuyés, autrement il faut préférer les carrés en échelons et en échiquier. *(Note du traducteur.)*

l'infanterie profite de toutes les circonstances où la cavalerie ennemie a été repoussée pour s'éloigner ; son artillerie la suit à la prolonge, et la cavalerie vient la dernière.

En plaine, s'il n'y a pas d'obstacles pour appuyer les flancs de l'infanterie, la cavalerie se place à trois cents ou quatre cents mètres en arrière des carrés, particulièrement des carrés extérieurs, afin de charger l'ennemi lorsqu'il aura éprouvé des pertes par le feu de ces carrés.

C'est une position très-difficile pour une cavalerie inférieure en nombre, parce que l'ennemi cherchera à tourner les flancs des carrés extérieurs, et s'attaquera d'abord à elle ; il faudra alors qu'elle se réfugie dans les secteurs sans feux, pour attendre l'occasion opportune de charger.

Quand on se retire par une chaussée, la cavalerie tient la route et l'infanterie marche sur les deux côtés. Si on rencontre un défilé, la cavalerie prend une position en avant pour couvrir le passage des colonnes.

Nous n'avons pas dissimulé les difficultés que rencontre la cavalerie lorsqu'elle est chargée de lutter contre une bonne infanterie, souvent elles sont insurmontables, mais dans des circonstances ordinaires, également favorables des deux côtés, la supériorité devrait rester à la cavalerie. Rien n'éprouve mieux l'infanterie qu'une charge de cavalerie ; rien n'est plus à redouter pour la cavalerie que le feu d'un carré. Le fantassin sait que si la cavalerie pénètre dans son carré, rien ne peut le sauver ; le cavalier n'ignore pas qu'aucune manœuvre ne peut le mettre à l'abri d'un coup de fusil.

Le succès, de part et d'autre, dépend tellement du moral des parties engagées et d'autres circonstances, qu'on peut citer presque autant de cas à l'avantage d'une arme que de sa rivale.

Une bonne infanterie résistera à la cavalerie, si celle-ci est mal conduite, si les chevaux sont fatigués ou épuisés, si le terrain est gras et glissant, si la charge ne peut s'effectuer avec vitesse et ensemble, si l'artillerie éclaircit les escadrons quand ils s'approchent.

Il serait ridicule de conclure de quelques exemples que la cavalerie ne peut enfoncer un carré. Toutes les fois qu'elle a été repoussée dans une attaque de ce genre, il serait facile d'en indiquer la cause trop souvent passée sous silence par les historiens.

Il nous suffit d'avoir indiqué à notre cavalerie ce qu'elle peut faire ; nous lui laissons le soin d'écarter toute espèce de doute sur sa supériorité, lorsqu'elle trouvera l'occasion d'agir.

APPENDICE.

DE LA BRIDE.

La bride que je propose (*Voir la planche*) a seulement quatre boucles, savoir : deux au licol, une au montant de la bride, une au montant du bridon.

Le mors de bride et le mors de bridon sont pourvus de crochets qui se suspendent à des anneaux cousus aux montants, de telle sorte qu'on peut ôter les deux mors de la bouche pour permettre au cheval de manger, sans que la bride proprement dite quitte sa tête.

Les anneaux porte-rènes du bridon sont fort larges, afin qu'ils ne puissent entrer dans la bouche du cheval, lorsqu'on tire soit d'un côté, soit de l'autre.

Les montants de bride et de bridon sont fixés sur le licol par une courroie cousue d'un côté, et boutonnant de l'autre, ainsi que cela a lieu dans le régiment des carabiniers et dans d'autres (1).

(1) La bride proposée par l'auteur a un grand avantage lorsqu'il s'agit de faire manger le cheval en présence de l'ennemi, puisqu'en un clin d'œil il est rebridé ; quant au mors du bridon, n'est-il pas une superfluité qui charge inutilement la tête du cheval et gêne sa bouche ? Tous les peuples cavaliers, Cosaques, Arabes, Persans, n'ont qu'un seul mors. Mais si un seul mors suffit, une seule paire de rènes ne suffit pas, parce qu'il arrive encore assez fréquemment qu'une rène est cassée ou coupée : il serait donc bon d'en avoir deux paires avec doubles anneaux porte-rènes, comme cela se voit aux mors arabes employés par les officiers français en Afrique.

(*N. du trad.*)

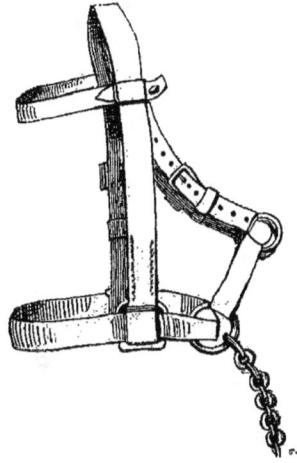

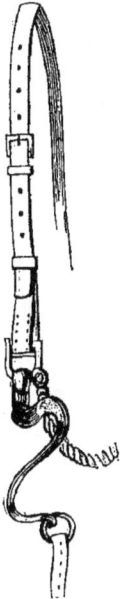

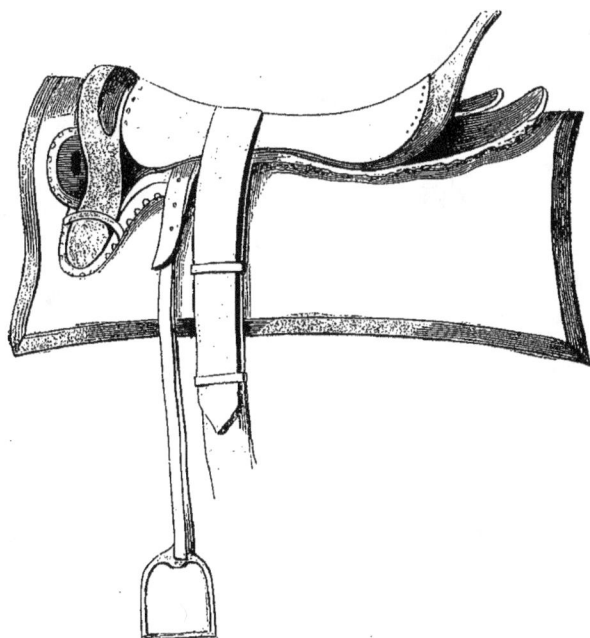

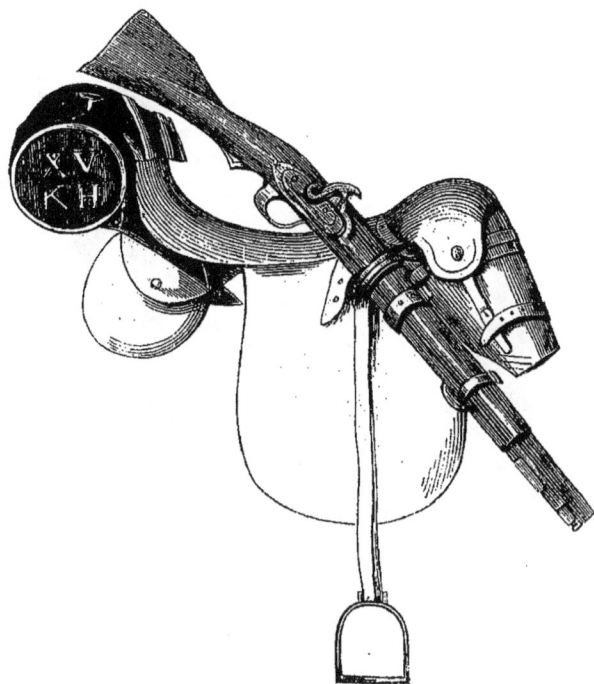

DE LA SELLE.

Dans la selle que je propose (*Voyez la planche*), l'arçon est construit de façon à réunir les avantages de la selle de chasse anglaise et de la selle hongroise (1).

Les bandes sont amincies sous la cuisse du cavalier, ensuite elles s'écartent sous le siége; puis elles sont rembourrées et dégagent bien le dos du cheval en arrière.

L'arcade de derrière est large à la base, là où elle se joint aux bandes, avec lesquelles elle se raccorde par une courbe, afin d'ajouter à la longueur du siége.

L'arcade de devant est arrondie au sommet pour permettre au cavalier d'avoir la main basse, et terminée par des pointes assez longues pour bien embrasser le dos du cheval sans pouvoir tourner.

Chaque arcade est renforcée par une bande de fer.

Les trous, pour le passage des étrivières, sont pratiqués de manière qu'elles ne fassent pas saillie sous les panneaux, et u'elles ne puissent presser le dos du cheval.

(1) La selle décrite ici paraît plus simple, plus légère et aussi solide que la selle hongroise. Cette dernière a l'inconvénient de ne pas asseoir assez le cavalier, de le tenir un peu sur l'enfourchure, et d'obliger peut-être à avoir les étriers un peu longs, ce qui fait tant crier l'auteur contre ce qu'il appelle l'*équitation française*. Il est certain qu'une selle dont le siége est long et permet de bien s'asseoir fatigue moins et donne plus d'aisance, lorsqu'on reste longtemps à cheval, qu'une selle sur laquelle on est perché. Les peuples cavaliers, c'est-à-dire ceux qui passent leur vie à cheval, sont en général très-assis.

La selle nouvelle inventée par M. Cogent et mise en essai dans quelques régiments français a beaucoup de détracteurs. On y est assis comme sur la selle française, mais elle est aussi lourde que cette dernière..

Une chose essentielle serait de diminuer le poids des selles, qui pèsent de neuf à douze kilogrammes, selon l'espèce. On aurait obtenu un grand perfectionnement s'il était réduit à six ou sept kilogrammes

(*Note du traducteur.*)

Sur l'arçon, on fixe, avec des vis, un siége de cuir pareil à celui d'une selle de chasse.

DES PANNEAUX.

Les bandes de la selle sont garnies de trois feutres placés dans une enveloppe de serge, munie de poches en cuir, où s'enfilent les extrémités des bandes. Si le cheval maigrit, on augmente le nombre des feutres ; s'il engraisse, on diminue ce nombre. De cette manière, la selle s'ajuste toujours bien, et il devient inutile de modifier l'arçon.

On fixe ensuite des quartiers en cuir à l'arçon, et la selle est complète.

DU TAPIS.

Le tapis est en feutre, d'un demi-pouce (quinze millimètres) d'épaisseur. On l'ajuste sur le dos du cheval et d'après les contours de la selle. On lui fait des poches pour loger les pointes de celle-ci. Il sert à protéger le dos du cheval, à absorber la sueur et à empêcher les arrêtes du rembourrage des bandes de presser durement sur la peau et de l'excorier.

Le poitrail s'attache à des courroies fixées aux bandes (non à l'arcade, comme à présent).

La croupière est fixée au centre de la selle, pour éviter le frottement causé par une croupière fourchue.

Les sangles bouclent les deux côtés, parce qu'elles durent plus longtemps, le soldat n'étant pas toujours obligé de boucler dans les mêmes trous.

Les contre-sanglons doivent être joints ensemble par la sangle, pour protéger le siége de la selle, lorsqu'elle est sur le porte-selle dans l'écurie.

Les porte-fers sont fixés à l'arcade de derrière, afin d'é-

viter que le cavalier, en passant la courroie sous l'extrémité des bandes, ne la laisse tordue, ce qui blesserait nécessairement le cheval.

Les poches sont aplaties par-dessous, parce que cela
les rend plus spacieuses et plus faciles à fixer ; elles sont
inclinées en avant pour donner plus de place à la cuisse.

Sous la poche hors-montoir se trouve le fourreau de
la carabine, où elle peut se prendre et s'ôter en un instant ; elle est attachée au pommeau, au moyen d'une courroie d'environ un mètre de longueur, qui sert de bretelle
lorsque le cavalier est à pied.

Le porte-manteau a la lettre de la *troupe* et le numéro
de l'homme du côté montoir, afin de le reconnaître facilement, et le numéro du régiment de l'autre côté, ainsi que
cela se pratique au 10ᵉ Hussards.

Je regarde la schabraque comme inutile ; mais si on en
veut une, elle doit être en drap et non en tissu imperméable, lequel dure peu et empêche la transpiration de
s'évaporer. Les parties destinées à couvrir le manteau et le
porte-manteau peuvent être en tissu imperméable.

Les peaux de mouton sont mauvaises, parce que si elles
sont mouillées, elles sont plusieurs jours à sécher ; d'ailleurs, la chaleur qu'elles causent est très-nuisible aux
hommes et aux chevaux.

En paquetant, le cavalier doit avoir soin de ne rien
mettre de dur dans son porte-manteau. Il faut qu'il place
ses brosses, sa musette, son étrille, son éponge, son bon-
net de police, dans les poches de devant, où il peut les
prendre de suite en descendant de cheval.

Le porte-manteau doit creuser au centre, et la courroie
du milieu, plus courte que les autres, veut être bien serrée,
afin que la charge ne porte pas sur le dos du cheval (1).

(1) Il faut que le poids du porte-manteau soit subdivisé en trois forces
agissant au centre et aux deux extrémités ; car si la résultante de ce poids

On met les bottes sur la patelette du porte-manteau, avec les talons en dehors et non en dedans. La selle que je propose serait beaucoup meilleure sans quartiers. Il faut surtout s'attacher à donner de la solidité et de la confiance au cavalier. Les quartiers en cuir sont glissants et ne permettent pas à la cuisse d'adhérer solidement au cheval : en les enlevant et leur substituant un double feutre coupé en carré, les hommes seraient plus solides, et les chevaux sentiraient mieux la pression des jambes et y obéiraient plus vite.

Toute la cavalerie autrichienne monte sans quartiers aux selles, mais alors des bottes ou des pantalons basanés en cuir sont indispensables pour préserver le drap de la sueur du cheval.

Mon attention a été longtemps fixée sur la construction d'une selle pour la cavalerie. Avec cette idée en tête, j'ai noté et expérimenté, pendant nombre d'années, tout ce qui pouvait m'être utile à cet égard.

L'année dernière, à mon retour des camps de manœuvres de Russie, ayant reçu ordre de rejoindre le dépôt de mon régiment à Maidstone, je construisis la première des deux selles que je propose.

Le colonel Key, du 15e Hussards, m'a indiqué plusieurs perfectionnements, notamment la manière de joindre l'arcade postérieure aux bandes, qu'il avait prise lui-même d'une selle que lui avait procurée un officier de hussards danois. L'idée de donner des pointes à l'arcade de devant, vient du sergent Johnson, sellier à Maidstone, homme très-adroit et très-intelligent, qui m'a aidé aussi à améliorer les crochets des mors russes.

Un des plus utiles perfectionnements est la substitution

passe tout entière par le centre de la charge, il y aurait plus grand risque de blesser le cheval que si cette résultante est répartie en trois points distincts. *(Note du traducteur.)*

d'un feutre à la couverture, qui travaille continuellement
à sortir de dessous la selle et dans les plis de laquelle s'ac-
cumulent la saleté et la poussière. En campagne, il faut
toujours la tenir pliée, et, dans une alerte de nuit, si un cavalier laisse déplier la sienne, il lui faut l'assistance d'un
camarade pour la replier.

Ma selle donne à l'homme une bonne position, plus de
puissance de jambes, et je suis persuadé qu'elle blessera
les chevaux beaucoup moins que toute autre.

Il faut donner au cavalier une série de vêtements convenables, faits pour être portés.

Aujourd'hui le soldat a trop d'effets, la grande tenue est
rarement portée, et jamais usée tout à fait. La petite tenue
fait tout le service, et le porte-manteau est surchargé d'in-
utilités.

Une paire de pantalons, une veste rouge avec manches
et poches, une tunique de drap bleu aisée, avec manches
se déboutonnant jusqu'au coude (comme celle des soldats
espagnols, et se retroussant pour mettre les gantelets, un
bon manteau ou grande capote, et un casque bas avec des
ventouses, compléteraient l'habillement et la coiffure (1).

(1) La tunique n'est pas un vêtement commode à cheval, à moins qu'elle
ne soit fort courte, ce qui est très-disgracieux.

Les gantelets en mailles seraient lourds et gêneraient pour le maniement
des armes. Ils rendraient les blessures des coups de feu plus dangereuses,
parce que les balles feraient entrer des morceaux de mailles dans les
chairs. Deux busc étroits en acier, cousus dans chaque manche, proté-
geraient aussi bien les avant-bras, et seraient moins gênants et moins
lourds que les gantelets.

L'habit court de la cavalerie française de ligne et de réserve, le spencer
des chasseurs (nouvelle tenue) sont des vêtements commodes à cheval.

Les housseaux remplaceraient avantageusement les basanes entières ou à
la Lasalle, qui sont très-désagréables à porter, surtout quand elles ont été
mouillées.

Quant à la coiffure, elle pêche chez nous par le poids et la hauteur. Les
nouveaux bonnets d'astrakan des chasseurs sont légers, mais ils ne pare-
raient ni ne feraient dévier une balle. Nos casques sont trop élevés. La forme

DE LA FORMATION DE LA CAVALERIE SUR UN SEUL RANG (1).

Le système de la formation sur un rang pour la cavalerie, a déjà été proposé dans un article de la *Gazette des Services Unis* du 28 mai 1853, et recommandé par quelques-unes des plus hautes autorités en matière militaire, particulièrement par feu le duc de Wellington, et par plusieurs de nos officiers de cavalerie les plus distingués.

En ces circonstances, il serait présomptueux à moi de donner mon opinion personnelle; je vais exposer cepen-

du casque des janissaires, dont le modèle est au Musée d'artillerie, vaudrait beaucoup mieux; on pourrait y ajouter une visière courte, un couvre-nuque tout d'une pièce et ôter le couvre-nuque en mailles. (*Note du traducteur.*)

(1) Si la formation de la cavalerie sur un seul rang était proposée en France, elle n'aurait probablement aucune chance d'être favorablement accueillie. Cependant, si on juge de l'avenir par le passé, si on se reporte à l'opposition qu'a rencontrée la diminution successive de la profondeur des files, si on considère qu'au-dessus de toutes les raisons bonnes ou mauvaises données pour ou contre cette diminution, il y a l'instinct de convention qui prédomine et finit par avoir raison matériellement des préjugés et des arguments, on peut prédire, presque à coup sûr, qu'en présence des perfectionnements obtenus et à obtenir par le tir de l'infanterie et de l'artillerie, la cavalerie s'amincira bientôt jusqu'à sa dernière limite, et probablement étendra en même temps les intervalles d'un cavalier à l'autre pour arriver à l'ordre en tirailleurs et à l'ordre en fourrageurs comme les plus habituels pour le combat. Les premiers qui proposèrent de réduire à six, à quatre, à trois rangs, les formations profondes d'autrefois, furent traités d'absurdes novateurs, et mille raisons péremptoires furent lancées à l'encontre de leurs systèmes; cependant, le boulet et la mitraille venant à leur aide firent passer dans le domaine des faits ce qu'on appelait leurs ridicules utopies. La formation sur un rang existe dès à présent dans le règlement français, au titre des tirailleurs et à celui de la charge en fourrageurs. Si celle-ci se pratiquait plus régulièrement, avec plus d'ordre et plus de méthode, son usage se généraliserait et ferait la transition à la formation définitive sur un rang.

Dans l'état actuel des choses, sans parler en faveur de l'adoption du système sur un rang, et sans entrer dans la discussion de ses avantages et de ses inconvénients qui se balancent à peu près, on peut le recommander en quelques circonstances, savoir :

dant les arguments qui s'élèvent contre ce système, combattu d'ailleurs par d'autres officiers de cavalerie dont l'avis est aussi d'un grand poids.

Seydlitz et Ziethen ont posé en règle, pour la cavalerie, la formation sur *deux rangs*, les *petits escadrons*, les *larges intervalles*.

Les cavaliers sur un seul rang n'ayant personne derrière eux pour les pousser en avant, n'ont ni cette confiance ni cette pression nécessaires aussi bien aux chevaux qu'aux hommes pour aller au feu.

Quelque bons que soient vos soldats, ils ne sont pas tous *capables* d'être au premier rang; de même tous vos chevaux ne sont pas aptes à être chefs de file, encore que tous sont susceptibles de suivre les plus ardents.

Dans le choc, un seul rang (les hommes des deux partis opposés ayant une égale valeur) sera culbuté avant d'être secouru par ses réserves; et celles-ci, pareillement sur un rang, seront renversées par les réserves de l'ennemi formées sur deux rangs.

Un seul rang, s'il bat l'ennemi, ne peut couvrir autant de terrain dans la poursuite qu'un double rang, de telle sorte que les fuyards en se retournant déborderaient les flancs des vainqueurs et changeraient aisément la face du combat.

Un escadron du 1er Lanciers (légion anglaise), formé sur un rang et comptant soixante chevaux, chargea trois cents

1° Pour en imposer à l'ennemi qui croit à une formation sur deux rangs, et se trompe ainsi sur la force numérique qui lui est opposée;

2° Pour étendre son propre front, garnir une position étendue et avoir encore des réserves (en pareil cas, on peut aussi multiplier les intervalles, par exemple en mettre un après chaque division au lieu d'un seulement après chaque escadron);

3° A la fin d'une campagne, lorsque les cavaliers sont aguéris, qu'ils ont un grand ascendant moral sur l'ennemi, qu'on a perdu des hommes et des chevaux, et qu'il importe cependant de présenter toujours un front étendu dans l'ordre en bataille. (*Note du traducteur.*)

cavaliers carlistes (Espagnols), les poursuivit l'espace.de trois milles et en tua près d'un cent. N'en eût-il pas fait autant s'il eût été sur deux rangs?

Pour ajouter à cette condition majeure du succès de la cavalerie, *la rapidité*, vous n'avez qu'à adopter le système des petits escadrons et des intervalles suffisants.

La cavalerie prussienne ne manqua pas de vitesse sous *Seydlitz*.

L'avantage d'avoir un officier pour commander chaque détachement formé sur un seul rang, n'est pas incompatible avec la formation sur deux rangs. C'est simplement une question d'argent, qui dépend du nombre d'officiers que vous pouvez entretenir pour chaque centaine d'hommes.

Les nations dont la cavalerie combattait autrefois sur un rang ont abandonné ce système : les Cosaques, par exemple.

En résumé, cependant, que votre cavalerie soit sur un rang ou sur deux rangs, l'essentiel est que l'unité tactique soit petite et bien séparée de ses voisines par des intervalles relativement grands, et que vous ne vous préoccupiez aucunement ni de la *droite*, ni de la *gauche*, dans vos mouvements, soit sur la *tête*, soit sur le *flanc* des colonnes.

ORGANISATION PROPOSÉE POUR LA CAVALERIE.

EXTRAIT DE LA *Gazette des Services Unis.*

« 12 mars 1853.

« Dans le numéro de votre journal, du 8 mai dernier, nous avons parlé d'un mémoire très-intéressant du colonel Kinloch, relatif à la constitution de la milice et, en particulier, à la formation de la cavalerie sur un seul rang. Nous avons aujourd'hui le plaisir de publier une lettre du colonel Kinloch, renfermant les opinions du duc de Wel-

lington, de lord Vivian, de lord William Russel, du général Bacon, sur cet important sujet. Le moment est parfaitement choisi pour cette discussion, puisqu'il est
grandement question d'augmenter l'efficacité de nos
régiments de cavalerie, aujourd'hui si faibles numériquement, et de rendre l'organisation de la milice susceptible
d'un service actif à l'intérieur. »

« A L'ÉDITEUR DE LA *Gazette des Services Unis*.

« Monsieur,

« Dans un mémoire publié, l'an passé, sur la défense
du pays par le moyen de volontaires, je me hasardai à recommander pour la cavalerie, et principalement pour la
milice, la formation sur un seul rang, préférablement à celle
sur deux rangs en usage dans presque toutes les armées.

« J'ai trouvé, dernièrement, copie de l'opinion favorable du duc de Wellington et de plusieurs officiers de cavalerie, laquelle n'était pas sous ma main lors de la pu-
blication de mon mémoire. Les lettres où ces opinions
sont exprimées sont à l'adresse du général Antony Bacon,
qui commandait la cavalerie de don Pédro en Portugal, années 1833 et 1834, et qui a bien voulu me les communiquer.

EXTRAIT D'UNE LETTRE DU DUC DE WELLINGTON, K. G.

« Stratfieldsaye, 20 novembre 1833.

« La cavalerie est une arme essentiellement offensive,
dont l'emploi dépend de l'activité, combinée avec la solidité et le bon ordre.

« Je pense que le second rang, à la distance ordinaire
des rangs serrés, *n'augmente pas l'*ACTIVITÉ de la cavalerie.
Le dernier rang dans la cavalerie n'ajoute pas à la solidité
du premier, comme font, dans l'infanterie, le dernier rang

et le rang du milieu. Le dernier rang de la cavalerie ne peut augmenter l'*activité* et même les moyens d'attaque du premier rang que par un *mouvement de désordre*.

« Si le premier rang échoue et est obligé de se retirer, le second rang *est trop près pour pouvoir soutenir l'attaque* ou rétablir l'ordre. Le second rang est nécessairement entraîné dans la défaite et le bouleversement du premier, et ce n'est *qu'un autre corps* d'infanterie ou de cavalerie qui peut recevoir et protéger les fuyards.

« J'ai dit que le second rang ne pouvait augmenter les moyens d'attaque du premier rang que par un mouvement de désordre. Cela a lieu particulièrement si l'attaque réussit.

« Dans tous les cas, le second rang, placé à une distance suffisante pour éviter de ressentir le désordre de l'attaque du premier rang, qu'elle réussisse ou non, peut aider à cette attaque, ou couvrir la retraite, si elle a lieu, en même temps que, par l'absence de toute gêne (gêne qui n'existe que par la trop grande proximité du second rang), l'activité de ce premier rang se trouve accrue.

« On ne peut nier que, jusqu'au moment réel de l'attaque, moins la cavalerie est exposée, mieux cela vaut. Selon moi, la distance qui doit séparer les lignes de cavalerie est égale à l'espace parcouru au galop dans une minute ; la seconde ligne doit être au pas quand la première charge ; la troisième ligne et les autres lignes en colonnes doivent se déployer en cet instant, ou agir suivant les circonstances.

« Je conçois que la formation sur un rang exigerait un changement, non-seulement dans la tactique mais dans l'organisation de la cavalerie. Si je ne me trompe, cette formation rendrait l'usage de la cavalerie *bien plus général qu'il n'est actuellement.*

« *Signé :* WELLINGTON. »

EXTRAIT D'UNE LETTRE ADRESSÉE AU GÉNÉRAL BACON, PAR LE LIEUTENANT GÉNÉRAL SIR HUSSEY-VIVIAN, G. C. B. (DEPUIS LORD VIVIAN, GRAND-MAITRE D'ARTILLERIE).

« Je me réjouis de voir la cavalerie de don Pédro placée sous les ordres d'un général si capable de la bien conduire. Je vous renouvelle mes félicitations au sujet de votre haute et honorable position. En un mot, j'ai la confiance que vous ferez honneur à vous-même, ainsi qu'à votre cavalerie et au pays que vous servez.

« Je suis tout à fait d'accord avec vous sur tout ce que vous dites en faveur de la lance.

«Quant à la formation sur un rang, je ne suis pas éloigné de croire qu'elle aurait de grands avantages, si la cavalerie, marchant à l'attaque ou attendant en ligne, avait son second rang à quatre-vingts ou cent pas en réserve derrière elle, soit pour poursuivre un succès, soit pour parer à un revers du premier rang. Le fait est que le second rang ne sert pas à grand'chose, *si ce n'est à bouleverser le premier*.

« Laissez-moi vous faire compliment sur le brillant avantage que vous avez remporté par votre bravoure, à Leyria.

« *Signé :* B. HUSSEY VIVIAN. »

EXTRAIT D'UNE LETTRE ADRESSÉE AU GÉNÉRAL BACON, PAR LORD WILLIAM RUSSELL, COLONEL COMMANDANT LE 8e HUSSARDS.

« Je vous félicite de votre promotion et de votre commandement. La cavalerie, je n'en doute point, sera parfaitement en vos mains.

« Tout ce qui prouve l'efficacité de la formation sur un rang m'intéresse ; et cette efficacité fut péremptoirement prouvée, le 16 octobre 1833, quand votre cavalerie en battit une trois fois plus nombreuse ; ce fait détruit l'argument qu'un seul rang paraît si faible qu'il invite l'ennemi à charger. — Gardez note de toutes les circonstances favorables à notre opinion ; nous les imprimerons un jour.

« J'ai le plaisir de voir que Vivian (sir Hussey) regarde notre système d'un œil plus favorable. Soyez persuadé que tout le monde viendra à nous. Il n'y a plus qu'à se débarrasser du *mezzo termine* de laisser le second rang un peu plus loin derrière le premier. Je désapprouve entièrement cet expédient, car ce *second rang* n'aurait personne pour le commander, et dans la cavalerie tout dépend des officiers.

« Il n'y a pas de doute que si la formation sur un rang vient à être adoptée, il faudra une organisation nouvelle. Vous devez maintenant porter vos réflexions là-dessus : aussi bien, la pratique de la guerre pourra vous fournir quelques idées à cet égard. Le duc de Wellington est avec nous, mais les préjugés des officiers de cavalerie sont difficiles à détruire.

« Je vous envoie N..., et si vous parvenez à le convertir vous aurez fait un miracle ; il n'a jamais cédé une fois qu'il a une opinion dans la tête.

« *Signé* : William Russell. »

EXTRAIT D'UNE LETTRE DU GÉNÉRAL BACON.

« 11 septembre 1835.

« Mon cher Kinloch,

« J'espère que vous restez fidèle au système de la formation sur un rang. Soyez persuadé que c'est le moyen le plus efficace d'employer la cavalerie. On est plus mobile, on a des réserves plus nombreuses. Lord Anglesea, Brotherton et beaucoup d'autres officiers que je pourrais vous

nommer, sont de mon avis. Comme je suis le seul qui ai
expérimenté cette formation, je vais vous donner quelques-unes des raisons qu'on peut mettre à l'appui.

« Avec un seul rang, tous les mouvements se font avec
plus de précision et de rapidité qu'avec deux.

« Quand il faut se reformer après une charge, cela s'ef-
fectue plus vite et plus régulièrement, parce que chaque
cavalier trouve de suite sa *troupe* respective, et si c'est
sous le feu qu'on a un pareil mouvement à faire, la *rapidité*
est, de toutes les conditions, la plus désirable.

« J'ai très-souvent expérimenté la formation sur un
rang devant un ennemi supérieur en nombre et quelquefois
lorsque j'étais serré de près, ainsi que sous le feu de l'artillerie et de la mousqueterie.

« Une charge sur un rang, sera plus rapide et par conséquent aura une probabilité plus grande de réussir que
sur deux rangs, parce que les chevaux sont plus libres et
ne sont pas gênés par les efforts de ceux du deuxième rang
pour gagner la tête, et parce que les hommes ont plus de
facilité pour faire usage de leurs armes. Chacun fait son
devoir; les mauvais soldats (il s'en trouve dans toutes les
armées) ne peuvent rester aisément en arrière.

« En avançant en bataille sur deux rangs (devant l'ennemi on a rarement une plaine unie), les intervalles ne se
conservent jamais, et il arrive fréquemment que la ligne
devient une colonne en désordre; et en se reformant, les
cavaliers du dernier rang ne sont plus certains de leurs
numéros.

« Pour l'ordre en colonne, au lieu d'une seule colonne
on en a deux, la seconde en arrière de la première; c'est-
à-dire qu'au lieu d'un régiment on en a deux. Si on est en
bataille, on conserve entre les deux lignes une distance
égale à la profondeur d'une colonne serrée, et alors les
deux colonnes se forment simultanément très-facilement.
On peut d'ailleurs serrer les lignes l'une sur l'autre, si on

le juge convenable, et au moment de former les colonnes, on reprend les distances entre les lignes. On peut aussi, au lieu d'une colonne par escadrons, former sur le centre deux colonnes contiguës par demi-escadrons.

« Un autre grand avantage du nouveau système est que chaque rang est commandé par un officier. Si on demande un escadron, il faut se souvenir que c'est une *troupe;* et si vous envoyez deux *troupes*, ce sont deux escadrons qui constituent un commandement convenable pour un major.

« Je pourrais encore vous donner bien d'autres raisons à l'appui de la formation sur un rang, mais j'espère que vous êtes de mon avis. Je perfectionnerai d'ailleurs ce que j'ai commencé. *Signé* : A. BACON. »

« Un escadron du 1er Lanciers (légion anglaise), en Espagne, sous les ordres du major Hograve, et fort seulement de soixante chevaux, chargea trois cents cavaliers Carlistes, (qui avaient défait plusieurs escadrons de Christinos), les poursuivit pendant trois milles et en tua près de cent. Cet escadron était formé sur un rang et prouva ainsi la bonté de ce système.

« D'après les opinions ci-dessus mentionnées de plusieurs officiers distingués (opinions corroborées par l'expérience, dans le petit nombre d'occasions où elle a été faite) sur la formation sur un rang, il semblerait à propos de prendre cette formation en considération et de l'introduire dans l'armée anglaise.

« Je trouve dans le règlement sur l'exercice et les évolutions de la cavalerie de la milice, qu'il lui est recommandé d'adopter la formation sur un rang : j'ignorais complétement cette circonstance, lorsque je publiai mon mémoire, l'année dernière. Cette formation est surtout convenable pour la milice et toute cavalerie irrégulière ou à demi discipinée, à cause de sa simplicité et de la liberté d'action qu'elle laisse à chacun. Comme le duc de Wellington con-

cevait qu'elle rendrait l'usage de la cavalerie beaucoup
plus général qu'à présent; comme sir Hussey Vivian dit
que le second rang ne sert qu'à bouleverser le premier;
comme le général Bacon remarque qu'une *troupe* devient
un escadron et que chaque rang est commandé par un officier, il semble que la force effective de notre cavalerie
serait doublée par l'adoption de la formation sur un seul
rang. Le principal changement à apporter à l'organisation,
en conséquence de l'adoption de ce système, serait une
faible augmentation numérique d'officiers, entraînant peu
de dépenses.

« Les capitaines qui commandent les *troupes* comman--
deraient en ligne des escadrons, puisqu'une *troupe* sur un
rang occuperait la même étendue qu'un escadron sur
deux rangs. (La discipline intérieure de la *troupe* ne chan-
gerait pas.) L'officier qui commande deux *troupes* ou un
escadron aurait un commandement convenable pour un
officier d'état-major.

« Je propose donc, pour obtenir du système sur un rang
tous les avantages qu'il peut donner, de rendre à la cavalerie un second major par régiment, et un officier subalterne de plus par *troupe*.

« Peut-être faudrait-il donner aux deux ou trois plus anciens capitaines un rang supérieur, celui de chef d'escadron, comme dans d'autres armées, puisqu'ils comman-
deraient à deux *troupes*.

« En portant la force de la *troupe* à cinquante chevaux,
en augmentant le nombre des officiers comme je le propose, et enfin en adoptant la formation sur un rang, notre
cavalerie pourra répondre à toutes les éventualités; mais
aujourd'hui les régiments sont trop faibles, et, sur deux
rangs, ils ne représentent chacun que deux bons escadrons.

« Je dois m'excuser de vous importuner si longtemps;
mais comme l'économie dans l'accroissement de l'armée
est la grande question à l'ordre du jour, et comme on ne

paraît pas s'occuper beaucoup de la cavalerie, j'espère que les observations précédentes sur cette arme importante et chevaleresque seront accueillies avec intérêt par les lecteurs militaires.

« J'ai l'honneur d'être, etc.,

« John KINLOCH.

« Logie, 7 mars 1853.

« *P. S.* Les préceptes suivants sont extraits de mon mémoire précédemment cité.　　　　　　　J. K.

« Ce fut à sa (général Bacon) recommandation que j'adoptai la formation sur un rang, qui m'a toujours paru rationnelle et conforme au bon sens pour la cavalerie (surtout la cavalerie nouvellement formée) et que je l'introduisis dans le 1er régiment de lanciers de la légion anglaise au service de la reine Isabelle, que j'avais organisé et commandé en 1835-36. C'est à cette formation simple que j'attribue la manière brillante dont le régiment ci-dessus mentionné se conduisit pendant la guerre, après une instruction très-courte. Un escadron sur un rang, qui s'est rompu en chargeant, ou s'est dispersé dans une poursuite, se rallie et se numérote en moins de temps qu'il ne lui en faudrait, s'il était sur deux rangs, pour que chacun retrouvât sa place. Le temps, si précieux pour la cavalerie, se trouve ainsi beaucoup ménagé.

« Beaucoup de bons soldats n'aiment point être au second rang et sont capables d'y faire mollement leur devoir, se contentant de suivre leurs chefs de file sans se soucier de ce qui se passe devant eux, tandis que, sur un seul rang, chaque cavalier est sous l'œil de ses officiers et se trouve obligé d'être attentif et à son affaire. Chaque cavalier a une part égale dans l'attaque, ce qui n'est pas le cas dans l'ordre sur deux rangs. Un seul rang peut sembler moins pressé et montrer des jours entre les files, mais il n'en est réellement rien, et au contraire, il n'y a pas autant de vides entre les cavaliers que lorsqu'ils travaillent sur deux rangs. Je pense qu'une charge de cavalerie sur un rang, dans un beau terrain bien convenable pour galoper, se fera mieux, et que chaque homme et chaque cheval produiront plus d'effet que si un second rang était là pour les talonner. Le second rang ne donne pas grand appui au premier rang et l'incommode beaucoup. Dans la formation sur un rang, les chevaux les plus jeunes seront plus tranquilles, et les moins vites ne seront pas exposés à recevoir des atteintes par derrière ou à en donner à ceux qui les suivent. On peut dire que jusqu'ici les deux rangs ont donné de bons résultats; mais on pourrait demander si moitié moins de monde sur un seul rang n'eût pas produit des effets pareils? ou si le même nombre sur deux lignes distantes l'une de l'autre n'eût pas fait mieux? »

CHEVAUX DE TROUPE ET D'OFFICIERS.

Avant de quitter les Indes, je fus témoin de quelques expériences très-intéressantes faites à Madras, par ordre du commandant en chef, général sir George Berkeley, dans le but d'éprouver la puissance des chevaux de troupe, et d'établir le mérite relatif pour la guerre des chevaux entiers et des chevaux hongres.

On fit trois épreuves.

La première eut lieu entre deux régiments de cavalerie régulière indigène, l'un composé de chevaux entiers, l'autre de chevaux hongres.

La seconde fut effectuée par deux divisions d'artillerie à cheval.

La troisième et dernière se passa entre deux cents cavaliers anglais (15e Hussards), dont moitié montait des chevaux entiers et moitié montait des chevaux hongres. Cet escadron marcha plus de huit cents milles (près de

treize cents kilomètres ou trois cent vingt-cinq lieues métriques), savoir, depuis Bangalore jusqu'à Hyderabad, où
ils restèrent quelques jours pour prendre part aux exercices, carrousels, etc. Ensuite, il retourna à Bangalore,
faisant quatre cents milles à marches forcées; puis on lui
accorda un jour de repos, et les six derniers jours de route
furent faits à raison de trente milles (douze lieues) par
jour. Il arriva n'ayant qu'un seul cheval conduit en main.
Les chevaux hongres et entiers soutinrent également bien
l'épreuve et étaient en bon état les uns et les autres à leur
retour.

La question fut cependant décidée en faveur des hongres, parce qu'ils avaient été castrés sans égard à l'âge et
seulement six mois avant l'épreuve (1).

La cavalerie anglaise des Indes est bien montée. Un
régiment indien quelconque galoperait au besoin, dans
une poursuite, l'espace de cinquante mille, laisserait peu
de chevaux derrière, et souffrirait peu d'une telle course.
Les chevaux sont petits mais très-vigoureux. Les Arabes,
les Persans, les Turcomans, les chevaux de l'Araxe n'ont
pas de rivaux comme chevaux de guerre. J'ai vu un cheval
persan de quatorze palmes et trois pouces de hauteur
(un mètre cinquante), portant un cavalier de notre régiment, véritable colosse pesant avec son paquetage vingt-
deux stones et demi (cent quarante-deux kilogrammes);
j'ai vu, dis-je, ce cheval, dans le parcours de huit cent milles,
que j'ai cité plus haut, marcher légèrement sous son fardeau et se maintenir en bon état. Au passage de la Kistna,
rivière large, rapide et dangereuse, le cavalier (*Herne*,

(1) On est persuadé en France que les chevaux entiers sont plus forts
que les chevaux hongres et que les juments. L'épreuve faite aux Indes est
contraire à cette opinion. Quant aux juments, il y a en Afrique certaines
tribus du désert qui n'ont que des juments; eh bien! à la guerre, les
Goums de ces tribus soutiennent les mêmes marches et les mêmes fatigues
que ceux des tribus voisines, montés sur des chevaux entiers, sans qu'on
voie entre les uns et les autres la moindre différence.

simple soldat dans la *troupe* C), refusa de faire entrer sa
monture dans le bac, en disant qu'un hussard et son cheval ne devaient jamais se séparer; il lui fit passer l'eau tout
harnaché; le brave petit animal surmonta noblement le
courant et aborda sain et sauf, avec son maître, sur l'autre
rive (1).

Un officier, aux Indes, fit et gagna le pari de parcourir
sur son cheval, un arabe qui n'avait guère plus de quatorze palmes de haut (un mètre quarante-trois), quatre
cents mille en cinq jours consécutifs (vingt-six lieues par
jour.) Le cheval fit aisément le trajet, sans qu'il en résultât
pour lui une mollette. Le cavalier, qui était officier dans
l'artillerie de Madras, mourut peu de temps après.

« Le général Daumas rapporte que les chevaux de Sahrah

(1) L'auteur veut dire sans doute, dans ce paragraphe, qu'un cheval indien fournirait une poursuite de cinquante milles (vingt lieues) d'une traite,
au trot, au galop, et quelquefois au pas, alternativement, mais sans galoper tout le temps, ce qui serait à peu près impossible. La cavalerie régulière et irrégulière d'Algérie a accompli plusieurs fois de semblables faits.

La taille n'ajoute pas nécessairement à la force musculaire, en raison
directe de la hauteur. Il y a en Afrique de petits mulets indigènes, dont la
taille (un mètre trente-cinq centimètres) n'excède guère celle d'un âne
commun de France, et qui portent des fardeaux de cent cinquante kilogrammes, aussi aisément que les grands mulets du Poitou. Un petit cheval
arabe, au début d'une expédition, est souvent chargé de cent quarante
kilogrammes, c'est-à-dire autant qu'un cheval de carabiniers en France;
mais le petit cheval arabe ne pèse que quatre cents kilogrammes au plus,
tandis que le grand cheval de carabiniers pèse cinq cents kilogrammes au
moins.

Il y a donc au désavantage du dernier une différence de cent kilogrammes. Il est probable que la différence de charge n'est pas compensée par
la différence de force musculaire des jambes, lesquelles ont presque
seules tout l'effort à accomplir. En effet, les jambes du cheval arabe sont
à peu de chose près aussi grosses que celles du cheval de France; la matière qui les compose (les os et les tendons) a chez le premier une densité
notablement plus grande; ainsi elles sont sensiblement aussi fortes. Seydlitz, Ziethen, Warnery avaient proscrit de la cavalerie du roi de Prusse
les grands chevaux, qu'il aimait tant avant d'avoir entendu les observations
de ces trois célèbres officiers de cavalerie.

peuvent supporter, cinq à six jours de suite, des marches
de soixante-quinze à quatre-vingt dix milles (trente à trente-
cinq lieues métriques) par jour, et qu'ils sont capables de
parcourir de cent cinquante à cent quatre-vingt milles
(soixante à soixante-douze lieues métriques) en vingt-
quatre heures, et cela dans un désert de sable (1).

Que deviendrait un régiment de chevaux anglais, qui se
trouverait tout d'un coup obligé de soutenir quelques marches forcées ou une poursuite de plusieurs centaines de
milles? Leur manque de force pour porter la charge énorme
qu'on leur met sur le dos, et l'insuffisance de nourriture,
les mettraient sur les dents après quelques heures de trot.

Nos chevaux de cavalerie sont faibles ; leur taille est
élevée, mais c'est par la longueur de leurs membres, condition nuisible à la force. Le sang qu'il leur faudrait n'est
pas celui de notre race de chevaux de course (race exa-
gérée en hauteur, bonne pour la vitesse seulement et cal-
quée sur le lévrier) ; ce serait le sang arabe ou persan qui
pourrait leur donner ces membres d'acier, ces os compactes
qui leur manquent.

Les beaux chevaux de troupe irlandais, jadis si recherchés, ne se trouvent plus sur nos marchés. Au lieu de ces
chevaux près de terre, profonds de poitrine, courts de reins,
puissamment musclés des anciens jours, vous ne rencontrez
que des animaux haut perchés, aux épaules serrées, ma-
ladifs dès leur naissance, et qu'un seul jour de fatigue rend
fourbus. Ce sont de pareils chevaux qui constituent le fond
de nos remontes (2).

(1) En 1844, il y avait à Mascara un cheval qui, sans être aucunement
excité de l'éperon, allait au trot en sept heures à Oran, faisait ainsi environ vingt-deux lieues sans s'arrêter, et ne paraissait nullement fatigué en
arrivant ; certainement, en le laissant reposer trois heures dans une journée de vingt-quatre heures, il eût triplé le trajet et fait ses soixante-six
lieues. La route de Mascara à Oran est très-montueuse dans la moitié de
son parcours.

(2) C'est bien un Anglais qui parle dans ces deux paragraphes. Le tra-

Couverts d'un harnachement somptueux, montés par des
cavaliers ornés de plumes et de passementeries, ils produisent de l'effet à l'œil d'un observateur superficiel ; mais la
cavalerie anglaise n'est pas ce qu'elle devrait être. Si on la
faisait tomber toute fraîche sur un champ de bataille, la
vitesse des chevaux et la bravoure des hommes obtiendraient sans doute de grands résultats, au premier instant,
mais elle ne pourrait *répéter*, *soutenir*, et *poursuivre* ses
succès.

Toute amélioration dans notre cavalerie sera inutile tant
qu'on n'aura pas opéré celle relative au choix des chevaux.
C'est bâtir une maison sur le sable, que d'organiser une
cavalerie sans lui donner de bonnes remontes. Le gouvernement seul peut opérer les réformes nécessaires en
important des étalons et des poulinières de sang oriental,
dans le but de procréer des chevaux propres à la cavalerie
anglaise (1).

On dit que l'action du gouvernement, dans l'industrie
chevaline, est contraire au principe de la libre concurrence
commerciale. Quelle concurrence peut-il y avoir entre les
éleveurs pour le prix d'un cheval de troupe, lorsqu'en éle-
vant des carrossiers ils obtiennent des produits qui se ven-
dent 40 livres (1,000 francs) à deux ans ? Comment pour-
raient-ils parvenir à élever des chevaux réunissant les
conditions propres à la cavalerie ? Pour faire de tels chevaux, il faudrait d'abord un croisement nécessitant une
mise de fonds quelque temps improductive, et après avoir

ducteur s'est gardé d'ajouter un seul mot à la thèse développée ici, qui devrait être soutenue en France par tout ce qui est militaire. (*N. du t.*)

(1) Chez nous, comme en Angleterre, le sang oriental manque pour la
cavalerie. Les poulinières de nos remontes sont livrées aux étalons des
haras : or, les haras ressortissant d'une administration civile, qui ne s'est
pendant longtemps pas préoccupée, ou ne s'est que peu préoccupée des
besoins de la guerre, n'ayant en vue que ceux du turf, sont presque exclusivement recrutés en chevaux de course, ou chevaux de demi-sang qui ne
conviennent point à l'armée. En France comme en Angleterre, le gouvernement devra intervenir pour produire des chevaux aptes à la cavalerie,

réussi à élever des chevaux de troupe, on n'en trouverait pas un prix raisonnable (1).

Les règles de notre turf n'encouragent que la vitesse, et pour une faible distance. On a fabriqué des *pères* conformes à ces exigences, et de ces *mauvaises graines* sont sortis ces grandes jambes, ces épaules étroites, ces faibles constitutions et cette absence de toutes les qualités pour lesquelles les chevaux anglais d'autrefois étaient si justement renommés.

On m'avait raconté qu'il y avait de bons chevaux en Russie, mais je me disais complaisamment : Quels qu'ils soient, ils ne peuvent valoir les chevaux anglais. Cependant, je suis allé en Russie, et voir est croire. Leur cavalerie et leur artillerie à cheval sont beaucoup mieux montées que les nôtres, et leurs chevaux sont surtout incommensurablement supérieurs par les qualités essentielles pour la guerre, savoir, courage, tempérament, vigueur, force de membres, sobriété, résistance à la fatigue (2).

et particulièrement importer sans cesse des étalons d'Orient ; ce qui est impossible aux particuliers. Le cheval arabe est comme le café originaire du même pays. Transporté à la Martinique, le caféier donne un grain plus gros, plus uni et, en apparence, mieux conformé que le grain récolté à Moka, mais ce n'est cependant qu'en cette dernière localité que le café peut posséder au plus haut degré l'arôme et les qualités qui le distinguent. De même le sang arabe s'altère en Europe et veut être souvent régénéré. *(Note du traducteur.)*

(1) Si la cavalerie de ligne et légère en Angleterre n'est pas très-bien montée, c'est que, de même qu'en France, on ne paie pas les chevaux un prix suffisant. La race et le sang ne sont pas tout pour faire un bon cheval, il faut encore la nourriture, c'est-à-dire l'avoine et le temps. Un cheval qui mange de l'avoine dès sa naissance coûte au moins 300 fr. par an, déduction faite de ce qu'il peut rendre en fumier et travail, mais pertes et maladies comprises, de sorte qu'à quatre ans, il revient à 1,200 fr. ; si l'État ne le paie en moyenne que 800 fr., c'est 400 fr. de perte pour l'éleveur. Comment alors élever de bons chevaux pour la cavalerie? il est bien plus lucratif et bien plus commode d'élever des bœufs, ou de gros chevaux de trait qu'on vend 400 fr. à six mois. *(Note du traducteur.)*

(2) Si l'artillerie russe est mieux montée que l'artillerie légère anglaise,

L'excellent exemple donné aux Indes par sir Georges
Berkley (*Voir* p. 301) pourrait être suivi, en Angleterre,
avec grand avantage pour l'arme ; on verrait ce dont notre
cavalerie est aujourd'hui capable ; et en essayant ma selle,
on acquerrait la certitude qu'on peut éviter beaucoup de
blessures au garrot et aux reins.

aux voitures de laquelle on attèle des chevaux de 100 guinées l'un, que
dire de la nôtre? (*Note du traducteur.*)

RÉFLEXIONS ET PROPOSITIONS

RÉSUMANT ET COMPLÉTANT

L'OUVRAGE DU CAPITAINE NOLAN

EN CE QUI EST APPLICABLE A L'ORGANISATION DE LA CAVALERIE
FRANÇAISE.

> Ce qui est paradoxe aujourd'hui sera
> lieu commun demain. — GOETHE.

Recrutement en hommes et en chevaux. Le cheval grandit l'homme et ajoute à la puissance du cavalier.

L'homme écrase le cheval et diminue l'effet dont cet animal est capable.

Le corollaire de ces deux propositions incontestablement vraies serait, qu'à l'exemple de certains peuples de l'Inde, il faudrait mettre les hommes les plus petits dans la cavalerie, les plus grands dans l'infanterie.

Une circonstance empêche d'appliquer rigoureusement

ce corollaire à l'organisation de la cavalerie, dans un pays où il y a beaucoup de grands chevaux ; c'est la nécessité de conserver au cavalier une taille en rapport avec celle de sa monture, afin qu'il puisse lestement la seller, la brider et l'enfourcher, toutes choses qui ne sont pas faciles, quand on est relativement trop petit.

Les petits hommes peuvent faire d'excellents cavaliers, témoins les grooms anglais qu'on choisit toujours à l'exiguité de leur stature ; témoins encore deux officiers très-distingués de la cavalerie française, parvenus jeunes, de nos jours, à des grades très-élevés.

Quant à l'infanterie, rien absolument ne s'oppose à ce que les hommes les plus grands y soient placés : au contraire, la taille ajoute puissamment à l'effet que cette arme peut produire. Des troupes à pied recrutées de soldats de un mètre soixante-quinze centimètres à un mètre quatre-vingts centimètres (cinq pieds cinq à sept pouces) présenteraient, à nombre égal de files, un front d'un quart plus étendu que celui de l'infanterie de ligne actuelle. On pourrait leur donner des armes plus longues et plus lourdes, réunissant aux avantages de justesse et de portée, comme tir, celui d'atteindre plus loin dans l'escrime à la baïonnette (1). Il serait alors possible de diminuer beaucoup l'artillerie de campagne, qui ralentit si souvent la marche des troupes, qui est toujours si embarrassante, si dispendieuse, si difficile à entretenir, et dont l'efficacité RÉELLE

_____

(1) Il est contesté que plus une arme à feu est longue, hors d'une certaine mesure, plus sa portée est grande : cependant, les gaz agissant plus longtemps dans une arme longue que dans une courte, devraient donner au projectile plus de vitesse. Mais si la longueur n'augmente pas la portée, le poids influe et sur la portée et sur la justesse : en effet, en augmentant l'épaisseur du tonnerre, on peut mettre une charge plus forte communiquant plus de vitesse ; et en augmentant l'épaisseur à la bouche, on peut établir le parallélisme entre la ligne de tir et la ligne de mire, état favorable à la justesse.

est si peu de chose comparativement à ce qu'elle emploie
de monde et de chevaux (1).

Ainsi, il semble qu'en prenant pour la cavalerie les plus
beaux hommes, et pour l'infanterie les plus petits, comme
comme on fait aujourd'hui, on agit au rebours des intérêts de l'Etat et de l'armée. On croit, sans doute, opérer
pour le coup d'œil et la parade, et on se trompe, car si la
haute taille relève les troupes à pied et leur donne un aspect imposant et majestueux, ces avantages s'amoindrissent
dans la cavalerie, où un homme de un mètre soixante-
quinze centimètres, n'offre souvent pas de différence sensible avec un autre beaucoup plus petit, s'ils sont montés
tous les deux sur des chevaux d'égale hauteur, ou si le second a un cheval un peu plus grand que le premier.

Si en mettant les plus grands hommes dans les troupes
à cheval, on nuit à l'organisation bien entendue de l'infanterie, on nuit aussi à la bonne constitution de la cavalerie, car, pour celle-ci, une condition d'une importance
vitale est que les chevaux soient chargés le moins possible ;
or, le poids des cavaliers est en raison directe de leur
taille, donc il faudrait les choisir petits.

Cependant, comme il ne serait pas juste de déshériter
tout à fait les hommes grands de l'avantage que plusieurs
pourraient trouver à servir dans la cavalerie, on les ad-

(1) Une batterie montée de division d'infanterie, déduction faite des
caissons de munitions d'infanterie et du personnel nécessaire pour les
conduire, emploie, officiers compris, deux cent quatre hommes et
cent soixante-dix chevaux; ce qui fait en nombres ronds trente-cinq
hommes et vingt-neuf chevaux par pièce. Or, trente hommes seulement
d'infanterie (pour ne pas parler des officiers et sous-officiers qui ne tirent
pas) lanceront, en une minute, soixante balles à culot, qui, à toutes distances, surtout aux plus grandes, produiront, au minimum, un effet utile
décuple des *deux* projectiles, ou quintuple des *deux* boîtes à balles que
lancera dans le même temps une bouche à feu : donc, l'effet utile des
trente-cinq hommes et des vingt-neuf chevaux de cette bouche à feu sera
moins considérable que celui de trente-cinq hommes d'infanterie armés de
fusils de précision, et de plus, ceux-ci offriront moins de prise aux coups
de l'ennemi, feront par conséquent moins de pertes, et des pertes moins
onéreuses à l'État que celles de l'artillerie, puisqu'elles ne porteront ni sur
des chevaux ni sur un matériel de prix.

mettrait dans quelques corps remontés avec les plus grands chevaux du pays ; mais il faudrait n'envoyer ce corps au-delà des frontières qu'en cas d'absolue nécessité : leur présence à l'intérieur serait d'ailleurs utilement appréciée, puisqu'en aucun cas, on ne saurait, sans danger, dégarnir la France de beaucoup de troupes.

La garde du souverain, à cause du prix qu'on doit mettre à ses chevaux, et qui permet de les avoir très-vigoureux, recevrait aussi sans inconvénients des sujets de haute taille, de même que la gendarmerie.

Plusieurs officiers, très-amateurs du *sport*, voudraient qu'on lui empruntât ses chevaux pour monter la cavalerie ; il serait préférable de l'imiter dans ses jokeys, qui cherchent à diminuer leur poids par mille pratiques, et qui sont d'autant plus recherchés, qu'ils sont plus légers. Un kilogramme de plus ou de moins sur le dos d'un cheval, influe tellement sur ses facultés, que dans les courses on est obligé à apporter une rigoureuse attention aux pesées avant le départ ; et beaucoup de chevaux qui gagnaient des prix à trois ans, lorsque leur charge était de cinquante-cinq kilogrammes, restent en arrière de plus jeunes animaux, quand eux-mêmes, âgés de cinq ou six ans, sont astreints à un poids de soixante-cinq kilogrammes. Qu'est bien souvent l'action de la cavalerie, sinon une lutte de vitesse ? En Afrique, dans cette guerre de razzias et d'expéditions rapides, où souvent on était obligé de débarrasser l'infanterie de ses sacs et de les faire porter sur des mulets, combien les résultats eussent été plus grands et plus promptement obtenus, si on eût pu diminuer aussi un peu la charge des chevaux des chasseurs et des spahis.

D'après ce qui précède, pour utiliser toutes les ressources de la France en chevaux, et rendre plus uniformes les régiments de même arme, il faudrait avoir égard dans le recrutement de la cavalerie, aux conditions de taille et de poids exprimées au tableau suivant.

ARMES.			HOMMES.	CHEVAUX.	OBSERVATIONS.
Hussards.....	taille	en mètres, etc.(1)	1 m. 60 c. à 1 m. 65 c.	1 m. 45 c. à 1 m. 48 c.	Il faut choisir des hommes et des chevaux vifs, alertes et légers.
		en pieds, etc.(1)	4 p. 11 p. à 5 p. 1 p.	4 p. 5 p. 1|2 à 4 p 6 p 1|2	
	poids(2)	maximum pour les hommes.	55 kilog.		Actuellement le poids moyen est de 65 kilog. pour les hommes, et de 380 pour les chevaux.
		moyen pour les chevaux.		375 kilog.	
Chasseurs. ...	taille	en mètres, etc.	1 m. 62 c à 1 m. 67 c.	1 m. 48 c. à 1 m. 51 c.	Hommes proportionnés à la taille de chevaux qu'il faut utiliser.
		en pieds, etc.	5 pieds à 5 pieds 2 p.	4p. 6p. 1|2 à 4 p. 7 p. 1|2	
	poids	maximum pour les hommes.	60 kilog.		Le poids moyen des hommes est actuellement de 65 kilog., et celui des chevaux de 400 kilog.
		moyen pour les chevaux.		400 kilog.	
Lanciers ou Chevau-légers (3).	taille	en mètres, etc.	1 m. 65 c. à 1 m. 70 c.	1 m. 51 c. à 1 m. 54 c.	Hommes proportionnés à la taille de chevaux qu'il faut utiliser.
		en pieds, etc.	5 p. 1 p. à 5 p. 3 p.	4p. 7p. 1|2 à 4 p. 8 p. 1|2	
	poids	maximum pour les hommes.	65 kilog.		Le poids moyen des lanciers actuels est de 70 kilog., celui de leurs chevaux, est de 460 kilog.
		moyen pour les chevaux.		425 kilog.	
Dragons.....	taille	en mètres, etc.	1 m. 67 c. à 1 m. 72 c.	1 m. 54 c. à 1 m. 57 c.	Hommes proportionnés à la taille de chevaux qu'il faut utiliser.
		en pieds, etc.	5 p. 2 p. à 5 p. 4 p.	4 p. 8 p. 1|2 à 4 p. 9 p. 1|2	
	poids.	maximum pour les hommes	70 kilog.		Le poids moyen est actuellement de 70 kilog., pour les hommes, et de 460 kilog. pour les chevaux.
		moyen pour les chevaux.		450 kilog.	

ARMES.			HOMMES.	CHEVAUX.	OBSERVATIONS.
Cuirassiers...	taille	en mètres, etc	1 m. 67 c. à 1 m. 72 c.	1 m. 54 c. à 1 m. 57 c.	Hommes musculairement très-forts et très-larges de poitrine, chevaux vigoureux et très-étoffés.
		en pieds, etc.	5 p. 2 p. à 5 p. 4. p.	4 p. 8 p. 1|2 à 4 p. 9 p. 1|2	
	poids	maximum pour les hommes	70 kilog.		Le poids moyen est actuellement de 75 kilog., pour les hommes, et de 500 kilog. pour les chevaux.
		moyen pour les chevaux.		475 kilog.	
Carabiniers ou Lanciers (4).	taille	en mètres, etc.	1 m. 72 c. à 1 m. 77 c.	1 m. 57 c. à 1 m. 60 c.	Hommes proportionnés à la taille de chevaux qu'il faut utiliser.
		en pieds, etc.	5 p. 4 p. à 5 p. 6 p.	4p. 9p. 1|2 à 4 p. 10 p. 1|2	
	poids	maximum pour les hommes.	75 kilog.		Le poids moyen des hommes est actuellement de 85 kilog., celui des chevaux est de 515 kilog.
		moyen pour les chevaux.		500 kilog.	

(1) Les tailles ont été exprimées en mesures anciennes, parce que beaucoup de personnes se les représentent mieux ainsi.

(2) Il est essentiel d'avoir égard au poids du cheval, parce que plus ce poids est considérable, plus l'animal a besoin de force musculaire pour enlever sa propre masse, surtout au galop, et plus, en quelque sorte, son fardeau doit être léger.

(3) Comme il est impossible qu'un corps de cavalerie de ligne ou légère se passe d'une arme à feu de longue portée, et comme la lance ajoutée au fusil ou au mousqueton, fait un grand embarras pour un soldat qui n'est pas cavalier de naissance, il conviendrait peut être de ne la donner qu'aux corps de réserve qui, dispensés des services détachés et n'agissant ordinairement qu'en ligne, n'ont pas besoin d'autre arme à feu que le pistolet; alors les lanciers actuels pourraient prendre le nom de CHEVAU-LÉGERS.

(4) Le poids des hommes, même réduit à 75 kilogrammes, devrait faire ôter la cuirasse aux carabiniers, afin de ne pas surcharger les chevaux qui ont déjà une masse propre très-lourde à transporter. Si on leur donnait la lance, arme très-convenable à la cavalerie de réserve, on pourrait changer le nom de CARABINIERS, que rien aujourd'hui ne justifie, en celui de LANCIERS.

Les hussards seraient les éclaireurs et flanqueurs constants de l'armée. On leur donnerait une instruction particulière à cet effet, et ils constitueraient un corps véritablement spécial.

Les chasseurs, chevau-légers et dragons formeraient la cavalerie de ligne ; ils ne différeraient entre eux que par la taille et le poids des hommes et des chevaux.

Les cuirassiers seraient essentiellement troupe de réserve ; c'est-à-dire qu'en raison de la charge des chevaux, on leur épargnerait tout service capable de les détruire en détail, et on les garderait pour agir en masse dans les extrêmes périls.

En égalisant sensiblement les tailles par arme et même par régiment, on simplifierait beaucoup la fourniture et l'ajustement des effets de toute nature. La désignation pour tel ou tel corps n'en serait guère plus compliquée qu'à présent ; il n'y aurait qu'un coup d'œil à donner aux signalements qu'on établirait lors du conseil de révision et auxquels on ajouterait *le poids*.

Si l'on avait égard aux modifications proposées ci-dessus pour le recrutement des hommes et des chevaux, on serait probablement obligé de changer les rapports numériques qui existent aujourd'hui entre les différentes armes ; ainsi peut-être ces rapports voudraient être établis comme il suit :

Hussards.	8 régts.
Chasseurs.	8 id.
Lanciers (devenus chevau-légers).	12 id.
Dragons.	12 id.
Cuirassiers (armés de lances).	8 id.
Carabiniers (sans cuirasses, devenus lanciers).	4 id.

Remontes. Dans le système actuel, le cheval de carabiniers pèse cinq cent quinze kilogrammes, et sa charge est de cent quarante-deux kilogrammes : c'est donc un effort total de six cent cinquante-sept kilogrammes, auquel ses jambes

ont à pourvoir soit en résistance verticale, soit en propul-
sion.

Le cheval de hussards ne pesant que trois cent quatre-
vingts kilogrammes et sa charge n'étant que de cent douze
kilogrammes, l'effort auquel ses jambes ont à satisfaire
n'est que de quatre cent quatre-vingt-douze kilogrammes :
ce qui fait une différence de cent soixante-cinq kilogrammes à son avantage, comparativement au cheval de carabiniers. Tout en admettant que la force des os et des tendons croît avec la taille du quadrupède (bien que des
faits nombreux prouvent que de petits chevaux sont aussi
forts des membres que de grands chevaux, de même que
des hommes petits sont aussi forts que des hommes grands),
il est impossible que la différence réelle entre les deux
extrêmes qu'on considère ici, soit de cent soixante-cinq
kilogrammes ; ce serait beaucoup si elle était de soixante-
cinq kilogrammes. Donc en campagne, les forces des deux
animaux se trouvant ramenées à l'égalité par ce poids de
soixante-cinq kilogrammes, qui est déjà à la charge du plus
grand, celui-ci a, à chaque instant, à accomplir un effort
de cent kilogrammes de plus que le cheval de hussards
placé dans les mêmes circonstances. La somme de ces efforts de cent kilogrammes, répétés de seconde en seconde
pendant la durée de la journée de marche, donne une
quantité de travail qui représente l'excès de fatigue et
d'usure qu'a à supporter, chaque jour, le cheval de carabiniers, comparativement au cheval de hussards. Si on
suppose un parcours horizontal, l'allure du pas réglé à la
vitesse d'un mètre six centimètres par seconde et une journée de dix heures, cette quantité de travail atteint le chiffre
de cinq millions sept cent soixante mille kilogrammes transportés à un mètre. Dans les mêmes hypothèses, et eu égard
aux forces respectives de chacun, la quantité de travail
équivalente à celle à fournir par le cheval de hussards est
exprimée par trente millions deux cent quatre-vingt-trois

mille deux cents kilogrammes transportés à un mètre. Le
premier de ces nombres étant le cinquième environ du second, il en résulte que le temps nécessaire pour user un
cheval de carabiniers serait d'un cinquième plus court
que le temps nécessaire pour user un cheval de hussards.

Toutefois, la différence réelle entre ces deux temps doit
être encore plus considérable, car, si les effets physiques
peuvent être soumis au calcul, il n'est guère possible de l'appliquer aux effets physiologiques, résultant, pour les fibres
et les os, des efforts à faire pour transporter des fardeaux,
aux allures vives. Il est probable que l'usure des membres,
pour ces efforts, n'est pas simplement proportionnelle à la
vitesse, mais qu'elle augmente avec elle, suivant une raison composée d'autant plus grande que la charge est plus
forte : ce qui le prouve, c'est la difficulté qu'ont des chevaux de cinq à six ans, notablement plus vigoureux que
des poulains de trois ans, à battre ces derniers aux courses,
s'ils portent seulement dix kilogrammes de plus qu'eux.

Si on remarque encore que, dans les espèces animales
sans exception, plus le développement de la taille et des
muscles est considérable, plus il faut une nourriture abondante et substantielle, on sera forcé d'en conclure, qu'à la
guerre où on éprouve de grandes privations, les chevaux
de hussards dépériront moins vite que les autres, particulièrement s'ils ne trouvent que de l'herbe (cas fréquent),
laquelle peut elle seule les soutenir passablement, tandis
qu'elle est tout à fait insuffisante pour les grands chevaux,
si elle n'est pas accompagnée de grain. Ainsi, tout compté,
ceux-ci dureront probablement moitié moins que ceux-là.

Des considérations précédentes il découle, qu'en cherchant depuis longtemps à élever la taille des chevaux de
cavalerie, on est parvenu à un résultat favorable seulement
au coup d'œil, et qu'en réalité, au lieu d'une amélioration,
on a créé un état de choses contraire au bien du service
et aux besoins rationnels de la guerre. Il faudrait donc

viser uniquement à produire des chevaux petits ou moyens, mais au corps sec, aux membres de fer. Ces qualités s'obtiendraient par le sang oriental souvent importé de sa source, par les herbes fines plutôt que par les gras pâturages, et par l'avoine donnée aux poulains dès la naissance. Avec des chevaux vifs, alertes, sobres, robustes, on pourrait souvent donner à la cavalerie le rôle principal, lui faire pousser en masse des pointes lointaines, brusquer certaines opérations et rendre ainsi les guerres moins longues.

Si le département de la guerre a besoin de petits chevaux, la vie civile, au contraire, en réclame de puissants pour les attelages de luxe, de hauts sur jambes pour les courses, de lourds pour l'agriculture et le gros trait; les haras de l'une ne devraient donc point être les haras de l'autre : il conviendrait dès lors que celui-ci eût ses étalons à lui, essentiellement propres à produire pour l'armée. Rien n'est plus aisé que de satisfaire à une telle exigence : les dépôts de remonte ont les locaux, le personnel, les fonds nécessaires à cet égard; il suffirait d'acheteurs spéciaux pour choisir les étalons et les diriger sur les contrées où ils réussiraient le mieux, chacun selon son espèce, ses qualités et les résultats qu'on aurait en vue.

Que doit être la coiffure au point de vue militaire, indépendamment de la condition de couvrir la tête, à laquelle il est facile de satisfaire par une infinité de formes ? **Coiffure.**

1° La coiffure doit être légère, parce que cent grammes ont une importance dans la charge du cheval; parce que le cavalier a besoin de tourner *vivement* la tête à droite et à gauche, ce qu'il ne pourrait faire si elle était surchargée; parce que tout poids inutile qui agit sur le cerveau, le comprime, nuit aux facultés intellectuelles et est une cause d'indispositions et de maladies.

2° La coiffure doit avoir son centre de gravité placé très-bas, parce que s'il est élevé il rend la tête ballante, fatigue les muscles du cou et s'oppose au parfait équilibre de l'homme à cheval. Le cimier contribue à tous ces mauvais effets et n'a de raison d'être que pour parer les coups de sabre dirigés sur le crâne ; or, ces coups sont peu à craindre pour le cavalier qui, généralement, n'est pas dominé par son adversaire ; donc il faut supprimer le cimier.

3° La coiffure doit être terminée par une surface extérieurement convexe, d'abord parce que c'est rationnel d'après la forme de la tête, ensuite parce qu'une telle surface pare tout aussi bien les coups de sabre et détourne beaucoup mieux les projectiles qu'aucun autre système, ces derniers devant arriver plus souvent suivant une tangente que suivant une normale, particulièrement dans le cas où le cavalier charge l'infanterie tête baissée ; ce qu'il fait souvent, ce qu'il devrait faire toujours.

4° La coiffure doit être métallique, parce qu'un métal est plus propre, plus facile à entretenir, plus durable, plus capable de parer un coup de sabre ou un projectile que toute autre matière.

5° La coiffure doit être terminée au sommet par une pointe percée, sur ses parois latérales, de petits trous où ne puisse entrer la pluie et par où sorte la sueur vaporisée.

6° La coiffure doit avoir une courte visière, pour garantir les yeux de la pluie et du soleil ; un couvre-nuque retroussé qui rejette l'eau en dehors du cou et préserve celui-ci des atteintes du sabre au-dessus du collet de l'habit, enfin des jugulaires qui l'assujettissent solidement sur la tête et défendent les joues. Les oreilles doivent rester dégagées afin de bien percevoir les sons et les commandements.

Des considérations précédentes il résulte qu'un casque convenable serait en acier, aurait à sa partie supérieure la forme du casque des anciens jannissaires ou des Circassiens, moins le couvre-nuque et le couvre-oreilles en mailles de fer, plus la pointe, la visière, les jugulaires et le couvre-nuque indiqués ci-dessus.

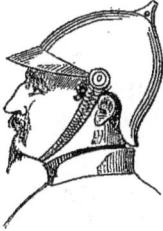

Les plumets, plumes, crinières sont plus nuisibles qu'utiles; si on veut absolument un ornement de ce genre, il trouvra à se placer dans la pointe réservée pour le passage de la sueur, comme dans le casque allemand, qui est laid et lourd à cause du volume de la bombe, mais qui est d'ailleurs très-bien raisonné.

La même coiffure doit être donnée à toute la cavalerie, parce que, parmi les différents modèles qu'on pourrait imaginer, il n'en est qu'un seul réunissant plus d'avantages et moins d'inconvénients que tous les autres : ainsi l'infanterie, à l'exception des zouaves, n'a que le schako ; peut-être ferait-elle bien d'adopter aussi le casque, à l'exemple des Russes et des Prussiens.

Le casque proposé est non-seulement militaire, solide, propre, défensif, léger, commode, il convient encore pour coucher au bivouac et se rouler sur la terre. Un simple mouchoir placé additionnellement pour couvrir les yeux et les oreilles, le compléterait comme coiffure de nuit.

L'habillement doit être simple, commode et léger. La tunique et l'habit à longues basques sont gênants à cheval à cause des pans qui se prennent sous le cavalier. Le spencer actuel des chasseurs, l'habit court des cuirassiers ont tous les avantages désirables, surtout si l'on place dans les manches, entre la doublure et le drap, des buscs d'acier

Habillement.

propres à parer les coups de sabre sur les bras. La pelisse, qui pèse quatre kilogrammes, est un ornement d'une beauté contestable et très-embarrassante; elle n'a aucune utilité rationnelle : donc il faut l'ôter aux hussards.

Manteau. Le manteau actuel est beaucoup trop ample. L'ampleur ne réchauffe pas autrement que par le poids dont elle accable. Un vêtement moins ample, mais plus juste à la taille, tiendrait aussi chaud que le manteau, sans fatiguer autant. Il faut donc réduire ses dimensions à celle du caban long qui n'est qu'une grande capote : quant à la charge et au paquetage, on les garantira de la pluie par un système spécial en matière imperméable. Le cheval se trouvera déchargé de tout ce qu'on rognera au manteau.

Pantalon. Le fantassin n'a qu'un pantalon; le cavalier en a trois, dont un en treillis. On a une tendance à supprimer la basane de cuir entre les cuisses et à ne la conserver que pour la jambe, à partir du genou, mais faisant tout le tour de cette partie du pantalon. C'est déjà un progrès. Il y aurait plusieurs avantages à rendre cette basane indépendante de l'étoffe, c'est-à-dire à donner des housseaux au cavalier : cela permettrait de ne lui laisser qu'un pantalon de drap en campagne, et d'alléger ainsi d'autant le porte-manteau. Le pantalon ne ferait que six ou neuf mois, mais en garnison, les soldats garderaient le pantalon ayant accompli sa durée pour ménager le neuf. Le pantalon de treillis se mettrait, soit seul, soit sur le pantalon d'ordonnance, suivant la température, pour faire les corvées et les pansages. Si les dépenses de l'État se trouvaient ainsi un peu augmentées, il gagnerait de l'autre une plus grande légèreté dans l'organisation de sa cavalerie, et, en fait d'organisation, c'est la raison militaire qui doit prédominer. Il a fallu, en France, le régime constitutionnel pour faire prévaloir toujours les motifs d'économie. Cependant, la plus triste économie est celle qui mène à l'usure prématurée des chevaux et à leur inefficacité devant l'ennemi, c'est-à-dire aux défaites, qui coûtent, en définitive, plus cher que tout ce qu'on peut imaginer.

Les housseaux auraient des genouillères en cuir souple, se fixant par un bouton au pantalon et se serrant autour de la cuisse par un cordon en coulisse. La tige en fer placée extérieurement serait assez large et assez forte pour parer un coup de sabre. Housseaux.

Il faut qu'un soldat sache se servir très-adroitement de ses armes, autrement elles l'embarrasseront plus qu'elles ne seront nuisibles à l'ennemi. Ce n'est pas une chose aisée pour tout le monde de devenir habile tireur. Si on demande à un homme plusieurs exercices, il ne deviendra fort dans aucun. C'est déjà beaucoup d'avoir un sabre avec un fusil ou une lance; il est plus que superflu, il est mauvais d'avoir trois armes. Le pistolet, chargé à balle, est d'un tir incertain surtout à la guerre où, au moment d'en faire usage, on est d'ordinaire en danger, pressé, ému, serré de près, obligé d'agir avec précipitation; un simple casse-tête plombé serait généralement beaucoup plus efficace. Une seule arme à feu suffit; si elle est perdue, on prend celle d'un homme mort ou malade : donc le pistolet est inutile aux corps qui ont le fusil ou le mousqueton. Le temps nécessaire pour former un cavalier est tellement précieux, qu'il ne faut l'employer qu'aux choses indispensables. Le fusil (ou mousqueton), la lance étant très-difficiles à bien manier, incommodes à porter, tout régiment qui aurait l'une de ces armes serait débarrassé de l'autre. Armement en général.

En admettant qu'une arme à feu soit nécessaire au cavalier, au moins comme moyen d'avertissement, on donnerait le pistolet aux lanciers, mais, afin qu'ils puissent s'en servir avec succès, sans exercice préalable, ce pistolet serait un petit tromblon, porté dans une gaîne fixée au côté droit du ceinturon, et se chargeant avec huit chevrotines ou quartiers de balles. Du pistolet.

Il est convenu, depuis Frédéric-le-Grand, que le tir à Du fusil cheval est tout à fait inefficace. Cela tient à ce que la cavalerie n'a jamais eu que des armes à feu détestables et qu'on ne s'est donné, à aucune époque, ni la peine ni le temps d'apprendre aux cavaliers à s'en servir. Qu'on leur donne de bonnes carabines, qu'ils s'exercent à tirer, et on pourra obtenir de leur feu d'excellents résultats. — Il est probable qu'en raison des perfectionnements énormes obtenus dans le tir de l'infanterie, on sera obligé de modifier l'emploi et la tactique de la cavalerie de ligne et légère, et de lancer des tirailleurs à cheval à de grandes distances en avant de soi.

De la lance. La lance n'est terrible entre les mains d'un soldat qu'autant qu'il en possède la grande habitude et qu'il est très-habile à manier son cheval, conditions qu'on ne rencontre guère que chez les peuples cavaliers de naissance. Si on donnait la lance à des régiments de ligne ou légers, appelés à faire les services détachés, il leur faudrait encore nécessairement le fusil ou le mousqueton, indispensables à toute cavalerie exposée à agir isolément ; et nous avons vu que c'était trop d'armes embarrassantes pour un même individu. Ce ne serait donc qu'à la cavalerie de réserve, spécialement destinée à combattre en ligne, et généralement en dernier ressort, c'est-à-dire de près et pour vaincre ou mourir, que la lance conviendrait. Elle lui donnerait un avantage marqué, en ce que dépassant de beaucoup la tête du cheval, elle frapperait le premier rang de l'ennemi, infanterie ou cavalerie, avant qu'il pût toucher du sabre ou de la baïonnette. Dans une mêlée, le lancier même très-exercé aurait le dessous contre un adversaire armé du sabre, le joignant corps à corps ; il devrait donc, en pareil cas, s'attaquer non à l'homme, mais au cheval qui offre une large prise et pas de défense à ses coups portés de loin.

Du sabre. Il faut au soldat un sabre aussi également propre que possible à sabrer et à pointer. Le tranchant agit d'autant mieux que l'arme a plus de vitesse en frappant : c'est la légèreté qui permet au bras de donner la vitesse : le sabre doit donc être léger. La courbure, quand elle est faible, comme dans les modèles réglémentaires, n'augmente pas sensiblement l'effet du tranchant (1) ; elle nuit à la direction du coup, lequel étant porté suivant un rayon visuel essentiellement rectiligne, se trouve dévié par la forme de la lame, pour peu qu'elle soit curviligne : le sabre doit donc être droit. Le coup de pointe exige de la rigidité, car il y aurait perte notable de force vive si la lame fléchissait, puisque l'impulsion se décomposerait en deux parties, dont l'une serait de nul effet pour pénétrer le corps frappé : le sabre doit donc être rigide.

L'ordonnance du 6 décembre 1829 ne parle que des coups de pointe et des coups de tranchant; elle ne fait pas mention des coups de scie. Cependant, quand l'adversaire est très-près, on ne peut ni le pointer ni le sabrer, tandis qu'on pourrait le scier, soit en allongeant le bras s'il est raccourci, soit en le raccourcissant s'il est allongé, Le coup de scie exigerait peut-être un sabre à deux tranchants, mais comme un tel sabre ne pourrait guère se porter à l'épaule, sans offenser les vêtements, et que, pour scier du côté convenable, il est bien vite fait de retourner la lame sur elle-même, le sabre peut n'avoir qu'un seul tranchant.

Si la garde du sabre n'est pas parfaitement symétrique autour de l'axe, l'arme tourne du côté ou elle est plus chargée, lorsqu'on donne le coup de tranchant, et on est alors exposé à ne frapper que du plat : la poignée doit donc être aussi chargée d'un côté que de l'autre, et comme, dans une mêlée, le combat individuel n'est ni aussi long ni aussi difficile à soutenir qu'un duel en règle, il suffit, au bout de la monture, d'un petit cercle métallique, pour arrêter les coups qui glisseraient le long de la lame et menaceraient ainsi les doigts : les branches ne sont pas nécessaires. La poignée doit être plate, car ronde elle est

(1) Mémoire du général Marey-Monge sur les armes blanches.

Du ceinturon. plus difficile à serrer, et peut tourner dans la main, ce qui rendrait nul le coup de tranchant.

Dans les ceinturons actuels, la longue bélière est inutile pour soutenir le sabre, et si la petite vient à casser quand le cavalier est à cheval, la lame tombe, la poignée en bas, sort du fourreau retenu en l'air, et peut percer le ventre de l'animal. Il faut donc deux bélières, à peu près d'égale longueur, fixées au même point sur le côté gauche du ceinturon, et attachées à des bracelets dont le premier soit très-rapproché de la bouche du fourreau, et le second très-rapproché du premier.

Instruction et exercices. L'instruction individuelle est la chose essentielle ; si elle a été poussée au dégré désirable, les soldats exécuteront parfaitement toutes les évolutions, dès qu'ils seront bien commandés, et leur adresse personnelle leur donnera la confiance nécessaire pour affronter les dangers et mépriser l'ennemi. C'est donc aux exercices de détail et particulièrement à l'équitation de carrière et au maniement des armes qu'il faut employer les cinq sixièmes de l'année.

Evolutions et manœuvres. Si les officiers sont bien choisis et s'occupent de leur métier, avec des théories fréquentes et deux mois de pratique par an, ils commanderont, chacun selon son grade, aussi bien qu'il sera nécessaire, aux évolutions de régiment ou de ligne. Ce n'est point par des mouvements compassés, des alignements corrects qu'on gagne les batailles, mais bien par l'à-propos des charges, l'impulsion des cavaliers et l'usage efficace des armes.

Organisation. Que les régiments soient sur un pied toujours respectable ; qu'on évite les excès, soit en plus, soit en moins, dans les effectifs ; que l'état de paix soit sensiblement l'état de guerre ; qu'on n'organise jamais les dépôts tant qu'on n'a pas à sortir des frontières, car on énerve inutilement une portion de corps, en rendant plus difficile l'administration générale ; s'il faut faire des détachements, que ce soient des escadrons d'autant mieux composés qu'ils se trouveront plus isolés, plus livrés à eux-mêmes. Qu'on ne réduise jamais un escadron constitué à la condition de dépôt, parce que s'il va ensuite rejoindre le gros du régiment, l'inexpérience de la totalité de ses éléments, en présence des difficultés de la guerre, le feront fondre en un clin d'œil. Si un escadron comporte habituellement *deux* sous-lieutenants, *huit* maréchaux-des-logis, *seize* brigadiers, qu'on se garde de le priver d'une partie de ce cadre, au moment d'entrer en campagne, on lui ôterait ainsi du meilleur de sa force; qu'on crée alors *un* sous-lieutenant, *deux* maréchaux-des-logis, *quatre* brigadiers, pour former, avec le brigadier-fourrier, le dépôt de chaque escadron. Il faut regarder un escadron comme un régiment en miniature; les grades y gagneront en considération; les officiers et sous-officiers y gagneront sous le rapport du développement des connaissances théoriques et pratiques qu'ils ont à acquérir. Que chaque capitaine commandant soit responsable de l'instruction de ses recrues (comme il est responsable de l'administration et de la discipline); qu'il y emploie ses subalternes directs, et on gagnera du temps, tout en facilitant les débuts du métier aux jeunes soldats. Un capitaine instructeur ne peut suffire aujourd'hui à la tâche énorme qui lui est imposée; qu'on se contente de l'employer à entretenir les officiers et sous-officiers dans les principes de l'équitation et du travail militaire, à leur faire des théories sur les diverses parties du service, et sa tâche sera encore belle et laborieuse.

Il faut sacrifier le futile au solide, cesser de prendre le *joli* pour guide, baser toutes choses et particulièrement l'habillement, l'armement, l'équipement, sur la raison de guerre, laquelle est presque toujours d'accord avec la simplicité, la commodité, la véritable élégance militaire, et on sera près d'avoir atteint, sous le rapport matériel, le degré de perfection possible en organisation de cavalerie.

Conclusion.

Le tableau suivant fait voir la charge des chevaux dans le système actuel comparativement avec cette charge dans le système proposé et la diminution qui résulte de ce dernier.

OBJETS.	HUSSARDS. POIDS		CHASSEURS POIDS.		LANCIERS ou CHEVAU-LÉGERS. POIDS		OBSERVATIONS
	en plus	en moins	en plus	en moins	en plus	en moins	
	k.	k.	k.	k.	k.	k.	
Homme.	00,00	10,00	00,00	5,00	00,00	5,00	
Pistolet.	»	1,25	»	1,25	»	1,25	
Manteau.	»	1,50	»	1,50	»	1,50	
Pantalon de chev.	»	3,00	»	3,00	»	3,00	
Lance.	»	»	»	»	»	2,25	
Pelisse.	»	3,00	»	»	»	»	
Colback ou Schako	»	0,75	»	0,75	»	»	
Casque.	1,50	»	1,50	»	1,50	»	
Czapska.	»	»	»	»	»	2,50	
Housseaux.	2,00	»	2,00	»	2,00	»	
Sabretache.	»	1,00	»	»	»	»	
Totaux.	3,50	20,50	3,50	11,50	3,50	13,50	
	k.		k.		k.		
Diminutions totales.	17,00		8,00		12,00		
Charge du chev. dans le système actuel.	112,00		113,00		122,00		
Charge du chev. dans le systèm. proposé	95,00		105,00		110,00		

OBJETS.	DRAGONS. POIDS.		CUIRASSIERS POIDS.		CARABINIERS ou LANCIERS. POIDS.		
	en plus	en moins	en plus	en moins	en plus	en moins	
	k.	k.	k.	k.	k.	k.	
Homme.	00,00	00,00	00,00	00,00	00,00	10,00	
Pistolet.	»	1,25	»	»	»	»	
Lance.	»	»	2,25	»	2,25	»	
Manteau.	»	1,50	»	1,50	»	1,50	
Pantalon de chev.	»	3,25	»	3,25	»	3,25	Le poids du pantalon augmente avec la taille.
Casque.	»	1,00	»	1,00	»	1,00	
Housseaux.	»	»	2,00	»	2,00	»	
Cuirasses.	»	»	»	»	»	10,00	
Totaux.	2,00	7,00	4,25	13,75	4,25	25,75	
	k.		k.		k.		
Diminutions totales.	5,00		9,50		20,50		
Charge du chev. dans le système actuel.	120,00		135,00		142,00		
Charge du chev. dans le système proposé.	115,00		125,00		120,00		Nombres ronds.

QUELQUES MOTS

Avantages de l'artillerie à cheval à sa création.

C'était une grande idée, digne des Frédéric et des Napoléon, d'attacher aux bouches à feu des canonniers à cheval pouvant les suivre au galop, les faire tonner à propos sur tel ou tel point du champ de bataille, ou leur permettre d'accompagner, même dans leurs marches forcées, des corps de cavalerie. Quand l'artillerie à cheval fut créée, il n'y avait pas, *vu l'état du matériel*, de solution meilleure pour obtenir la mobilité désirable ; mais cette solution, qui donnait à un corps savant, simple jusque-là, les dehors brillants et le caractère aventureux de la cavalerie légère, n'est pas sans inconvénients.

Inconvénients de l'artillerie à cheval.

Les batteries à cheval sont d'un entretien dispendieux ; l'habillement et l'équipement y sont plus coûteux que dans les batteries montées ; il leur faut plus d'hommes et plus de chevaux pour le même nombre de bouches à feu ; l'instruction y est longue et compliquée ; il reste peu de temps pour les écoles de tir et les travaux spéciaux ; la désorganisation est facile à la guerre ; les pertes ne s'y réparent pas aisément, parce que les hommes et les chevaux qui y sont propres sont naturellement plus rares que les autres. L'artillerie à cheval offre une grande prise aux coups de l'ennemi ; si quelques hommes sont mis hors de combat leurs chevaux embarrassent leurs camarades ; si, au contraire, ce sont des chevaux qui sont atteints, ceux qui les montaient deviennent inutiles. Dans une marche, une colonne d'artillerie à cheval s'allonge à proportion beaucoup plus qu'une colonne d'artillerie montée, et les attelages se fatiguent par conséquent davantage pour reprendre les distances ou exécuter des formations. Si un défilé se présente, l'allongement devient très-considérable, puisque les cavaliers-canonniers sont obligés de rompre par deux derrière les pièces, alors que des hommes à pied pourraient marcher à côté d'elles. Gênés par leurs chevaux, les canonniers à cheval n'ont point la facilité de pousser à la roue dans les mauvais pas, afin de les faire franchir plus vite aux voitures. Il y a encore d'autres inconvénients qu'on n'ose presque pas mentionner, savoir : que dans les retraites et lorsqu'elle est attaquée vivement, si l'artillerie à cheval se trouve serrée de près, si quelques chevaux d'attelage tombent, ses canonniers, qui ont entre les jambes le moyen d'échapper rapidement au danger, abandonnent leurs pièces, alors que des canonniers à pied, dans l'impossibilité de fuir, se fussent jetés entre les roues de leurs voitures, se fussent défendus à coups de mousqueton ou de levier, et eussent conservé leur matériel. Sans parler de l'artillerie française plutôt que de toute autre, il paraît constant qu'au commencement de ce siècle, dans nos grandes guerres, l'artillerie à cheval perdait plus souvent ses canons que l'artillerie à pied, et cela s'explique parfaitement.

Expériences au désavantage de l'artillerie à cheval. Les Anglais, aux Indes, ont, dans leurs dernières campnes, expérimenté plusieurs moyens de transporter les canonniers de l'artillerie légère. Celui qui consistait à les mettre tous à cheval, comme chez nous, sur des chevaux de selle, ne leur a point offert d'avantages sous le rapport de la mobilité et leur a causé beaucoup d'embarras à cause du surcroît de chevaux qu'il nécessite. Le système autrichien dans lequel on place les canonniers à califourchon sur un wurst, au lieu de les asseoir sur un coffret, a lutté avantageusement contre l'artillerie à cheval. En 1813, une batterie légère autrichienne, organisée ainsi, formait *division* avec une batterie russe à cheval ; constamment elle marcha à hauteur de celle-ci pendant toute la campagne, souvent même elle la devança sur les positions et fut prête la première à faire feu, ce qui se comprend facilement, car il faut plus longtemps pour descendre de cheval, faire tenir son cheval, mettre le sabre au crochet, etc., que pour descendre simplement de dessus un wurst immobile.

L'artillerie à cheval présentant des inconvénients incontestables, ce serait réaliser un progrès que lui substituer une troupe ayant ses avantages et exempte de ses défauts. *Il faut parer aux inconvénients de l'artillerie à cheval.*

En 1827, lorsqu'on adoptait de nouvelles voitures, sur lesquelles pouvaient monter les canonniers à pied et ainsi les accompagner dans leurs mouvements les plus rapides, l'idée de supprimer l'artillerie à cheval dut se présenter : si on ne la mit point complétement à exécution, si on se borna à dissoudre les régiments de cette arme pour les fondre dans des régiments mixtes, ce fut parce que les transformations radicales sont rarement possibles d'un seul coup, et qu'il faut y arriver par des transitions. Il y avait alors des amours-propres de *cavaliers* à ménager; il y avait des hommes qui se seraient trouvés humiliés de servir dans des troupes à pied (1). De plus, on n'avait pas encore une assez longue expérience de l'artillerie montée pour qu'on pût être persuadé, qu'en toutes circonstances, avec un certain choix et certaines modifications de détail, elle serait susceptible de remplacer l'artillerie à cheval et *Ce qui empêcha de supprimer l'artillerie à cheval lorsque fut adoptée l'artillerie montée.*

(1) Il est sans doute aussi honorable de servir à pied qu'à cheval, mais l'amour-propre n'est pas toujours rationnel, et, quand il touche à l'esprit de corps, il importe d'y avoir égard, comme on le fit alors.

de l'égaler en vitesse. Puisqu'on conservait celle-ci, on avait moins à se préoccuper de donner une très-grande mobilité à l'autre : aussi s'attacha-t-on encore plus à la solidité du matériel qu'à sa légèreté ; et, si on admit qu'en quelques cas les canonniers à pied monteraient sur les coffrets, on posa en principe que ces cas seraient rares et de durée éphémère. Dès-lors, il fallait que ce mode de transport ne fût ni commode ni doux, afin de ne pas donner la tentation d'en user fréquemment : on rejeta donc toute proposition de siéges rembourrés et suspendus sur ressorts, qui auraient pu permettre aux hommes de supporter longtemps le mouvement des voitures.

Il est temps aujourd'hui de proposer des modifications au système d'artillerie actuel. — Une fois la réorganisation de l'artillerie opérée, il était bon de la laisser intacte pendant un laps de temps qui permît de la juger de tous les points de vue. Un quart de siècle s'est écoulé depuis cette réorganisation : il n'est donc pas trop tôt de proposer des changements, surtout au moment où le fusil obtenant des portées jusqu'ici inouïes comme distance et précision, oblige l'artillerie à chercher les moyens de diminuer ses risques d'être détruite de loin par le feu de l'infanterie (1).

D'un autre côté, les officiers sont habitués à servir indistinctement dans les batteries à cheval et dans les batteries montées : ainsi, on ne trouverait aucune opposition d'amour-propre à la suppression des premières ; ou s'il s'en produisait un peu, il est probable qu'elle serait étouffée par la satisfaction que causerait au plus grand nombre une mesure établissant une plus grande homogénéité dans le service. Il reste à examiner s'il est possible de composer des batteries capables de manœuvrer long-

(1) Une compagnie de chasseurs à pied en tirailleurs, même en plaine, sans parler des pays accidentés, où elle aurait trop beau jeu, ne craindrait rien d'une batterie placée à sept ou huit cents mètres d'elle, et la désorganiserait d'autant plus vite, qu'elle aurait plus de chevaux, ceux-ci offrant beaucoup de prise aux coups de fusil.

temps aux allures vives, de suivre des corps de cavalerie, de paraître et de disparaître au moment opportun, de répéter souvent ces rapides évolutions, en les exemptant en même temps des inconvénients reprochés à l'artillerie à cheval.

L'Empereur vient d'alléger le canon de huit en augmentant son calibre. Est-ce la seule amélioration dont soit susceptible le matériel de l'artillerie? Non, sans doute! A une époque où l'industrie a fait tant de progrès; où la carrosserie fabrique des voitures si légères et si solides; où l'on voit rouler dans Paris des *omnibus* dont la traction facile par deux chevaux, malgré une charge énorme, est presque un prodige; où les arts mécaniques et métallurgiques donnent aux machines de toute espèce des formes si peu volumineuses et si résistantes; où la fabrication des fusils trouve dans de légères modifications des effets si extraordinaires, on entrevoit des simplifications prochaines et nécessaires dans ce matériel, qui, depuis l'invention de la poudre, tend de plus en plus à la mobilité, afin de satisfaire à ce grand principe : *qu'à la guerre les minutes sont tout.* Ces simplifications, qui favoriseraient le projet dont nous allons parler, ne lui sont pas indispensables.

Aperçu de quelques perfectionnements pour le matériel de l'artillerie.

Il y aurait peut-être lieu de discuter si le wurst autrichien, sur lequel le canonnier est comme à cheval, avec de larges étriers de chaque côté qui l'aident à monter, n'est pas plus commode qu'un mauvais siége; ou si les coffrets servant de siéges chez nous ne seraient pas mieux placés perpendiculairement que parallèlement aux essieux; mais il s'agit ici d'une question militaire en général, et on ne peut, par conséquent, entrer dans des détails qui ne regardent guère que les hommes spéciaux. Nous prendrons donc les voitures et les pièces telles qu'elles existent, en demandant seulement des siéges tant soit peu rembourrés et suspendus, des marche-pieds pour monter sur les voitures et des moyens de faire tenir, au besoin, sur les cais-

Simples modifications demandées pour pouvoir supprimer de suite l'artillerie à cheval.

sons, les sacs des canonniers. Ces modifications au système général sont insignifiantes, faciles et peu coûteuses, de quelque manière qu'on les exécute.

Projet d'orga-
nisation de
batteries mon-
tées, destinées
à suivre les
divisions de
cavalerie

1° Les batteries à cheval sont supprimées.

2° Elles sont remplacées par autant de batteries d'élite comptant autant de voitures, d'officiers, de sous-officiers, de brigadiers et d'artificiers qu'en comptaient les batteries supprimées par l'article précédent.

3° Les officiers, sous-officiers et artificiers des batteries d'élite sont montés.

4° Chaque voiture des batteries d'élite est attelée de six chevaux et conduite par trois canonniers-conducteurs.

5° Chaque pièce est servie par un brigadier et cinq canonniers-servants non montés.

6° Le nombre total des canonniers-conducteurs d'une batterie d'élite est le même que dans une batterie à cheval supprimée, en tout cent cinquante-six (pied de guerre).

7° Le nombre total des canonniers-servants d'une batterie d'élite est le même que dans une batterie montée ordinaire, moins douze (moins deux par pièce), en tout quarante-huit (pied de guerre).

8° Le nombre total des chevaux d'une batterie d'élite, est le même que dans une batterie à cheval supprimée, moins soixante-douze, nombre affecté dans celle-ci aux canonniers-servants et aux brigadiers-pointeurs.

9° Les règles prescrites pour être nommé aux compagnies d'élite dans l'infanterie, sont applicables à l'admission dans les batteries d'élite.

10° Les qualités essentielles pour passer aux batteries d'élite, sont la force corporelle, l'agilité, l'habileté à pointer et à tirer juste, aussi bien que l'énergie morale et la bonne conduite.

11° Un insigne particulier distingue les officiers et les hommes de troupe des batteries d'élite.

12° Dans les batteries d'élite, la solde est supérieure

d'un dixième pour les officiers, d'un cinquième pour la troupe à celle des grades correspondants dans les batteries montées.

13° En marché, les canonniers-servants d'une batterie d'élite montent sur les coffrets aussi souvent que le juge à propos celui qui commande, et toutes les fois qu'on passe au trop ou au galop.

14° Les chevaux de trait des batteries d'élite sont choisis avec un soin extrême, sous le double rapport d'une grande puissance de traction et d'une grande vitesse, surtout au trot qui doit être l'allure la plus employée à la guerre (1).

15° La ration d'avoine pour les chevaux des batteries d'élite, est de cinq kilogrammes en station, et de sept kilogrammes en route.

La bouche à feu précédant et devant toujours précéder *Considérations à l'appui du projet.* ses servants et son caisson, la mobilité de ceux-ci est essentiellement subordonnée à la sienne, et tout le problème à résoudre se réduit uniquement à les faire arriver aussitôt qu'elle sur l'emplacement où il faut ouvrir le feu. La solution qui consiste à mettre les canonniers-servants à cheval, n'ajoute rien évidemment à la vitesse de la pièce, et retarde, comme nous l'avons dit plus haut, l'arrivée du caisson, au sortir des défilés et des mauvais pas, par suite d'un allongement de colonne qui n'aurait point lieu avec des canonniers à pied; donc, dans certains cas, cette solution est essentiellement contraire au but d'aller vite. Si on considère que, dans l'état actuel de l'artillerie à cheval, en France, les attelages sont loin d'avoir la vitesse qu'on

(1) Rien dans ce genre, n'égale la beauté, la force et la vitesse des chevaux de l'artillerie légère d'Angleterre et de l'artillerie à cheval de Russie : la plupart valent deux mille francs pièce. On a compris dans ces deux pays que le point capital de l'artillerie destinée à suivre la cavalerie, était la bonté des attelages.

pourrait obtenir par un meilleur choix, on accordera qu'en mettant un plus grand prix à ces attelages, la voiture de la bouche à feu surchargée de *deux* hommes pesant ensemble cent quatre-vingts kilogrammes (trente kilogrammes par cheval de plus qu'aujourd'hui), irait encore beaucoup plus rapidement que dans le système existant. Dans le système proposé, après avoir mis deux canonniers-servants sur l'avant-train, il en reste quatre à transporter. Or, en les plaçant sur les coffrets du caisson, le poids de ce caisson se trouverait augmenté par là de trois cent soixante kilogrammes, et alors ramené à peu près à l'égalité avec celui de l'affût de huit, de sa pièce, de son coffret plein et de deux hommes assis dessus; il n'y aurait ainsi aucune difficulté à ce que les deux voitures, chargées de cette manière, se suivissent sans se quitter, puisqu'elles se trouveraient dans des conditions identiques. Ce qui est vrai pour le huit, le serait, à plus forte raison, pour le canon de douze et l'obusier de seize centimètres, dont les caissons sont plus légers comparativement aux voitures des bouches à feu, et le serait surtout pour le huit allésé au calibre de douze. Les considérations précédentes établissent péremptoirement que les batteries d'élite seraient plus mobiles que les batteries à cheval, attendu que le poids ne serait pas sensiblement augmenté et que les attelages seraient beaucoup meilleurs.

On peut ajouter, qu'en raison des mouvements rapides de la cavalerie et de sa tactique, l'artillerie qui l'accompagne n'a pas occasion de brûler autant de munitions que l'artillerie attachée aux divisions d'infanterie, chargées souvent d'attaquer et de défendre des positions; que des canonniers choisis, tirant plus juste que d'autres dont le temps est employé aux exercices du cheval au détriment des écoles du polygone, produiraient, en peu de coups, plus d'effet que ceux-ci en un tir prolongé; que, par conséquent, aux batteries d'élite, destinées à suivre les troupes à cheval, suffirait un approvisionnement inférieur de moitié à celui donné habituellement aux batteries à cheval ; qu'ainsi, la mobilité des premières serait accrue d'autant, relativement à celle des dernières.

Les avantages du système proposé seraient de remédier aux inconvénients du système de l'artillerie à cheval : c'est-à-dire que six hommes vigoureux et bien exercés exécuteraient mieux une manœuvre de force que huit hommes ordinaires, parce que plus il y a d'actions indépendantes et inégales concourant au même effet, plus il y a de force perdue ; que ces six hommes à pied offriraient beaucoup moins de prise aux coups de l'ennemi que dix hommes à cheval ; que leur instruction et leur recrutement, n'ayant rien de spécial, seraient faciles en toutes circonstances ; qu'il y aurait économie, puisque chaque batterie d'élite compterait trente-quatre hommes et soixante-douze chevaux (pied de guerre) de moins que la batterie à cheval qu'elle remplacerait, ce qui ferait sur toute l'arme, en nombres ronds, un réduction de mille hommes et de deux mille chevaux ; qu'une homogénéité aussi absolue que possible serait établie dans le corps de l'artillerie ; que cette homogénéité serait on ne peut plus avantageuse au bien du service et des officiers ; qu'enfin, un temps précieux consacré aux exercices de cavalerie, serait restitué aux exercices spéciaux du métier dejà si compliqué de l'artilleur. *Avantages du projet.*

L'artillerie à cheval n'est plus qu'une brillante fantaisie ; mais ce titre et ceux *d'être* et *d'avoir été* lui assurent une existence probablement longue encore. L'artillerie montée, aux dehors plus simples, ne régnera seule sur les champs de bataille, qu'après que de nombreuses et funestes leçons auront dessillé tous les yeux sur les défauts de son aînée. *Conclusion.*

FIN.

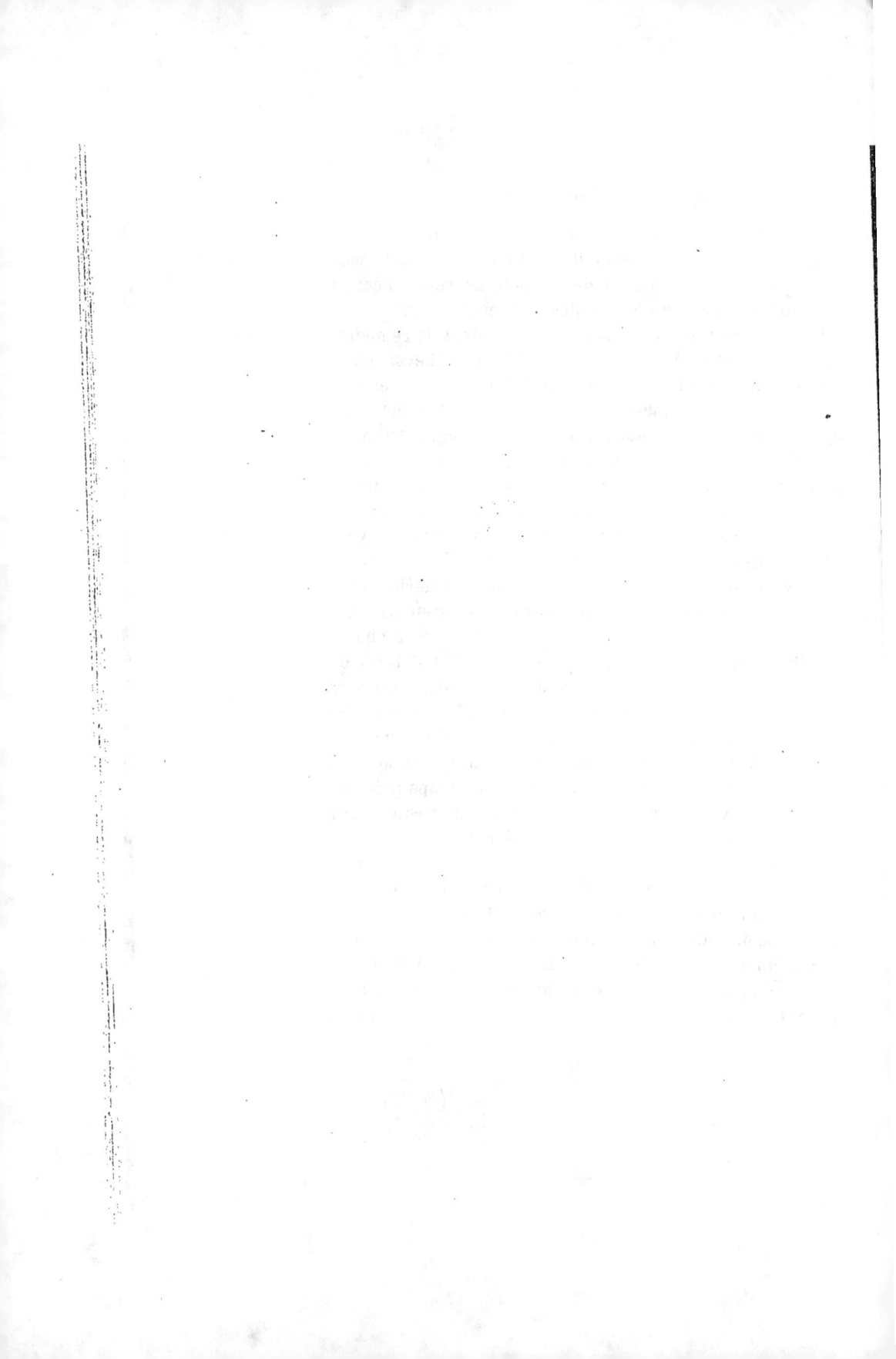

TABLE DES MATIÈRES.

22

FIN DE LA TABLE DES MATIÈRES.

Montmartre. — Imprimerie PILLOY.

NOTICE DÉTAILLÉE

SUR LA MANIÈRE ADOPTÉE EN AFRIQUE POUR ÉTABLIR LES HOMMES ET
LES CHEVAUX DE LA CAVALERIE AU BIVOUAC,

Par LECOMTE, chef d'escadron.

Avec deux Planches : — Prix . . . . 1 fr.

COURS D'ÉQUITATION

de M. le comte D'AURE,

Un volume in-48, cartonné. — Prix : 3 fr.

ABRÉGÉ
DU COURS D'HIPPOLOGIE

DE SAINT-ANGE,

1 volume in-32, cartonné. — Prix : 2 fr.

ORDONNANCE DU 6 DÉCEMBRE 1829

SUR L'EXERCICE ET LES ÉVOLUTIONS DE LA CAVALERIE,

3 *volumes in-32, reliés, et* Atlas de 140 planches.

Édition diamant : 7 fr.

Album des Evolutions de ligne
POUR UNE BRIGADE DE CAVALERIE,

In-32, EDITION DIAMANT, — Relié, prix : 2 fr.

ÉCOLE
DU CAVALIER AU MANÈGE

PAR GUÉRIN.

1 volume in-8°, prix : 5 fr.

APPRÉCIATION DU CHEVAL

Des qualités intrinsèques de cet animal pour le travail et la reproduction.
Guide pratique indiquant les caractères à l'aide desquels on peut reconnaître avec
précision : la force et le degré de la force, l'ardeur, la paresse, la mollesse, le
train, la vitesse ou la lenteur des mouvements, le nature du cheval, etc., à l'usage
des cultivateurs, des éleveurs, des vétérinaires, des officiers de cavalerie et de tous
les propriétaires et amateurs de chevaux, par MINOT. — 1 volume in-8°, 5 fr.

HISTOIRE ET TACTIQUE

DE LA

CAVALERIE

PAR

L.-E. NOLAN,

CAPITAINE DU 15ᵉ HUSSARDS DE L'ARMÉE ROYALE ANGLAISE,

Traduit de l'anglais, avec notes,

PAR

BONNEAU DU MARTRAY

Chef d'escadron d'état-major,
Aide de Camp du général Korte, chevalier de la Légion-d'Honneur,
décoré du Nichan de Tunis,
chevalier des ordres de la Couronne-de-Chêne, de Saint-Maurice
et Saint-Lazare,
de Saint-Georges de la Réunion.

1 *volume in-8°, juin 1854, avec planches,*

PRIX : 7 FR. 50.

PROGRESSIONS

Nouvelles éditions revues et corrigées
par le conseil d'instruction de l'école impériale de cavalerie.
In-18, Saumur. — 3 francs.

Montmartre. — Imprimerie Pilloy et Cie.

www.ingramcontent.com/pod-product-compliance
Lightning Source LLC
Chambersburg PA
CBHW071627270326
41928CB00010B/1816